中国社会科学院国情调研基地项目

宁波转变外贸发展方式实践的考察

裴长洪　俞丹桦　闫国庆　等著

ZHEJIANG UNIVERSITY PRESS
浙江大学出版社

图书在版编目(CIP)数据

宁波转变外贸发展方式实践的考察/ 裴长洪,俞丹桦,闫国庆等著. —杭州: 浙江大学出版社,2011.11
ISBN 978-7-308-09259-3

Ⅰ.①宁… Ⅱ.①裴… ②俞… ③闫… Ⅲ.①对外贸易—营销模式—宁波市 Ⅳ.①F752.855.3

中国版本图书馆 CIP 数据核字(2011)第 223024 号

宁波转变外贸发展方式实践的考察

裴长洪 俞丹桦 闫国庆 等著

责任编辑 杜希武
封面设计 刘依群
出版发行 浙江大学出版社
(杭州市天目山路 148 号 邮政编码 310007)
(网址:http://www.zjupress.com)
排　　版 浙江时代出版服务有限公司
印　　刷 富阳市育才印刷有限公司
开　　本 710mm×1000mm 1/16
印　　张 13.25
字　　数 260 千
版 印 次 2011 年 11 月第 1 版 2011 年 11 月第 1 次印刷
书　　号 ISBN 978-7-308-09259-3
定　　价 29.00 元

浙江大学出版社发行部邮购电话 (0571)88925591

序

国家一直在继续探索未来的发展之路。

全国对外经贸易界也一直在探索“转方式”（转变对外贸易发展方式）与“调结构”（调整对外贸易产业结构与产品结构）之路。

中国加入世界贸易组织已经10年。这10年对外贸易的发展与绝大多数人事前的预料大相径庭。我们不仅走过来了，而且比预期的状况要好些，甚至可以说好得多。最难能可贵的是，在2008年发端于美国的金融危机祸及全球时，中国的外贸业界能够那么快地苏醒，2010年实现恢复性增长，2011年在此基础上外贸出口又量价齐升，尽管外部环境严峻、内部困难多多，还是让人欣喜地看到“十二五”第一年开局良好。

未来呢？

要想客观地分析中国对外贸易的未来发展并给相关决策层提出中肯建议，既要站在高处把握宏观大局，又要脚踏实地调研基层。有幸本研究项目正是中国社会科学院国情调研重大项目，而且是宁波基地项目，受益于此，中国社会科学院财政与贸易经济研究所科研人员与宁波万里学院教师与科研人员组成了联合课题组，对宁波过去的发展和未来的国内外环境，以及宁波应对国内外环境变化的经验与努力进行了调研与分析，力图发现一些对于全局具有规律性意义的认识，能够为国家和宁波对外经贸的持续健康发展提供一些政策思路。

关于国内外的宏观大局。“新世纪头十年，是世界政治经济格局大调整、大变革的十年，是中国工业化、城镇化快速发展的十年，也是我们全面推进改革开放和现代化建设取得辉煌成就的十年。这十年，中国经济年均增长10.5%，国内生产总值由世界第六位上升到第二位，对外贸易总额由第七位上升到第二位；产业结构优化升级，农业基础不断加强，中西部地区发展加快，各具特色的区域发展格局初步形成；各项社会事业蓬勃发展，城乡居民收入大幅提高。中国经济实力、综合国力、人民生活水平迈上新台阶，国家面貌发生了翻天覆地的变化。”同时，“我们也深刻认识到，我国发展中不平衡、不协调、不可持续的问题仍然突出，制约科学发展的体制机制障碍依然较多。随着经济总量不断扩大，保持我国经济在更长时期内高速增长的难度在加大。但国际国内形势新变化没有改变中国发展的基本面，我们完全有能力、有条件、有信心继续保持经济平稳较快发展，推动经济发展再上新台阶。”（2011年9月14日，国务院总理温家宝在夏季达沃斯论坛开幕式上的致辞）

关于世界经济形势，和平、发展、合作仍是时代潮流，国际环境总体上有利于我国和平发展;目前,世界经济正在缓慢复苏,但不稳定和不确定性加大。无论发达经济体还是新兴经济体,经济增速都出现回落;一些国家主权债务风险增大,引起国际金融市场急剧动荡;主要发达经济体失业率居高不下,新兴经济体通胀压力上升。这些表明了世界经济复苏的长期性、艰巨性、复杂性。

在这样一个大背景下,中国坚持互利共赢的开放战略,提升开放型经济水平。以2001年加入世界贸易组织为契机,加快转变外贸发展方式,调整进出口结构,促进加工贸易转型升级,大力发展服务贸易。把“引进来”与“走出去”结合起来,推动对外投资与利用外资协调发展。积极参与全球经济治理机制改革和区域合作机制建设,不断深化双边与多边经贸合作。今天的中国,已经是一个全面开放的市场经济国家。对外开放不仅有力促进了中国发展,改善了本国人民福祉,也成为促进区域和世界经济发展的重要力量。

关于中国对外贸易最新的基本情况,我们现在手头只有2011年1—8月的数据:全国进出口23525.3亿美元,同比增长25.4%,增速低于去年同期14.6个百分点。其中出口12226.3亿美元,增长23.6%,增速低于去年同期11.8个百分点;进口11299.0亿美元,增长27.5%,增速低于去年同期18.0个百分点。1—8月我国外贸的主要特点有:进口额突破万亿美元,贸易顺差大幅减少;一般贸易出口占比超一半,加工贸易比重进一步降低;轻纺产品出口保持较快增长,大宗商品进口价格仍处高位;与新兴市场贸易快速发展,对欧美出口相对走弱。

关于对外贸易“转方式”、“调结构”的最新情况,我们赞同商务部的判断:2011年前8个月,“我国对外贸易实现平稳较快增长,外贸发展呈现积极变化。”具体表现:

一是出口价格增长拉动效应增强。1—8月,我国出口平均价格上涨10.3%,高于去年同期9.1个百分点;出口数量增长12.1%,低于去年同期21.8个百分点。我国外贸增长呈现价格和数量协调拉动的新变化。

二是出口市场进一步多元化。在对传统主要贸易伙伴出口总体平稳增长的同时,对新兴市场出口较快增长,比重进一步提升。1—8月,对东盟、印度、俄罗斯、巴西和南非等国家(地区)的出口增速均在总体出口平均增速以上。此外,东盟作为我第三大贸易伙伴地位进一步巩固,双边进出口贸易额达2346.1亿美元,同比增长26.6%;出口、进口分别增长24.3%、28.6%。

三是外贸发展区域协调性增强。1—8月,中西部地区加快承接东部十省市和国际产业转移,出口增速普遍高于东部地区和全国平均增幅。重庆、甘肃、青海、江西等地出口增速分别为128.3%、71.1%、68.1%和67.2%,中西部出口占总出口比重达到11.2%。

四是一般贸易增速快于加工贸易。1—8月,一般贸易进出口增长32.1%,增速高于加工贸易16.3个百分点,一般贸易占全国进出口比重提高2.7个百分点。

2011 年 8 月，一般贸易出口自 2000 年以来第二次占据半壁江山(上次为 2009 年 1 月份)。

五是对外直接投资持续增长。1—8 月，我国境内投资者共对全球 127 个国家和地区的 2418 家境外企业进行了直接投资，累计实现非金融类对外直接投资(下同)342 亿美元，同比增长 6.9%。以并购方式实现的直接投资 112 亿美元，占同期投资总额的 32.8%。从对主要经济体的投资情况看，1—8 月我对中国香港和东盟的投资增长较快，对俄罗斯、澳大利亚、欧盟、美国等的直接投资减少。对香港直接投资同比增长 42.2%；对东盟投资 17.3 亿美元，较上年同期增长 17.2%。从境内投资者构成情况看，地方对外直接投资 114.5 亿美元，占同期对外直接投资总额的 33.5%，较去年同期增长 10%。浙江、山东、江苏、上海、广东等位居地方投资的前列。

商务部下一步将采取的措施主要有：一是进一步协调稳定外贸政策；二是营造良好的出口发展环境，包括贸易的便利化、减轻企业的负担，还包括反对国外贸易保护主义以及提出相关交涉，为企业创造更好的国际贸易发展环境；三是指导地方商务部门加强对出口企业的协调和服务。

我个人认为，在对外贸易“转方式”过程中，一方面，应当多一点稳健与清醒，少一些短期行为。“转方式”是一个历史性的大课题，不可能一蹴而就。任何急于求成的政策都可能帮倒忙，任何急于求成的企业也难于稳立潮头。另一方面，也是更重要的方面，政府与企业都应该有所作为。这就是我们课题立项与写作本书的初衷。

政府政策的调整和创新需要“抓手”，促进外贸发展“转方式”更多的要依靠各地的实践创新和理论总结。浙江省是我国外贸大省，宁波是我国首批沿海对外开放城市、计划单列市和副省级城市。改革开放以来，宁波在外经贸领域走出了一条特色鲜明之路。宁波区域经济的发展可以说是一部以民营经济为主导的混合经济成长史。宁波不仅外经贸发达，而且走出去的民营企业众多，对外投资额等多项指标均列副省级城市之首。对宁波外经贸发展模式的深入研究具有深刻的理论意义和现实的指导意义。因此，以中国社科院财贸所和浙江万里学院组成的国情调研重大课题组，选择了较有代表性的宁波基地作为典型案例来分析和总结其外经贸成功转型的经验，以供各地参考。

宁波外经贸发展“转方式”的主要特点是“实施战略投资，促进转型发展”。从经济结构看，宁波以民营经济为基础，各种产权相互融合的股份制经济和中外合资经济占据重要地位。宁波独特的资源和文化禀赋及以块状经济为特点的产业集群的广泛分布使得部分产业的基础十分厚实。在多元投资主体构成的混合经济演化过程中，不仅投资总量持续上升，推动了宁波经济的可持续增长；同时，各种投资主体为实现其效益最大化，在不同领域充分发挥各自优势，从而推动了经济结构的动态转型升级和各项社会事业的发展。

以宁波服装业为例，改革开放后，通过承接全球服装产业的国际转移，中国已成为世界上最大的服装纺织品生产国和贸易国。而享有"中国服装之都"的宁波，不论其生产总值、出口数量、还是品牌影响在全国都占有极为重要的位置，涌现了一批以雅戈尔、杉杉为代表的服装龙头企业。宁波服装业坚持用市场配置资源，在体制机制方面不断创新，而政府的角色则体现在"无为而治"和"有为而帮"的精妙组合。这为各经济主体实施战略投资、促进转型发展奠定了基础，为服装产业结构调整带来"先发"优势提供了增长动力。服装业作为宁波竞争最充分的行业之一，国有资本仅占较小的比例，非国有经济十分活跃。民营企业具有精干高效的组织形式和灵活敏捷的经营机制，这使他们能够对服装市场的变化作出快速反应，在组织结构、经营谋略等方面进行改革，整合创新业务流程以应对市场变化。此外，大中小企业合作灵活，大企业依靠优势接单，分包给中小企业加工。集群内形成了分工明晰、互利共赢的经营机制，销售网络和渠道比较健全，特许加盟、自营连锁店、战略联盟等被广泛使用。正是由于民营经济的上述优势，才使得宁波服装业从小规模、分散状态发展成为全方位、系统的产业集群并保持长期竞争力。

我钦佩宁波市政府关于服装业所采取的措施，他们通过大范围的产业特征调查，找到国内外最强的纺织服装产业集群，发现珠三角正在以快速的资讯、旺盛的创新能力加速赶超宁波；而宁波能够以坦荡的胸怀向主要竞争对手介绍自己的经验，希望对方更加强大，然后自己再认真去学习人家的优点。他们已经深刻地理解竞争与合作——"竞合"的真谛。他们在合作中实现互补，收到强强联合的实效。

从价值链和产业链整合的视角看，政府需要鼓励企业家把中国传统文化中的许多经典因素与现代的数字化信息技术相结合，进行产品升级，加大研发力度，在继续推进外贸数量扩张的同时大力推进外贸产品质量的提升，推进国内东中西部制造业对接形成跨区域产业链，并鼓励有条件的企业积极走出去，促进我国外贸的可持续增长和区域经济的协调发展。

本书立足于当今国际经贸发展的最新趋势与特点，详细梳理了宁波外经贸发展的历程与特征，并基于宁波混合经济的特色总结其外经贸发展模式的内涵与本质。本书对宁波外经贸发展中的新现象和新特点如产业转移和对外投资步伐加快等进行了深入的调研和分析，并结合低碳经济、服务外包和科技兴贸的发展趋势对宁波外经贸发展的实践和探索进行了评价总结和理论概括。

为本书收集资料到基层调研的各位同志做了大量实际工作，取得了一系列第一手的资料，付出了艰苦的劳动；分工写作的同志们认真负责，查阅了大量资料，梳理了基本观点，有理有据地分析论证，使得宁波的典型经验栩栩如生地呈现在读者面前。本书也从宏观层面提出了一些供决策者参考的政策建议，希望能够发挥一定的作用。

感谢宁波市外经贸局的同志们，为本书提供了大量资料与数据，非常权威而详实，使得本书增色不少感谢宁波市发展和改革委员会、宁波市经济和信息化委员会等政府部门，感谢雅戈尔集团、奥克斯集团、银亿集团以及宁波麦克英孚公司等企业，相关领导和企业家们抽出宝贵时间与我们进行倾心交谈，使本书的内容显得更充实与丰满。对于本书参考的所有资料与数据的作者、编者、出版者表示衷心的感谢；同时，对浙江大学出版社的杜希武编辑高效率的工作表示衷心感谢。正是各位同志的鼎力支持与帮助使得本书能够在非常短的时间内即与读者见面。

由于时间的限制，加之多方面的原因，本书会出现各种错误，一方面文责自负；同时也恳请理论和实践界的同仁不吝赐教！

中国社会科学院国情调研
宁波基地项目联合课题组
组长：裴长洪
2011 年 10 月于北京

中国社会科学院国情调研宁波基地项目联合课题组人员组成

组　长：裴长洪

副组长：俞丹桦　闫国庆

成　员：夏先良　刘春香　张　宁

张海波　朱小惠　孙华平

目录
CONTENTS

第一章　宁波市外经贸发展的特点

第一节　宁波外贸发展历程

宁波以“港通天下、书藏古今”而闻名中外，是我国最为古老的贸易口岸之一。自春秋时代以来，宁波对外贸易数度辉煌，但在新中国建立前夕处于衰竭状态。新中国建立以后，我国政治、经济、文化等各个领域发生了翻天覆地的变化，特别是在党的十一届三中全会之后，对外开放成为基本国策，宁波外贸再度崛起。近30多年是宁波经济社会快速发展的时期，也是宁波外贸从小到大、从弱到强的快速成长时期，国际贸易在整个宁波经济社会发展中发挥了重要引擎作用，直接推动了宁波现代化国际港口城市建设，为全面建设小康社会、构建和谐社会奠定了坚实基础。

一、蓄势起步期(1950－1972年)

新中国建立初期，国家规定外贸统一由广州、上海、大连、青岛、天津五大口岸出口。宁波出口商品主要由上海口岸公司来宁波设工作组直接收购，也有私营商业收购后向上海口岸公司供货。1953年起，由商业、供销部门收购后，调拨给上海等口岸公司出口。这一时期，宁波没有专门的外贸机构，但却是宁波外贸在濒临衰竭的状态下获得的难能可贵的休整期和蓄势期。收购值恢复性上升，1950年宁波出口商品收购值为361万元，1954年达到1441万元，1965年上升至7574万元，比新中国成立前夕1948年4万多元的外贸总值有了大幅增加，超过20世纪30年代末宁波沦陷前夕5662万元的年度最好水平。出口商品的生产厂家和品种逐年增多，生产厂家从新中国建国初期只有数家，达到1972年的百余家；出口品种也从新中国建国初期只有14种，达到1972年的200余种。

二、启动成长期(1973－1977年)

1973年，宁波建立了外贸机构，全市出口商品统一由市、县外贸公司收购后，向上海、广州、天津等口岸公司调拨供货。这一时期，宁波外贸一定程度上得到了国家扶持，结束了20世纪60年代徘徊不前的局面，开始启动。1973年，全市出口商品总额从1972年的7872万元一跃突破亿元大关，达11275万元，增幅为43.23%；出口占工农业总产值的比例也从1972年的3.87%上升至5.03%。这一时期宁波向浙江省有关部门陆续争取到一批出口工业品专项贷款和外汇贷款，用于印染、纺织、轻工、机械、医药、包装器材等生产企业扩建和技术改造，有力地支持了宁波出口工业品生产发展；对出口农业副产品中的茶叶、黄桃、蘑菇、芦笋、蚌珠、水煮笋、蔺草、活猪、家禽、肉兔等品种进行了重点扶持，引进良种，大胆试验，推广培育。

三、快速发展期(1978－1987年)

1978年，党的十一届三中全会做出了改革开放的战略决策，随后决定在深圳、珠海、汕头、厦门等地"试办出口特区"、设立经济特区、开放沿海14个港口城市等，并出台一系列配套的特殊政策和优惠措施。1979年6月1日，宁波港获准正式对外开放，宁波外贸迎来了第一个宝贵的发展机遇期。

改革开放初期，宁波外贸处于全国落后位置，但宁波依靠创新体制机制，陆续争取到全国综合改革试点城市和沿海开放城市、兴办经济技术开发区和北仑港工业区、实行市管县体制改革等优惠政策。在工作方向上，1980年宁波市第五次党代会作出"建设现代化的港口城市、全省外贸出口基地之一"的重要决策，1984年宁波市第六次党代会确立了"加速建设以出口加工业、国际转口贸易为中心的综合性的现代化港口城市"的战略决策，提出建设浙江省外贸出口基地、华东地区重要外贸口岸等奋斗目标，为宁波外贸发展提供了基本的政策保障。在组织机构上，成立宁波市口岸领导小组及其办公室、宁波市对外开放领导小组及其办公室、宁波边防检查站、宁波海关、宁波商检等管理机构以及甬港联谊会、对外友好协会等外贸促进组织。

这一时期，宁波外贸发展的速度较快，外贸发展的根基得以夯实，为外贸自营奠定了良好基础，1978年至1987年的十年间，出口商品总额从11902万元快速上升至102189万元，增加了近十倍。1987年，全市生产外贸产品的企业达652家，出口商品608种，通过国内17个出口口岸销往100多个国家和地区。但从总体上看，这一时期宁波外贸的总量还较小，出口占工农业总产值的比例还较低，对宁波整个经济社会发展的直接作用还有限。

四、加速发展期(1988－1997年)

1988年，中央决定下放外贸企业审批权，进一步扩大对外开放，同时宁波正式被中央列入计划单列市，行使省一级经济管理权限，拥有外贸自营权。在这些"利好"消息的带动下，宁波外贸迎来了又一个难得的发展机遇期，驶入了加速发展的轨道。

这一时期，宁波对外贸易热情进一步迸发，对外开放权限不断扩大。宁波在获准计划单列后，又相继获准晋升为“较大的市”、副省级城市，全市各县(市)区全部开放、获准设立宁波保税区、大榭开发区等。通过多年的发展，宁波对于外贸重要性的认识进一步增强，1988年《宁波市发展外向型经济总体规划(1988—2000)》提出“以港口促工业，以港口促内外贸易”战略，1992年宁波市七届六次全会扩大会议明确提出“以港兴市，以市促港”战略，1994年宁波市第八次党代会正式提出“建设社会主义现代化国际港口城市”。外贸促进体系逐步完善，相继成立了宁波市贸促会、宁波海外联谊会等。外贸硬件设施水平不断提高，从1988年起，全市投入近百亿元人民币，并吸收10多亿美元外资，用于宁波城市港口、机场等基础设施建设，初步建立以港口为中心的集疏运网络。

这一时期宁波外贸在中央的“市场多元化”、“以质取胜”和“大经贸”战略的指引下，获得持续高速发展，进出口年均增速高达48%，基本确立了华东重要外贸口岸地位，1997年全市进出口总额达49.7亿美元，其中出口32.5亿美元，出口依存度达30%，外贸成为宁波经济发展的主要拉动力；外贸企业完成了从货源收购型向自主经营型转变，自营进出口生产企业队伍快速扩大，全市外贸企业从国有企业占绝对地位向国有、集体、私营、外资共同发展转变；出口商品从初级产品为主发展到工业制成品为主，工业制成品出口比重由1988年的54.72%上升到1997年的82.3%，其中机电产品出口比重达32.5%；出口市场从亚洲地区为主迅速向欧美地区扩展，出口国家和地区由1988年的70个扩大到1997年的152个。

五、拓展提升期(1998年以来)

1998年亚洲金融危机爆发，全球经济一体化快速发展的势头受挫，对我国传统的外贸发展模式提出严峻挑战，外贸发展面临重要转折。2001年12月我国加入世界贸易组织以后，中央明确提出了实施自由贸易区的发展战略，但同时贸易风险扩大和发展矛盾凸显，对外贸易遭遇了前所未有的转型升级压力，在这样的背景下，宁波加快外贸战略和政策调整，不断优化外贸软硬环境，培育外贸新的增长点。首先，加快外贸战略升级，创新先进的发展理念和思路。从宁波市第九次党代会的“四大突破”，到宁波市第十次党代会的“内外联动”，再到宁波市第十一次党代会的“六大提升”，宁波深入实施“科技兴贸”战略，着力扩大具有自主品牌和自主知识产权的产品出口，积极合理地扩大进口，推动“宁波制造”向“宁波智造”转变。其次，加强外贸体制机制和政策创新，营造协同有序的发展环境，率先提出并实施国有外贸企业自然人持股、职工持大股改革和“抓大、转中、放小、激活、理顺”十字方针，率先在全国建立外贸孵化器，率先系统推行宣传、培训、实习、孵化一体化的进口启蒙行动，率先实施口岸“大通关”，率先推出外贸企业出口退税质押贷款，率先对企业出境参展费用予以补贴。加强宁波和慈溪出口加工区、宁波保税物流园区、梅山保税港区、宁波国家高新技术开发区等重点开放园区的开发建设，加快宁波港口和栎社机场建设，初步建立以港口为龙头的现代化立体综合交通运输网络。

这一时期，宁波外贸规模持续快速增长，增长方式明显转变。2008 年全市进出口总额突破 600 亿美元大关，达 678 亿美元，居全国 36 个省、市、自治区和计划单列市第 11 位，在 15 个副省级城市中分别居第 3 位，外贸结构竞争力居第一位。此外，宁波还在全国率先通过股份制方式完成国有贸易企业体制改革，民营和三资企业逐渐成为外贸主力，形成了千军万马搞外贸的格局。截至 2008 年底，全市有外贸实绩企业达 9085 家；外贸市场从以亚洲地区为主转为欧美市场为主，新兴市场占比不断提高，宁波国际贸易伙伴超过 220 个；出口商品结构以机电产品为引领，进口则以资源型产品和原辅材料为主，商务部重点培育和发展的出口名牌达 20 个，并涌现出一批全国“单打冠军”；贸易方式从货物出口为主逐步向进出并重、货服并举转变。据测算，从 1998 年到 2008 年间，宁波外贸以年均 30%以上的高速递增，推动全市 GDP 实现了 13%左右的快速增长。截至 2010 年底全市经济外向度已经超过 120%，出口依存度超过 80%，宁波港的集装箱吞吐量超过 1000 万标箱，宁波海关税收突破 500 亿元，每 4 个宁波人中就有 1 个从事与外贸相关的行业。

第二节　金融危机期间宁波外贸发展变动趋势

进入 21 世纪，宁波外贸在克服了 1997 年爆发的东亚金融危机的冲击之后，总体表现出稳定发展的态势，由此也带动了宁波经济持续快速的增长，但 2008 年秋冬以后由于遭遇世界金融危机的冲击，宁波进出口贸易出现了一些新的变动趋势，本节利用从 2007 年 1 月到 2011 年 6 月的宁波月度进出口贸易数据，对金融危机期间以及后金融危机时期宁波外贸发展的变动趋势进行比较全面的分析。

一、宁波贸易规模分析

（一）出口规模变动趋势

从 2007 年 1 月到 2011 年 6 月宁波出口总额的变动趋势可以大致划分为三个阶段：第一阶段是从 2001 年 1 月到 2008 年 7 月，宁波出口总额总体呈现上升趋势，2008 年 7 月达到最高点，出口总额达到 45.88 亿美元，比 2007 年 1 月份增长了 64.0%，比这个阶段最低值（2008 年 3 月）增长了 120.8%，表明在此阶段宁波外贸出口并未受到金融危机的冲击；第二阶段是从 2008 年 8 月到 2009 年 2 月，宁波出口总额呈现下降趋势，2009 年 2 月达到最低值，出口总额仅为 17.3 亿美元，比 2008 年 3 月下降了 62.3%，表明这个时期宁波外贸出口遭遇了金融危机的巨大冲击；第三阶段是从 2009 年 3 月到 2011 年 6 月，宁波出口总额总体呈现“反弹”

上升趋势，到2011年6月宁波外贸出口规模达到了53.34亿美元，比2009年2月增长了208.3%，比2007年1月增长了90.8%，表明这个阶段宁波外贸出口逐渐消除了金融危机的影响，但期间也出现了多次调整的状况，如2010年第一季度宁波外贸出口就总体呈现了下降的趋势，但这种调整都相对短暂，从2010年4月起，宁波外贸出口又重新走上了上升的通道。

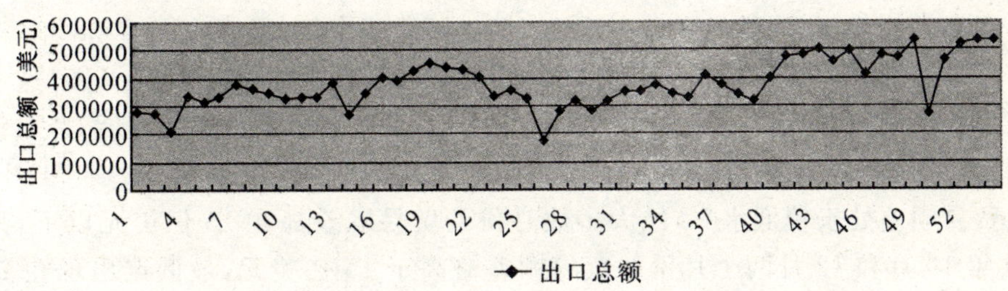

图1-1　2007年1月—2011年6月宁波出口贸易规模变动趋势

（二）进口规模变动趋势

从2007年1月到2011年6月宁波进口规模的变动趋势也可以大致划分为三个阶段：第一阶段是从2001年1月到2008年4月，宁波进口规模总体呈现上升趋势，2008年4月达到最高点，进口总额达到24.35亿美元，相比于2007年1月增长78.3%，相比于这个阶段的最低值（2007年2月）增长125.4%。第二阶段是从2008年5月到2009年1月，宁波进口总额呈现下降趋势，2009年1月达到最低点，进口额为9.2亿，相比于最高点（2008年4月）降低了62.3%。第三阶段是从2009年2月到2011年6月，宁波进口贸易在曲折中表现出上升的趋势，2011年6月宁波进口总额达到28.6亿美元，比2009年1月增长210.8%，比2007年1月增长了110.3%，此阶段宁波进口贸易规模最高点出现在2011年3月份，进口规模达到33.7亿美元，比2009年1月增长了266.3%。从总体变动趋势来看，宁波进口贸易规模的变动趋势大致与出口贸易规模的变动趋势相同，说明宁波外贸遭遇金融危机的冲击对于进出口贸易的影响过程大体相同，但进口贸易相对出口贸易更为敏感，每个上升或下降的周期都比出口贸易的提前若干月份。

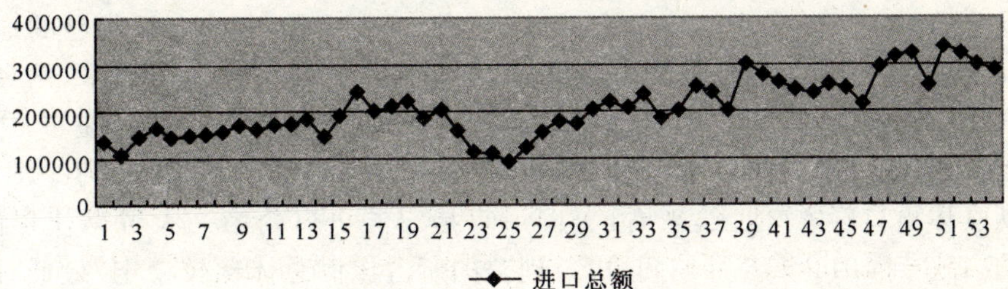

图1-2　2007年1月—2011年6月宁波进口贸易规模变动趋势

（三）贸易差额变动趋势

与进出口贸易的变动趋势大体相同，宁波进出口贸易差额的变动趋势同样可以分成三个阶段：第一阶段是从2007年1月到2009年1月，此阶段贸易顺差一直处于较高水平，绝大多数月份的贸易顺差都在15亿美元以上，只有个别月份贸易顺差低于15亿美元，如2007年3月和2008年2月，但这不影响宁波贸易差额总体呈现上升趋势，此阶段的高点出现在2008年的下半年，最高点是2008年8月，贸易顺差达到25.5亿美元，比此阶段最低点（2007年3月）高出112.5%，这主要是因为金融危机对于进口贸易的影响更快速，而出口贸易相对比较滞后，造成贸易差额在短期内表现出较高的水平。第二阶段是从2009年2月到2010年4月，此阶段贸易顺差处于较低水平，绝大多数月份的贸易顺差都在15亿美元以下，只有2009年10月和12月两个月份的贸易顺差略高于15亿美元，最低点出现在2010年3月，贸易顺差仅为1.03亿美元，仅相当于2007年1月的7%。第三阶段是从2010年5月到2011年6月，此阶段宁波贸易顺差总体表现较高水平，但是波动幅度较大，多数月份的贸易顺差都在20亿美元以上，但有少数月份的贸易顺差低于15亿美元，甚至在2011年2月贸易顺差一度仅有1.55亿美元，相当于此阶段最高点（2010年7月）的5.7%。

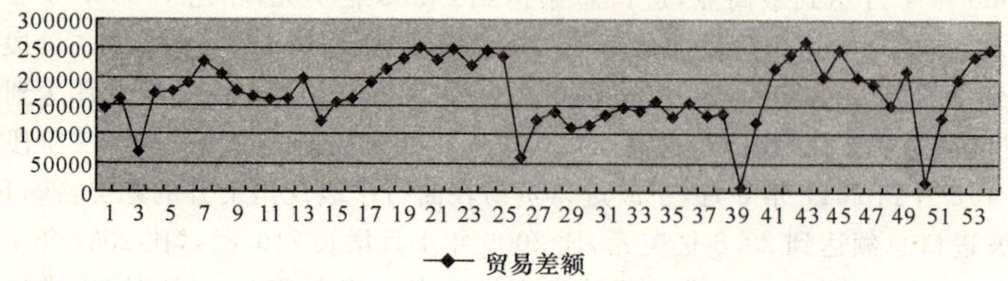

图1-3 2007年1月—2011年6月宁波贸易差额变动趋势

二、贸易区域结构分析

（一）出口贸易区域结构

从宁波对各大洲的出口情况来看，2007年1月以来，宁波出口贸易的地区结构变化不大，欧洲和亚洲是宁波出口最为集中的区域，2007年1月以来，两者之和占宁波出口总额的60—70%，其次是北美洲，占宁波出口总额的20%左右，之后是拉丁美洲，平均占宁波出口总额的5%以上，大洋洲和非洲所占比例最小。

从具体出口国家（地区）来看，美国一直是宁波出口的第一大贸易伙伴国，从2007年1月到2011年6月期间，出口到美国所占比例总体比较稳定，最低月份占总比例的15.3%，最高月份占总比例的19.05%。日本总体来说是宁波第二大出口国，但个别月份也会被德国或香港超过，德国和香港同样是宁波商品出口的主要

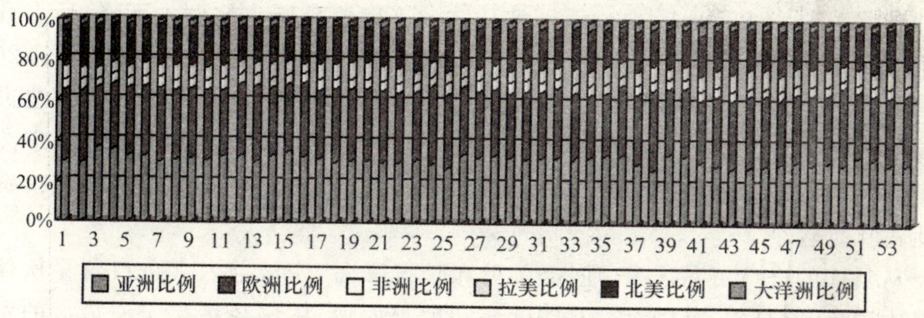

图 1-4 2007 年 1 月—2011 年 6 月宁波出口区域分布(各大洲)

目标市场,2008 年 5 月之前,两个国家(地区)在宁波出口比例的排名中互相变动,但到 2008 年 5 月之后,德国稳定地排在宁波出口商品的第三大国的位置,香港则排在第四位。宁波对四个新兴经济体国家出口份额则变动较大,其中韩国总体上来说(在新兴经济体国家中)排在第一位,俄罗斯联邦、巴西和印度三个新兴经济体国家占宁波出口商品比例变化较大。

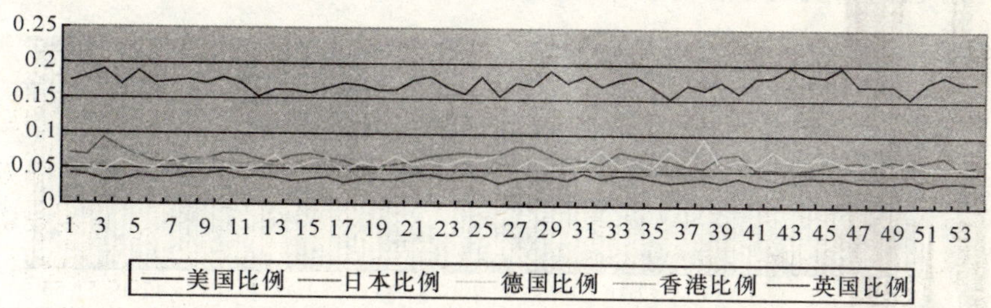

图 1-5 2007 年 1 月—2011 年 6 月宁波出口区域分布变动趋势(主要发达国家)

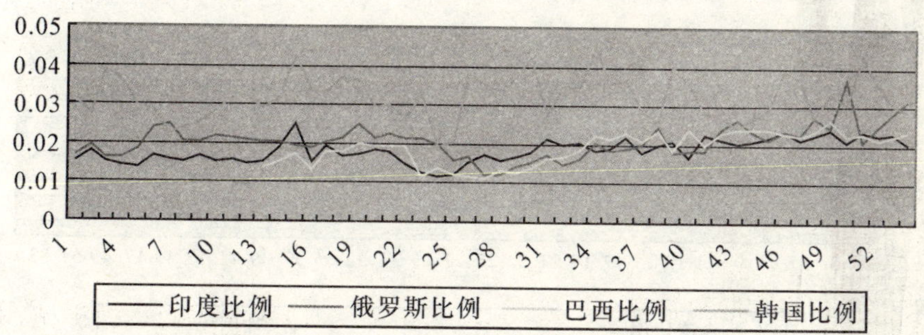

图 1-6 2007 年 1 月—2011 年 6 月宁波出口区域分布变动趋势(主要新兴经济体国家)

(二)进口贸易区域结构

在宁波进口比例中,亚洲是宁波进口最集中的区域,从 2007 年 1 月到 2010 年 5 月,多数月份亚洲进口比例都在 60%以上,个别月份甚至达到了 70%。其次是欧洲和北美洲，2007 年 1 月以来，宁波从欧洲进口贸易所占比例先下降，后上升的过程，最低比例是 2009 年 2 月（9.6%），最高比例是 2007 年 1 月（17.2%），到 2010 年 4 月，宁波从欧洲进口贸易比例又达到 17.1%。平均来看，北美洲是宁波进口贸易的第三大地区，进口所占比例也在各月份之间变动较大。拉丁美洲是宁波进口贸易的第四大地区，在个别月份之间变动较大。大洋洲与非洲在宁波进口贸易中所占比重较小。

从具体的进口贸易国家（地区）的分布情况来看，宁波前六大进口贸易伙伴分别是中国台湾、日本、韩国、美国、印度与印度尼西亚，中国台湾是宁波最大的贸易伙伴，多数月份的进口贸易额都在宁波进口规模总量的 20%以上，甚至个别月份占宁波进口总额的 40%以上，其次是日本和韩国，多数月份宁波从日本进口规模超过韩国，但个别月份从韩国的进口额度也会超过日本，综合来看，美国是宁波进口贸易的第四大贸易伙伴，也是前六大进口贸易伙伴中唯一一个非邻国（地区）。印度与印度尼西亚虽然是发展中国家，但因为经济规模较大，并且与宁波空间距离较近，在宁波进口贸易中占有较高的比重。

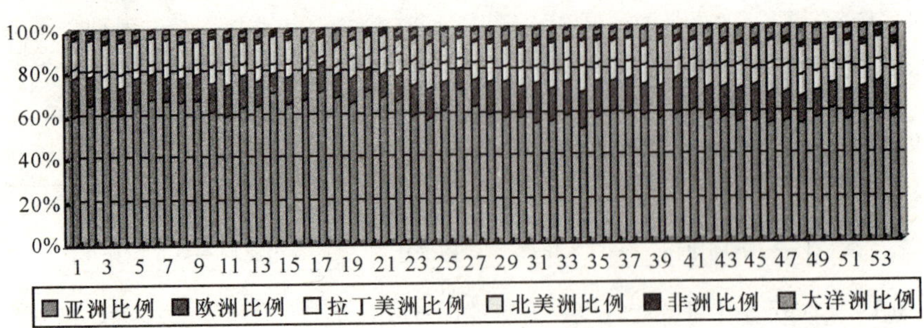

图 1-7 2007 年 1 月—2011 年 6 月宁波进口区域分布变动趋势（各大洲）

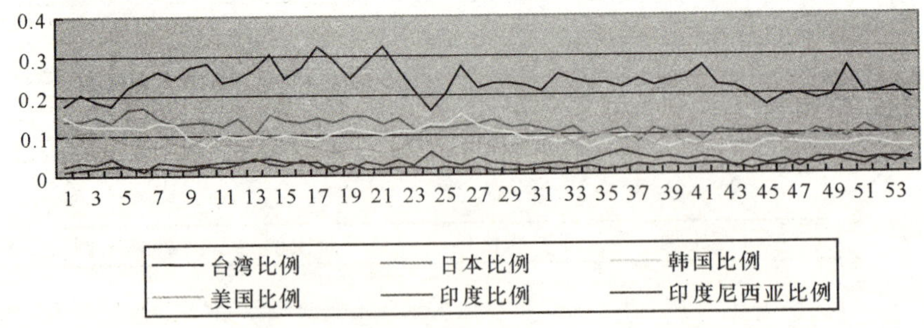

图 1-8 2007 年 1 月—2011 年 6 月宁波进口区域分布变动趋势（主要进口贸易伙伴）

三、贸易产品结构分析

从出口产品结构中,机电产品是宁波最主要的出口商品,从 2007 年 1 月到 2011 年 6 月期间,机电产品出口金额占宁波出口总额的 50%以上,个别月份甚至超过了宁波出口总额的 60%。宁波高新技术产品出口规模占宁波出口总额的比例变动不大,只有个别月份出现上升或下降的变动,总体来说比较平坦,都在 10%—20%之间。

从进口产品结构中,可以看出机电产品进口比例在 2007 年 1 月到 2011 年 6 月之间表现为上下波动,但总体来说变动不大,没有明显的上升或下降的趋势;而高新技术产品的进口比例在表现在曲折变动中呈现略微下降的趋势,但也有个别月份表现出明显增高的趋势。

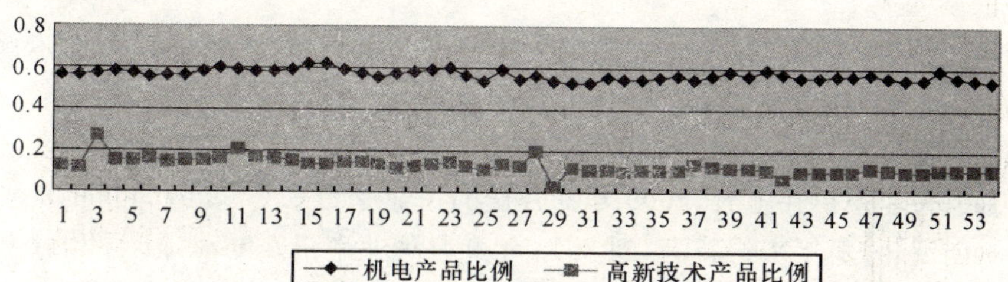

图 1-9 2007 年 1 月—2011 年 6 月宁波出口产品结构变动趋势

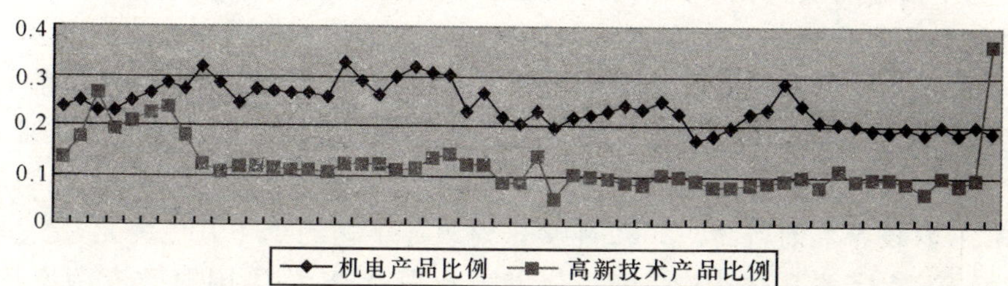

图 1-10:2007 年 1 月—2011 年 6 月宁波进口产品结构变动趋势

第二章 后金融危机时代宁波外贸面临的挑战

第一节 全局性挑战

一、世界经济复苏的不稳定性

目前世界经济正在缓慢复苏，但基础不稳固、动力不足，不稳定性和不确定性加大。

第一，世界主要经济体失业率居高不下。美国从2009年第三季度开始已经恢复增长，但失业率仍在上升，2009年9月份的失业率为9.8%，10月份的失业率达10.2%，创近30多年来的新高，到2011年9月失业率仍在9%以上。2011年9月9日，美国总统奥巴马推出总额4470亿美元的就业法案，意图通过减税、加大基础设施投资等措施来促进就业和提振经济，但各界多不看好，一是认为杯水车薪，二是认为这个措施实质又在扩大消费，长远来看只会加剧其债务危机。欧元区2009年8月份失业率升至9.6%，创欧元区诞生以来新高。日本2009年8月份失业率5.5%，也处于10年来高位。国际劳工组织预计，全球就业率恢复到危机前的水平估计要花4至5年的时间，这意味着未来几年全球都将面临较为严重的失业问题。在高失业率时期，消费需求难以迅速回升。

第二，财政赤字创新高。2009年美国财政赤字达到1.4万亿美元，是2008财年的3.1倍，赤字率高达10%，创二战以来新高。德、法等国财政赤字率均超过3%的控制目标，希腊、意大利等多国深陷债务泥潭，影响巨大而深远，日本财政赤字率达到9.4%。发达国家的高财政赤字，使其运用财政政策推动需求增加的能力受到极大的限制。

第三，通货膨胀预期。金融危机爆发后，为稳定金融市场、刺激经济复苏，各国央行纷纷大幅度降低利率水平，美国、欧元区和日本的基准利率分别降至0.25%、1%和0.1%，均创历史新低。一些国家和地区的央行还采取非常规的定量宽松货币政策，直接向市场注入大量流动性，带动原油等国际大宗商品价格大幅反弹，进一步增强了市场对未来通货膨胀的预期。通货膨胀预期提升，损害了宏观经济环境的稳定，对全球需求的平稳复苏非常不利。

第四，国际大宗商品的价格高位震荡。随着世界经济走向复苏，2010 年全球资源和能源需求有所回升，在超低利率水平和宽松货币政策背景下，投机炒作和美元汇率走低等因素可能推动大宗商品价格上涨，推高宁波企业的进口和出口成本。

二、贸易保护主义抬头和贸易摩擦加剧

在经济衰退时期，国际间的合作意愿减弱，协调难度加大，各经济体自顾性进一步增强，以优先解决国内就业、产业发展等问题，相继出台各种贸易限制措施和保护措施。虽然，各国政府吸取了历史教训，不致重蹈 20 世纪 30 年代严重贸易保护主义的覆辙，但贸易保护主义抬头和贸易摩擦加剧不仅会影响双边的贸易发展，而且还会影响世界经济复苏进程。另一个需要引起高度关注的是，贸易保护主义在经济衰退初期并不突出，而在恢复时期则日益加剧。所以，即使世界经济复苏，国际贸易也不易出现大幅反弹。

WTO 总干事拉米认为：在其他国家完成生产加工的产品最终都需要在中国完成最后组装，中国成为一个组装产品的出口大国。而反倾销恰恰是针对最终环节的出口方，中国作为最终环节的出口方自然成了被攻击的主要目标。2008 年以来，中国遭遇的贸易救济数量、金额分别占中国入世以来总数的 24% 和 50%。2008 年中国遭遇反倾销调查 73 起、反补贴调查 10 起，分别占全球案件总数的 35% 和 71%。2009 年，共有 19 个国家（地区）对中国产品发起 88 起贸易救济调查，包括 57 起反倾销、9 起反补贴，总金额约有 102 亿美元规模。在 2009 年中国遭遇的贸易救济措施涉案金额中，美国占到 57%。

从遭受贸易救济调查的形式来看，2009 年以来中国遭受的贸易救济调查涉及反倾销、反补贴和保护措施、特保措施四种形式。2009 年 4 月美国对中国乘用车和轻型货车轮胎启动特保调查、对油井管产品发起反倾销反补贴合并调查，这两起案件涉及金额巨大，并于 9 月份对中国乘用车和轻型货车轮胎实行特保措施。

从贸易救济调查的发起国来看，无论是发达国家还是发展中国家，都对中国发起贸易救济调查。2009 年以来，与中国出口产品发起贸易救济调查的国家遍及五大洲，尤以美国、印度为甚。而且很大一部分对中国的反倾销投诉来自发展中国家，其中印度投诉最多，巴西第二。此外，不仅我国有出口竞争优势的产品屡遭限制，而且还发生一个产品在多个不同市场遭遇贸易救济调查的现象。

三、美国经济发展战略的调整

后金融危机时代初期的不确定因素和贸易保护主义抬头是对宁波外经贸发展的挑战，但是这种挑战是短期的，美国经济发展战略的调整则是对宁波外经贸发展的长期挑战，应引起高度的重视。纵观第二次世界大战以来的世界经济史，美国常

在关键时期进行战略调整，重新把竞争对手甩在后面，我们应该充分估计美国经济发展战略调整对世界经济的影响。

金融危机使美国的金融体系遭受了重创，美国经济体系是否健康也遭到质疑。其实，对美国的国家战略首先要认识其变与不变的核心本质。不变的是其国家生存方式——霸权地位，从而用金融手段从全球向美国转移财富，为了应对危机，美联储已经两次推出“货币宽松政策”，大肆增发美元。为此，美国在过去半个多世纪里完成了一个制造业大国向金融业大国的转型。美国总统奥巴马的竞选口号是“改变”，美国正在改变其经济发展战略，其目标是要建立稳定的、充满活力的、具有最强竞争力和可持续发展的经济体系。为此，奥巴马提出“再工业化”战略，要在2015年以前实现出口翻倍，以创造更多就业机会。

美国新的经济发展战略的特征是：第一，增加储蓄率，降低消费率。长期以来美国的经济发展依赖于高消费、低储蓄维持，这种发展模式必然导致高财政赤字和高贸易赤字，解决两高的最有效的途径是发行美元和做大金融市场，美元的泛滥和金融市场泡沫的破灭正是这次金融危机的直接原因。因此，美国“改变”的核心在于改变消费方式和生活方式。第二，降低对金融等虚拟经济的依赖，重视实体经济，重新发展制造业。第三，重建金融体系，加强金融监管。第四，调整产业政策，大力发展低碳经济，关注碳金融和碳关税，并努力使其成为后金融危机时代经济新的增长点。第五，由崇尚自由贸易转向奉行“公平贸易”，碳排放问题可能成为新的贸易工具。

美国经济发展战略调整带来的挑战表现在：第一，后危机时期美国对国外产品服务的需求下降或增长停滞。2008—2009年金融危机时期，美国的储蓄率提高了4.5个百分点，如果这种储蓄率提高长期化，就意味着美国对国外需求增长长期停滞，这为后危机时期全球贸易的恢复增长带来挑战。第二，贸易摩擦加剧。由于美国在劳动密集型产业和部分资本密集型产业缺乏竞争性，同时在技术密集型产业又对中国实行出口管制，所以在中美贸易中美方存在长期的巨额逆差。长期以来中美一直存在贸易摩擦，金融危机爆发后，美国不断采取反倾销、反补贴、保障措施和特别保障措施等贸易保护措施来缓解国内利益集团对政府的压力，中美贸易摩擦进一步加剧。第三，人民币升值的压力增加。人民币汇率问题是一个很复杂的问题，不仅涉及贸易问题，更涉及货币金融和宏观经济问题；不仅涉及中美双边问题，还涉及欧盟、日本、东盟等其他多边关系问题。长期以来，所谓人民币汇率的“操控”问题一直是美国政府对付中国的重要手段，不仅是贸易手段和经济手段，甚至是政治手段。因此，人民币升值问题是宁波外经贸面临的长期挑战。第四，环保要求和其他技术标准的提高。较长时期美国对全球环保和温室气体排放问题故意忽视，这届美国政府不但重视，而且正在主导全球环保和温室气体排放问题。美国的主导作用发挥，就意味着这一问题会成为世界的主要问题。因此可以预期，低碳经济、碳金融、碳关税等环保问题会成为美国政府新的经济政治议题和工具，也会成为新的贸易保护手段。第五，知识产权保护要求的提高。知识产权保护一直是美国诟病中国出口竞争力的主要手段，这也是宁波出口贸易所要面对的长期挑战。第六，劳工条件的要求。按照新《劳动合同法》的规定，企业必须为劳动者缴纳养老保险、医疗保险、工伤保险、生育保险和失业保险，以及住房公积金，这些劳工保障措施使企业的劳工成本增加了20%以上，如果在短期内严格执行会使企业出口产品的竞争力有所降低。第七，美国东亚战略的调整。奥巴马上台后，美国开始调整其东亚战略，加强与东盟的经济关系，缓解与缅甸的关系；越南、菲律宾、新加坡公开提出需要美国重返东盟制衡中国。美国和东盟都不希望现行的美国—东亚的经济贸易模式长期化，而希望建立直接的美国—东盟模式，这无疑是对中国的挑战。美国—东盟经济贸易模式会迅速提升东盟国家出口美国产品的国际竞争力。美国与东盟的经济联盟一旦形成，并引起日韩和欧盟的加入，东盟国家的加工贸易产业可能会迅速发展，会进一步引起香港的资金转向东盟。这对宁波的劳动密集型的加工贸易产业是一个挑战。

四、中国经济环境的脆弱性

国际金融危机时期，与发达国家和绝大多数发展中国家相比，中国的经济表现非常出色，反映了中国经济整体抗危机能力强，也反映中国的宏观经济整体良好。但在宏观经济整体良好前提下，中国经济环境中也存在许多脆弱性方面，需要高度注视和正确对待。

中国经济环境脆弱的表现：第一，中国经济发展模式的脆弱性。中国经济的发展模式是典型的投资推动和出口导向模式，进入21世纪后这种模式更为突出。这种模式成功地带来了中国二十多年的高速发展，带来产业结构的迅速提升。但其重要的前提条件是：世界上必须有一个巨大的需求市场吸纳中国产能。20世纪80年代以来的经济全球化和经济自由化，引发了世界需求的膨胀，为中国的经济发展带来了机遇。美国的次贷危机和随后爆发的国际金融危机，使发达国家的需求膨胀戛然停止，随着美国的经济增长模式调整，中国的经济增长模式的脆弱性会凸显。第二，中国经济发展的不平衡性。主要体现在：沿海地区与中西部地区发展的不平衡，城市与农村发展的不平衡，制造业与服务业发展的不平衡，外向型经济与内向型经济发展的不平衡，资本平均收益率与劳动力平均收益率的不平衡，政府尤其是地方政府对资本和劳动的关注和支持的程度不平衡，政府对GDP和资源利用、环境保护的关注程度不平衡等等。这诸多的不平衡在低程度阶段不会对宏观经济产生重大影响，但如果不平衡达到较高的程度或受到外部冲击，就有可能以突发性的事件爆发。第三，资源和环境的脆弱性。中国经济的高速发展、大量的出口盈余和巨额外汇储备的代价就是资源的加速消耗和生态环境的破坏。第四，创新能力不足。中国经济的发展是建立在学习和追随的基础上的，如果学习和追随对象消失，发展的方向就会模糊。在一个充满商品意识、重商主义泛滥的背景下，创新的动力是严重不足的，这也是中国经济环境脆弱性的一个重要表现。第五，抗击国际金融危机的后遗症会逐渐浮出水面。在抗击危机时期，我国动用了很多资源，采取了很多比较极端的措施，这些资源和措施是短期的、不可持续的，这些措施撤销之后经济动力不够，如继续采取则会导致经济进一步扭曲。经济发展动力不足、产能过剩、通货膨胀预期增强、经济结构进一步扭曲可能是后危机时期中国经济环境的综合征。

中国经济环境脆弱性给宁波外经贸发展带来的挑战：第一，增长模式调整时期带来的困境。中国的经济增长模式正在调整过程中，在政策上是扩大内需、减少对国际市场的依赖，旧的模式需要改变、新的模式尚未形成，带来的是外经贸发展的动力不足。第二，经济结构的调整会带来资源的重新配置，外向型经济与内向型经济相比会处在不利地位，必然会影响其发展。产业转型升级的成本巨大，持续时间长，短期的负面影响大，长期的正面影响大。第三，资源和环境压力会继续加大。资源价格处在上升趋势，环保成本处在上升趋势，出口的利润空间会进一步压缩。第四，鼓励贸易出口的政策已经没有多大的空间，政策红利会逐渐减少。人民币汇率长期处在升值趋势；短期，在国际层面取决于中国与美国等发达国家的博弈，在国内也存在各种利弊之间的博弈。

第二节　宁波外贸面临的现实问题

一、增大了开拓国际市场的难度

首先，由于此次金融危机的强度特别大，全球范围内的市场都出现了不同程度的衰退，宁波市外贸经济的主要目标市场——美国与欧洲等也表现出一定的萎缩；其次，金融危机下全球各个国家纷纷采取政策保护本国企业的发展，致使国际贸易保护主义有所抬头，宁波对外贸易所面临的市场竞争极为激烈；第三，由于目前人民币对一些主要货币的汇率上升较快，同时一些发展中国家的货币贬值比较严重，这就使宁波外贸的出口价格持续下降。以上多重因素共同导致了宁波外贸开拓国际市场的难度不断加大。

二、外贸企业的资金压力与经营风险增大

一方面，宁波外贸企业的进出口现状堪忧，致使外贸企业库存产品不能及时的

在国际市场上得到消化，占用企业大量的流动资金，给企业带来较大的资金压力；另一方面，由于一些商业银行为了降低自身的经营风险就出现了金融机构惜贷的现象，这就给宁波的外贸企业融资带来极大障碍。此外，一些宁波外贸企业的目标国家与地区由于交易环境恶化以及商业信用的降低，直接导致了宁波出口企业的信用风险以及收结汇风险增大；我国"走出去"战略实施过程中，由于宁波外贸企业的境内外融资渠道仍旧不能畅通，这也给宁波外贸企业的境外资金的取得设置了障碍。

三、多重因素制约宁波外贸企业对外资的利用

由于此次金融危机的巨大影响，致使当前全球性的跨国投资数额减少，投资商的盈利信心指数大幅降低，这无疑会导致宁波市对外贸易项目的延误，甚至是取消，对外资的有效利用得不到很好的环境支持；此外，由于一些境外的投资者为了使投资项目所在国的企业运营更加稳定，就会采取抽资或者回流利润的方式来保证企业的经营，这种做法会给相关的外商投资企业生产能力的扩展带来极为不利的影响。

四、遭遇更加激烈的竞争

后危机时期的挑战不仅来自国际经济环境和国内经济环境，而且还来自宁波自身的国际竞争力，包括与国外竞争对手的竞争和与国内其他城市竞争对手的竞争。

第一，来自他国的竞争。宁波出口企业的国际竞争对手主要来自东盟国家，如越南、马来西亚、印尼和泰国等，也来自印度、巴西、墨西哥等国家。在劳动密集型产品方面，越南和印度的劳动力成本比中国更低。近几年随着资源价格的上升、人民币升值、新的劳动合同法推出、更严格的环保要求，东部沿海地区的低成本优势在逐渐消失，国际竞争力在逐渐下降。印度在IT产业和服务外包领域具有明显的优势；墨西哥是北美自由贸易区成员，具有北美市场的优势；巴西是南美最大的国家，在南美市场有优势，巴西与西欧有传统的关系，有开拓欧洲市场的优势。

第二，来自国内的竞争。宁波出口企业的国内竞争对手主要来自长江三角洲、珠江三角洲、环渤海经济区。长江三角洲是我国经济实力最强、产业规模最大的三角洲，是中国最大的经济核心区和最大的城市连绵带，有广阔内陆腹地。环渤海经济区具有能源充足、劳动力低廉、国家政策和资金倾斜等优势。与珠江三角洲相比，长江三角洲和环渤海经济区具有人力资本优势和技术优势。珠三角具有简单劳动优势产业，长江三角洲具有熟练劳动力优势产业，环渤海经济区具有资本技术优势产业。在外向型经济方面，珠江三角洲在规模上占有优势，在跨国公司直接投

资技术效率方面，宁波处于落后水平，远低于全国的平均水平。从发展趋势来看，长江三角洲地区的国际竞争力已经超过了珠江三角洲，环渤海经济区的国际竞争力则在迅速提高。

五、削弱了外贸企业的创业信心

由于此次金融危机的影响之大，范围之广，持续时间之长，给宁波市对外贸易企业的创业信心带来了极大的打击，尤其是一些中小型外贸企业的创业信心更是跌倒谷底，创业信心的缺失必将影响整个宁波市外贸行业的稳定发展。

第三章　宁波企业与政府的经验

第一节　以海外投资带动外贸发展方式的转变

近年来，宁波市外向型企业在以海外投资带动外贸发展方式的转变方面，走出了一条具有当地特色、充分发挥自身优势的成功之路，尤其是宁波民营企业的海外投资的发展处于全国领先的水平。2010 年 8 月，由中国社会科学院财贸所和浙江万里学院有关人员联合组成的国情调研课题组对宁波市多家海外投资企业进行了深入调研，调研的企业包括：雅戈尔、裕人针织机械集团公司、银亿集团、纺织服装协会等。在充分调研和总结的基础上形成了本项研究报告，本报告的特点之一是既包含对宁波企业海外投资情况微观角度的考察，也包括宏观层面的分析。报告分为五个部分，即：一、宁波企业海外投资的现状和主要特征；二、宁波企业海外投资的主要类型与通过投资获得的经营优势(企业案例研究)；三、宁波市发展海外投资的主要经验和特有优势；四、海外投资带动宁波外贸发展方式的转变；五、当前宁波企业海外投资发展中存在的主要问题；六、进一步促进宁波企业加快“走出去”步伐的对策措施。

一、宁波企业海外投资的现状和主要特征

(一)从历年累计海外直接投资总量角度分析

从宁波市历年累计海外直接投资总额的角度看。第一，总量方面，截至 2010 年 9 月底，宁波市对外直接投资家数达到 1225 家，累计对外直接投资额 15.32 亿美元，海外投资企业数量超过深圳、厦门、青岛、广州、大连、杭州等城市，在浙江省全省和全国 15 个副省级城市中均居第一位，海外投资的发展处于全国领先地位。第二，从累计海外投资总量的行业类别分析：生产性企业所占的比重最大，在累计对外投资总额中的比重达到 34.9%。其次是贸易性企业和工程房地产企业，所占比重分别是 19% 和 13.8%。值得注意的是，从历年累计投资情况看，宁波市的研发和资源开发型企业对外投资的规模和所占比重还比较小，累计对外直接投资额分别只有 3186.1 和 9879.3 万美元，在对外投资累计总额中的比重仅占 2.1%和 6.4%，而这两种类型的对外投资正是我国经济发展迫切需要和政府大力支持和鼓励的。第三，从投资的项目规模角度分析：宁波市外经贸统计部门将海外投资规模从 20 万到 3 千万美元依次

分别为 8 个组别。从统计数据情况分析，总投资额在 3 千万美元以上的项目，占海外投资累计量的比重最大，占到 33.4%；1 千万到 3 千万美元之间的项目占海外投资累计总量的比重为 13.3%；5 百万到 1 千万美元的项目占 17.9%，其他依次类推基本呈现投资额度越小在投资存量总额中所占比重越低的趋势。

（二）从 2010 年前三季度海外投资最新情况的角度分析

从 2010 年最新的海外直接投资流量角度看：

首先，2010 年以来宁波市海外直接投资额增长十分迅猛。2010 年 1—9 月宁波市海外直接投资额达到 4.69 亿美元，与上年同期相比增长 63.7%，2010 年前三季度海外直接投资额达到 2010 年以前累计海外直接投资额的 44%。2010 年 1—9 月宁波市新批境外企业 157 家，其中的构成情况是：贸易性企业 76 家，经贸办事处 29 家，生产性企业 26 家，资源开发 6 家，工程房地产企业 3 家，物流企业 10 家，综合性企业 1 家，研发企业 5 家，其他 1 家。

其次，宁波企业海外投资的产业布局近来发生了明显变化和提升。将宁波市 2010 年前三季度的对外投资流量与历年累计对外直接投资总额相对照，从企业类别对比的角度分析，可以发现其海外投资的产业布局发生了以下重要变化。即：生产性企业所占的比重有显著下降；资源开发企业、工程房地产企业、物流企业所占的比重明显上升；另外，研发企业海外投资的增长幅度很大。这说明宁波市的对外投资发展正逐渐摆脱对生产性企业的依赖，海外资源开发、海外工程建设、国际物流、海外研发基地建设等行业快速发展，其增速明显快于传统行业。生产性企业在 2010 年 1—9 月份的对外投资流量中仍处于最主要位置，但在投资总额中的比重只占 23.4%，与历年累计额中所占 34.9%的比重相比有明显下降。资源开发企业、工程房地产企业、物流企业在 2010 年 1—9 月的海外投资流量中所占比重分别为 7.9%、21.2%、20.4%；而这三类企业在历年累计对外直接投资额中所占的比重分别为 6.4%、13.8%、8.6%，可以看出，2010 年以来这三类企业的投资比重明显上升。另外，2010 年 1—9 月宁波市研发对外直接投资额达到 488 万美元，与上年同期相比，增长 134.5%，呈现出较快的增长势头。

在境外承包工程劳务合作方面，2010 年 1—9 月完成营业额 8.16 亿美元，比上年同期增长 22.2%。新外派的劳务人数达 1575 人，期末在外劳务合作人数达 4416 人，比上年同期增长 23.1%。

（三）民营企业是海外投资的中坚力量

从全国的总体情况来看，由政府主导的国有大型企业是我国对外直接投资的主体，民营企业、中小企业在“走出去”开展国际化经营方面十分落后。而宁波市的情况是民营企业是宁波市经济和对外直接投资的中坚力量，宁波境外直接投资中民营企业约占 90%。

具体看全国对外直接投资的主体情况:从全国总体情况看,开展对外直接投资的主体以国有大中型企业为主,一部分大企业目前已初步在国际市场上占有一席之地,但政府行为对企业的影响极大,投资行为具有不成熟、不典型的特征。与之相对比,民营企业、中小企业对外直接投资额很少,开展国际合作的广度和深度方面落后较多。目前,中国共有中小企业4000多万家,占我国企业总数的99%,其就业人数占城镇就业的75%,占外贸出口的60%和超过45%的税收收入,创造了全国70%的新增工业产值和55%以上的国内生产总值,是中国经济增长、市场繁荣、扩大就业和提高综合国力的重要基础。但在“走出去”开展国际化经营方面,截至2009年底,中国对外直接投资存量中,国有企业占71%,民营企业仅占29%,其中私营企业只占1.2%。非金融类对外直接投资存量中,中央企业占78.5%,地方企业仅占21.5%。说明中国对外直接投资还主要依赖国有企业尤其是中央企业,而民营企业、以上数据作为中国市场经济最活跃的市场主体,开展国际化经营的能力还很弱,还不具备成熟的国际竞争力。另外,中国对外直接投资与发达国家不同,很多项目并非是完全独立意义的企业行为,在完善的市场经济条件下,市场力量自发形成的私人部门投资才是最有效率的,中国的对外直接投资很多是国家为了整体经济的发展,适应经济全球化要求,政府引导企业参与国际竞争,以提高企业竞争力,进而提高本国综合实力的结果。

反观宁波的具体情况,民营企业是宁波经济中非常重要的组成部分,是宁波经济的中坚力量,在宁波市的对外投资中也占据了最重要的地位。2009年底,宁波市的民营工业经济企业单位数、从业人员以及实现的工业总产值分别为113327家、206.0万人和6210.5亿元,分别占全部工业经济96.3%、73.4%和60.2%。民营工业经济主导着宁波市工业经济发展的主要趋势,是宁波市工业经济发展的中流砥柱。宁波民营企业创造的GDP约占全市总量的80%。宁波境外投资中民营企业约占90%。宁波市民营企业的迅速崛起,使他们具备了走出去的可能性和必要性,而且对外投资的热情不断高涨,越来越多的宁波民营企业走出国门,积极参与国际竞争和合作。民营经济具有明晰的产权、灵活的经营、快速的反应、基础良好的技术创新,这一切使他们在国际化道路上不断提升自己的竞争力。宁波对外投资的主体也逐步从国有企业、集体企业向民营企业、股份制企业过渡;从原来的单体小企业发展到有上亿乃至百亿资产的雅戈尔、裕人、银亿、吉利、韵升等大型民营企业。民营机制在跨国并购中的优势:第一,民营企业市场化程度高,在海外投资并购中,被国际公认为具有市场主体的优势,能减少对外投资中的法律障碍,降低政治风险,提高成功率。第二,民营企业的管理机制灵活,投资决策果断,有较强的风险意识,规避市场风险的灵活性较高。第三,民营企业大都成长于竞争性行业,有丰富的国内市场竞争的历练,且近年来不少企业生产规模迅速扩大,管理水平日益提高,具备参与国际竞争的条件。

表 3-1　宁波市 2010 年 1—9 月和历年累计对外直接投资综合情况

（单位：个；万美元）

	境外企业（机构）家数						中方投资情况					
	9月份新批	本年累计	增减%	所占比重%	历年累计	历年累计的比重%	9月份新批	本年累计	同比增减%	比重%	历年累计	历年累计的比重%
合计	11	157			1225		1921	46883			153244.4	
一、按类别分												
贸易性企业	5	76	65.2	48.4	385	31.4	362	9454	71.2	20.2	29052.62	19.0
经贸办事处	0	29	-34.1	18.5	537	43.8	0	617.3	-22.3	1.3	5800.67	3.8
生产性企业	2	26	44.4	16.6	190	15.5	177.7	10990	135.4	23.4	53420.65	34.9
资源开发企业	2	6	-14.3	3.8	25	2.0	1333	3704	43.3	7.9	9879..3	6.4
工程房地产企业	0	3	200	1.9	34	2.8	0	9918	61.5	21.2	21182.57	13.8
物流企业	1	10	233.3	6.4	21	1.7	18	9579	825.5	20.4	13159.64	8.6
综合性企业	0	1	0	0.6	9	0.7	0	990	-87.1	2.1	14811.1	9.7
服务性企业	0	0	0	0	5	0.4	0	1030	0	2.2	2258.62	1.5
研发	1	5	400	3.2	16	1.3	30	488	134.5	1	3186.1	2.1
其他	0	1	0	0.6	3	0.2	0	112.5	0	0.2	493.1	0.3
二、按总投资规模（万美元）分												
20 以下	4	61	19.6	38.9	756		20	350	-30.5	0.7	6799.39	4.4
20 至 50	1	28	-9.7	17.8	176		40	1069	-11.1	2.3	6253.6	4.1
50 至 100	2	15	87.5	9.6	104		90	1350	66.5	2.9	8002.91	5.2
100 至 200	1	19	46.2	12.1	75		137.7	2638	59.4	5.6	10673.5	7.0
200 至 300	0	7	75	4.5	39		0	1883	51.5	4	11107.68	7.2
300 至 500	0	6	20	3.8	22		0	2618	14.3	5.6	11514.6	7.5
500 至 1000	2	14	55.6	8.9	38		1150	11066	52.3	23.6	27356.82	17.9
1000 至 3000	0	5	0	3.2	9		0	13367	0	28.5	20331.57	13.3
3000 以上	1	2	0	1.3	6		483	12543	-8.2	26.8	51204.3	33.4

数据来源：根据宁波市对外经济贸易经济合作局发布的数据整理计算

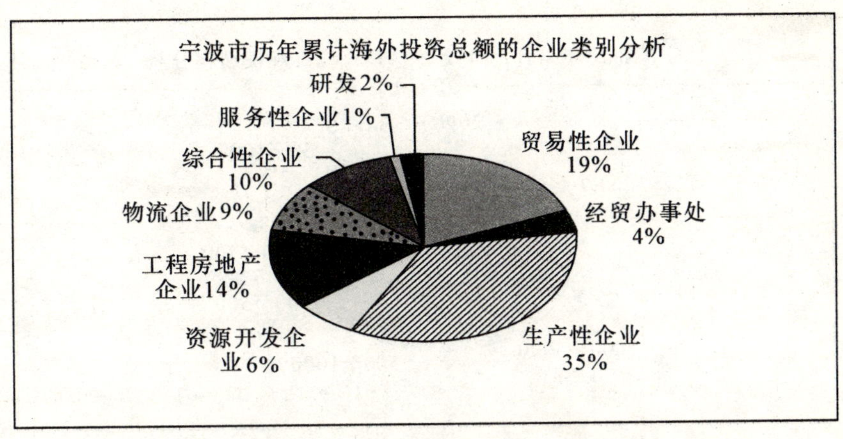

图 3-1 宁波市历年累计海外投资总额的企业类别分析

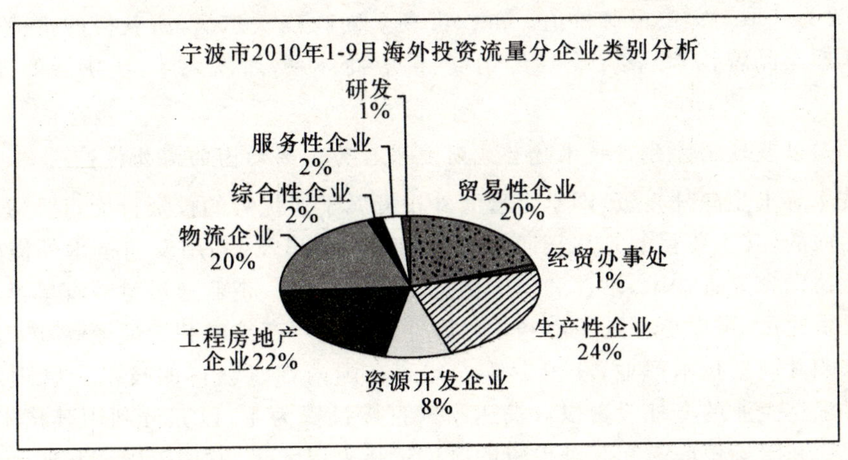

图 3-2 宁波市 2010 年 1—9 月海外投资流量的企业类别分析

二、宁波企业海外投资主要类型与通过投资获得的经营优势(企业案例研究)

本课题组实地走访多家宁波对外投资企业,将其典型案例做了系统梳理和总结。现归纳为五种主要类型,而每种类型有其各自的竞争优势。(一)以获取国外先进技术优势或研发平台为主要动因。(二)以获取海外资源、能源供给为主要动因。(三)以获取品牌价值优势为主要动因的海外投资。(四)以获取海外市场和营销渠道优势为主要动因。(五)以获取低成本优势为主要动因。在实际投资过程中,一项海外投资项目可能是为了追求上述两种或多种优势。海外投资行为是一个综合体。如比较有代表性的宁波裕人收购瑞士事坦格,既为了获取对方的领先

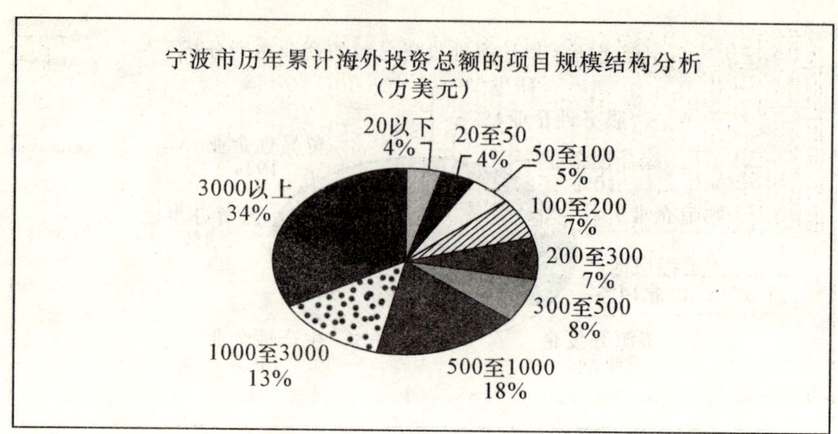

图 3-3 宁波市历年累计海外投资总额的项目投资规模结构分析

技术，又为获取对方的品牌价值。再如吉利全面收购沃尔沃，所获得的价值包括：沃尔沃轿车品牌，2000 多个全球经销商、供应商体系，研发人才，沃尔沃的知识产权等。

（一）以获取国外先进技术优势或研发平台为主要动因的海外投资

技术寻求型海外投资，即学习型海外投资属于逆优势的投资行为，是以技术获取为导向的，其主要目的是从长期发展战略的角度出发，利用反向技术外溢效应，获取发达国家先进技术，培育和创造自身的竞争优势。企业通过对外直接投资，到国外投资建厂，可以更深入了解和学习国外的先进生产技术和管理经验，同时在发达国家购并高新技术产业，获得专业人才和在国内难以获得的技术和管理经验。技术寻求型企业的海外投资以对发达国家直接投资为主，以充分利用其技术研发外溢效应和聚集效应。在海外投资的区位选择上以北美、欧盟等国家和地区为主。具体手段包括建立境外研发机构、充分利用东道国研发人才、通过跨国并购获得新技术等。典型案例如：宁波裕人针织机械收购瑞士事坦格、吉利收购沃尔沃等。

案例一：宁波裕人收购瑞士事坦格

1. 概况

宁波市裕人针织机械有限公司成立于 2003 年 8 月，专业生产针织机械，电脑针织横机，2009 年实现销售 8.9 亿元，2009 年底企业总资产 50955 万元，所有者权益 27324 万元，有职工 2300 人，在国内主要省市设立了 40 多家代理商和服务中心；在国外近 20 个国家、地区建立了销售网点。

2010 年 6 月，裕人针织机械有限公司成功收购国际上第三大电脑横机制造商瑞士事坦格集团及其旗下的意大利时尚设计中心和事坦格上海纺织机械有限公司共3家企业，其净资产达2248.3万欧元。目前，已正式进入正常运行阶段。在该项收购中，收购方宁波裕人针织机械有限公司最看重的是被收购企业的精华部分——技术研发中心。

瑞士事坦格集团公司已有60年的电脑横机等针织机的制造历史，是当今世界第三大电脑横机制造商，但由于2009年的金融危机，事坦格公司面临前所未有的压力，迫切希望有实力的公司注入资金或进行并购。从2009年5月到2010年6月，经历了长达一年多的收购历程，先后和事坦格集团、意大利ITEMA集团在上海、慈溪、瑞士、意大利进行了交流谈判，2009年12月22日，双方达成实质性意向协议，2010年1—3月进入对被收购企业的初审和评估阶段；2010年4月至6月，完成收购签约、公司重组和规划阶段。目前，该项目正式进入运行阶段。收购后，裕人集团利用事坦格的技术、全球营销网络和裕人集团国内本土生产的价格优势，实施对外扩张、业内兼并，并初步完成国际战略布局。

2. 通过跨国并购，宁波裕人获得的主要收获

(1)获取国外先进技术。裕人集团所处的电脑横机领域是高技术密集型的产业，超过2000种的技术产品，制造的复杂性不亚于生产一辆汽车。电脑横机在国外已经发展30余年，事坦格公司在电脑横机领域以高端技术闻名于世，尤其是在嵌花技术的研发与应用上独树一帜，是其他所有电脑横机制造商难以超越的。不管在发展历史上、还是在科技背景上，裕人集团都落后国外一大截。在高技术密集型的行业里，技术能力很大程度上决定了企业的市场竞争力，瑞士的紧密机械加工技术与工艺对提升裕人产品有着巨大价值。收购完成后，裕人集团抽调了瑞士的研发队伍到裕人的国内工厂来交流，帮助国内工厂获得这些高新技术，从而使裕人在技术领域实现快速提升。收购瑞士事坦格将极大地提高裕人集团的技术研发水平，可以利用现有的高端技术，加快研发步伐。

(2)获得品牌价值，实现优势互补。瑞士事坦格集团以技术见长，品牌具有优势，国际市场具有良好的渠道，但在生产规模和成本价格上处于劣势，在中国市场，由于文化理解能力不同，销售、售后服务都面临较大困难，在国内能够利用的资源也很有限。宁波裕人作为本土企业，在中国市场具有强大的竞争能力，制造成本、生产规模具有绝对优势，市场占有率超过50%，拥有遍布全国的销售网络和本行业全球最为完善、规模最大的售后服务队伍，能够为所有客户提供全天候的贴身服务。但中国横机产业缺乏世界级品牌，而短期是塑造不了的，需要时间积累，需要用心栽培，国外的很多企业在这方面有优势。他们起步早，有品牌经营意识，已在全球市场形成有影响力的品牌。在横机领域，事坦格至少可以排在全球前三位，通过收购，裕人获得了事坦格的商标所有权，他们还将进一步地发展这个品牌，扩大行业的影响力。收购成功后，裕人集团正在建立以瑞士研发基地为主的国际化研发平台，充分利用全球资源，赶上甚至超过德国斯托尔、日本岛精的技术水平。在国内进行规模生产，实现国际高技术与国内低价格的最佳结合，同时充分利用裕人国内市场的各项优势，大幅度提升市场竞争能力。

(3)完成战略布局，钳制两大国际品牌。目前，德国斯托尔、日本岛精在技术水平和制造工艺上还有较大优势，国产横机仅仅依靠价格竞争还不能完全控制整个市场，必须在技术上提高并超过，才能真正成为市场的领导者。收购瑞士事坦格公司能够帮助宁波裕人在价格取胜的基础上，实现技术取胜，真正实现价格和技术双赢的局面，形成高端以事坦格品牌压制，低端以裕人挤压的局面，达到钳制两大品牌的目的。期望在不远的将来，在世界范围内实现对电脑横机行业的整合。

3. 宁波裕人在跨国并购后实现技术吸收和品牌强化方面的措施

收购国际同行最关键的风险是能不能充分对其现有技术进行消化吸收和对其品牌进行巩固和强化。在技术消化吸收方面可能会存在文化差异、技术水平差异和接受能力的问题。宁波裕人已在技术对接方面作了合理安排。一、原来的事坦格集团大部分人员保持不变，组织结构和管理模式不变，基本不对事坦格公司产生实质性影响。二、利用事坦格上海公司吸收和培养技术管理人员，扩大中层技术管理队伍，实现事坦格自源性人才再生。事坦格公司自身的生产经营除规模扩大之外，不发生任何改变。三、宁波裕人已经培养了一批双语的技术管理人才，具有接受国外专家指导的能力。在收购后，裕人公司以科研合作的形式与瑞士事坦格集团开展技术交流，吸收并利用分公司的技术。四、在品牌维护方面，事坦格品牌自成一体地独立经营，保持其原有的管理和品质，与裕人产品分层次经营，满足不同需求。同时，通过利用裕人发达的售后服务体系和现有的供应、融资等本土资源，事坦格品牌将得到进一步提升。

(二)以获取海外资源、能源为主要动因的海外投资

2009年初以来，宁波市一批实力型企业抓住国际金融危机导致全球各类资源价格暴跌的良好机遇，积极开展境外资源开发，使宁波市海外资源、能源类海外投资的步伐明显加快，其中不仅有铜矿、铁矿、镍矿等的开采，还有石材开采及加工、木材砍伐及加工、远洋捕捞等。2009年，宁波市新批准境外资源开发项目8个，超过历年批准总数。这些项目分布在亚洲的菲律宾(铁、镍、金、铜等金属矿)、非洲的利比里亚(木材砍伐)、尼日利亚(石材开采)，非洲的加蓬(多种金属矿开采)、南美的阿根廷(矿产开发及销售)，亚洲的老挝(铁矿勘探及开发)、蒙古(煤矿开采)，大洋洲的巴布亚新几内亚(木材砍伐)。资源寻求型企业的海外投资主要是对一些自然资源、能源丰富、经济相对落后的发展中国家直接投资，区位选择包括：东南亚、中东地区和南美、非洲国家等。

案例二:宁波银亿集团在菲律宾、印尼的矿业投资

宁波银亿集团有限公司以房地产开发和资源类工业为支柱产业,兼有物业管理、物流仓储、建材商城和五星级酒店等产业的综合性大型企业集团。公司自1994年创建以来,经过十多年的奋斗,实现了跨越式发展。从一个项目公司迅速崛起,目前拥有40多家子公司,总资产230多亿元,年创利税20多亿元。2009年实现销售收入132亿元,居2010年中国企业500强第424位,中国服务业企业500强第127位,中国民营企业500强第82位,浙江省百强企业第36位,宁波市百强企业第7位,连续15年被评为“AAA”级资信企业。资源类工业是银亿集团近几年来全力打造的第二个支柱产业,以矿产开发、煤和煤化工、镍冶炼、石油化工为发展重点,积极发展循环经济,实施自主创新,开展资源综合利用,并且在菲律宾、印尼建设海外矿产集团。

该公司原以房地产开发为主,目前矿产项目成为该公司重点突破的产业,是其新的增长点,该公司的海外矿产投资主要集中在东南亚地区,而中国东盟自贸区协议的签订和实施给该公司提供了良好的机遇,是其海外矿业投资的催化剂。目前银亿集团海外矿产开发项目已比较成型,并进入项目运营阶段。2007年银亿进出口公司开办宁波在菲律宾首家境外贸易公司,从事矿产开采和贸易。从2009年起,银亿集团启动海外矿产资源基地建设,银亿菲律宾投资控股集团有限公司下辖勘矿公司、贸易公司、矿业公司等12家企业,目前已控制20几个矿权,铁、锰等矿产地质储量5000万吨以上,其中:铁矿3000万吨、锰矿1000万吨、铬矿250万吨、铜矿100万吨、金矿100吨,以及数亿吨砂矿资源。未来3—5年将再收购50个以上的矿权,并在印尼进一步加大投资力度,形成集资源勘探、开采、矿产品贸易为一体的大型海外矿产集团,年销售收入将达到500亿元以上。同时,银亿还在广西北部湾开发区投资83亿元设立了冶炼这些矿产的高科技企业——广西银亿科技矿冶有限公司,形成了采矿、冶炼一条龙的产业链体系,全方位分享中国东盟自由贸易区建设带来的新商机。根据计划,银亿将以资本为纽带,形成一个以东盟为矿产基地,以广西为冶炼基地的工业板块。

案例三:宁波矿业投资控股公司在非洲的矿业投资

宁波矿业投资控股有限公司是一家以矿业为主要投资方向的专业投资公司。公司成立以来,坚定不移地走矿业资源投资的发展道路,致力于打造国内、海外两个平台,并将中远期的资本运作纳入公司计划,以传统的矿业能源行业为基石,结合资本市场的力量,整合各种有利资源,借鉴国际大型矿业投资公司的营运模式,走新型的矿业投资发展之路。作为以矿业为主要方向的专业投资公司,宁波矿业

将传统矿业行业的经验与先进的金融资本运营理念有机结合，利用严谨的投资准则和切实的操作方式，通过国内和海外的业务平台和实体的无缝连接及渠道构建，长短结合，挖掘产业的潜在价值，实现最优化投资方案组合及项目效益最大化。基于矿业行业国内、海外两个市场的经验，基于自身的专业技能和大型实业、金融集团的战略合作，使宁波矿业能够成为灵活、专业、兼具国际化、本土化双重优势的资源投资企业。

在海外的矿业投资过程中，宁波矿业投资控股有限公司以加蓬为起点，努力拓展加蓬周边的西部非洲国家的矿产领域乃至整个非洲。经营方式是以风险勘探为起点，矿山开发为基础，以国内矿石市场为目标，实现非洲与国内市场的互补。在投资非洲的过程中，为融入当地社会尽心尽力。他们在加蓬的项目开发中，在未出效益的情况下，就给矿区所在城市中小学校购置黑板、足球、书包、电脑。他们还为残疾人基金会捐1亿中非法郎(约合150万元人民币)，为投资所在国的国庆活动赠送衣服、帽子、杯子各5万件，还帮助当地修路等。同时，他们对于当地法律和文化的研究也绝不马虎，确保做到其投资行为符合投资国的矿业法、土地法等相关法律。

(三)以获取品牌价值优势为主要动因的海外投资

此类海外投资，宁波市比较有代表性的企业有：永发集团收购欧洲保险箱品牌、吉利收购沃尔沃等。

案例四：吉利收购沃尔沃

吉利全面收购沃尔沃，首先得到的是Volvo这个品牌。与北汽收购萨博不能使用品牌不同，吉利收购清单包括沃尔沃品牌。虽然没有奔驰、宝马知名度高，但Volvo仍然是全球知名的豪华车品牌。同时，与其他濒临破产被收购的品牌价值相比，沃尔沃拥有百年历史，具有丰富的产品线和高端的品牌形象，沃尔沃在安全性和可靠性方面一直为外界好评。吉利成功收购沃尔沃，使“吉利汽车走遍全世界”的梦想，以“吉利驾驭沃尔沃走遍全世界”的形式得以实现。

作为中国发展最快的汽车制造商之一，浙江吉利控股集团有限公司于2010年8月2日宣布，完成对福特汽车公司旗下沃尔沃轿车公司的全部股权收购。2010年3月28日，吉利签署股权收购协议，以18亿美元的价格收购沃尔沃轿车公司，其中2亿美元以票据方式支付，其余以现金方式支付。由于沃尔沃轿车公司总部位于瑞典，又是福特汽车的全资子公司，因此吉利收购沃尔沃要通过欧盟和美国政府的审批。7月6日，欧盟通过了对吉利收购沃尔沃轿车项目的反垄断审查；在此之前，该交易通过了美国政府的相关审查；7月26日，我国商务部也正式批复核准了这一收购项目。鉴于海外营业收入超过30%就可以被认定为跨国公司，而目前沃尔沃轿车海外营收远高于吉利，因此，随着这场收购的尘埃落定，吉利成为我国第一家汽车跨国公司。

案例五：永发集团收购欧、美保险箱品牌

永发集团收购欧洲和美国保险箱品牌是2009－2010年度浙商海外并购十大案例之一。在海外并购中，宁波永发集团有限公司十分重视品牌效应，先后收购了美国Safewell和Ex－cellence等多个保险箱行业的知名品牌，对德国一个保险箱百年品牌的收购也已顺利完成。宁波永发集团有限公司始创于1988年，是目前国内最大的集研发、生产、服务于一体的专业化生产实体安防和金融产品的企业。拥有首批中国名牌、中国驰名商标、行业唯一一家中国保险箱行业标志性品牌的荣誉。通过打好海外"收购牌"，宁波永发集团迅速提升海外市场的业绩。三年时间里，永发已在法国、德国、土耳其、美国、俄罗斯、埃塞俄比亚等国家收购了9家保险箱相关企业，相继设立了28个海外分公司，并在越南建立了生产基地。永发也由此成长为国内外保险箱行业中具有影响力的跨国公司。永发2009年在法国收购的是一家保险箱电子商务企业，该企业也是欧洲最大的保险箱电子商务平台企业。由于保险箱电子商务运行技术和运转系统在国内还很薄弱，收购这家法国的保险箱电子商务企业，对永发提早一步开展保险箱电子商务以及拓展欧美市场帮助很大。

（四）以获取海外市场和营销渠道优势为主要动因的海外投资

海外市场和营销渠道寻求型对外投资的主要方式有：并购下游企业获得海外销售渠道；以设计和管理的本土化开发适合当地市场的产品等。海外市场和营销渠道寻求型企业对外投资一部分基于规避贸易壁垒、关税等，集中于高贸易保护国家。宁波企业此类海外投资行为的典型代表是雅戈尔集团收购美国KELL-WOOD公司旗下的新马集团。

案例六：雅戈尔集团收购美国KELLWOOD公司旗下的新马集团

1. 雅戈尔集团概况

雅戈尔集团创建于1979年，经过30多年的发展，逐步确立了以品牌服装、地产开发、股权投资三大板块为主的多元并进，专业化发展的经营格局。集团现拥有净资产近200亿元，员工60000余人，是中国服装行业的龙头企业，连续七年稳居中国服装行业销售和利润总额双百强排行榜首位。主打产品雅戈尔衬衫连续十三年获市场综合占有率第一位，西服连续八年保持市场综合占有率第一位，西服、衬衫、西裤、夹克、领带和T恤为中国名牌产品。目前，雅戈尔在国内已建成了从棉花种植到纺织、成衣、营销一体化的垂直产业链。形成年产衬衫5000万件、西服200万套、休闲服、西裤等其他服饰共3000万件的生产能力。在全国设立了100多家分公司，开设了300余家自营专卖店，2000余个商业网点，形成了强大的生产营销能力。2008年雅戈尔成功收购了美国KELLWOOD公司旗下的新马集团，迈出了国际化发展的坚实一步。

2. 雅戈尔集团对新马集团的收购与整合

2008年，美国经济受次贷危机影响出现衰退迹象，美国服装业巨头KELLWOOD公司下属的新马公司当年利润出现较大下滑。KELLWOOD公司实施业务重组，意欲剥离男装部门，雅戈尔获悉后立即主动出击，在最短时间内达成收购意向，整个并购过程历时仅半年，最终以1.2亿美元低于净资产的价格，成功收购有50多年历史、世界最大的衬衫制造商之一的新马公司。由于新马公司核心业务有为POLO、Calvin Klein等20多个国际知名品牌代工ODM业务，并拥有Nautica、Perry Ellis等五个授权许可品牌，同时拥有在意大利、纽约、香港等地的设计团队和资深的国际化管理团队，谙熟国际品牌的设计理念和管理理念，使雅戈尔迅速获得国际化运营阶段亟需的设计、管理、渠道资源，国际竞争能力大大增强。

对雅戈尔而言，真正意义上的国际化并非把产品卖到国外市场，而是指资源配置的全球化，是一种资源配置方式的改变，即充分利用、合理配置全球资源，生产出成本最低、质量最高的产品。雅戈尔的海外并购正是基于这一出发点，对既有的资源重新整合配置。并购完成后适逢美国金融危机加剧，逐步波及实体经济，在这种严峻的市场经济形势下，雅戈尔借助产业链的资源优势和新马公司在美国完整的销售、服务资源，重新整合客户和市场。2009年上半年，相继获得PerryEilles和Nautica在美国西服产品的代理权，在为雅戈尔西服厂带来数量稳定的业务订单的同时，也为新马美国公司带来500万美元的销售增长。

同时通过转移生产基地，大幅降低成本：关闭了在香港的工厂，结束了多年的OPA生产模式，缩减深圳基地产能，转移订单到总部生产基地；成立重庆新马公司，利用雅戈尔重庆生产基地的现有规模设施，形成规模生产能力；整合新马的针织成衣业务，与雅戈尔日中纺针织业务合并；在研发、生产、销售及物流服务等方面实现一体化管理。短短数月，生产效率和销售业绩均大幅提高，每月产量已超过100万件，并在短期内取得了较好的经济效益，成绩超乎预期。

整合研发设计资源。重新组合配置雅戈尔及新马公司在香港、意大利、美国等地的设计资源，目前通过新马公司的市场引导，雅戈尔衬衫公司成功开发了DP衬衫，继而开发了DP裤子等雅戈尔系列精品服装，DP产品被列入国家重点新产品，并得到了国内消费者的高度青睐，为雅戈尔的国内市场向纵深化发展奠定了基础。雅戈尔服饰也首度参展北美最大的服饰博览会，并开始进入主流商业渠道。

3. 通过跨国并购，雅戈尔在国际化新格局中发展壮大

(1)境外并购使雅戈尔得以实现“内部”资源的国际化。国际化不仅要求企业在品牌、供应链、营销网络上的外部条件，更要实现从管理、人力资源等“内部”国际化，才可能成为一个真正国际化血统的企业。只有实现经营理念、运作模式、营运标准、流行时尚和市场网络的“国际化”，才能在新的格局中做大做强。经过近三十年的发展，雅戈尔已经确立了衬衫、西服等产品在国内市场的竞争优势，并逐渐构建了国际市场的销售通道及与世界纺织服装巨头的战略合作关系。ODM 等具有高附加值的外贸交易模式也为雅戈尔在国际服装市场建立起良好的品牌形象和企业信誉度，这些都为企业的海外市场扩张奠定了扎实的基础。但运作模式、营运标准、人才资源等国际化的“内在”条件却很难依靠自身的蜕变实现。海外并购使雅戈尔内外并举的渐进国际化方式成为可能。并购新马公司以后，衬衫的海外年销量将达到 4500 万件，衬衫生产能力从 1500 万件/年扩大到 5000 万件/年，成为世界上最大的男装生产企业之一，同时带动前道面料企业同步发展，色织面料产量从 4000 万米/年快速递增到 8000 万米/年；通过客户结构的重新调整，一方面加强与国际知名品牌的战略合作，另一方面实现产品的升级换代和产品结构的调整。更重要的是推动雅戈尔以全球视野来实施产业布局，引发内生性的国际化变革。目前雅戈尔正在筹建一个全新的国际运营标准生产中心，在管理、技术上接轨国际化标准，逐步由国内技术标准制定者向国际标准制定者转变，在承接全球产业转移中逐步掌控国际市场技术标准话语权。

(2)境外并购进一步加速了雅戈尔国际化进程。境外并购使雅戈尔缩短了建立国际品牌所需的资源和人才要素的时间。首先，是对全球男装领域的横向整合，在经过近 30 年的产业积累后，已具备了成为全球先进服装制造基地的先决条件，走向国际化的基础业已成熟；其次，雅戈尔拓展海外市场亟需的服装设计开发、海外营销网络、国际化管理人才稀缺的矛盾日渐突出，已成为企业进一步发展的制约性因素，必须通过海外并购完成人才储备；同时雅戈尔的产业链需要整体拉动与提升，以更好地参与国际竞争。企业国际化的内生性需求，是雅戈尔实施境外并购的主要动因，也是走向国际化的必然途径。

(3)境外并购使雅戈尔得以整合和提升产业链。当今世界经济的竞争不是产品之间的竞争，也不是企业之间的竞争，而是产业链之间的竞争。纵观世界工业企业的发展历史莫不如此，并且在可预见的将来，产业链之间的竞争仍将主导经济发展。雅戈尔目前已形成了从棉花种植到成衣制造及终端销售的一条完善的垂直产业链，形成了核心竞争能力，但仍需增强关键环节的实力，进一步提高产业链的协同能力，发挥产业链的合力。新马集团拥有从纺织到品牌管理等多环节的产业管理能力，尤其是其多个设计中心、遍布全美的销售渠道和国际化运营能力更与雅戈尔互补。并购完成使雅戈尔集团的服装产业链具备更加强大的优势，为今后的产

业竞争打下坚实的基础。在顺利整合新马业务后，雅戈尔集团已成为一家拥有60000员工，年产成衣8000万件，销售额超过12亿美元的世界级企业。同时凭借分布于意大利、纽约、上海、香港等地的设计开发中心和遍布美国的行销网络，以及一支具有国际化水准的品牌管理团队，极大地推动了产业链的整体提升。

(4)境外并购使雅戈尔在调整和提升产业结构方面找到有效路径。近年来，受纺织品贸易壁垒、人民币升值、劳动力成本提高等一系列不利因素的影响，中国纺织服装业正面临前所未有的困难和挑战。作为中国服装行业的龙头企业，雅戈尔积极寻求对应之策，以境外并购为契机，调整和提升产业结构，增强自主创新能力，逐步提升品牌价值。新马集团除了在国内有3个生产基地外，还拥有斯里兰卡、菲律宾等地的生产基地以及良好的国际化管理经验，有效地利用新马集团的这些全球产业分布使雅戈尔在化解贸易壁垒、平衡产能、压缩成本等方面具有得天独厚的优势；同时新马集团拥有20多个国际品牌的ODM业务，五个授权许可经营的国际品牌，为雅戈尔产品结构的优化和提升，进一步承接国际高端业务，迅速实现产品风格国际化创造了有利条件。

(5)境外并购使雅戈尔的海外业务开始由中国制造向中国创造转变。改革开放30年来，中国的国家竞争力直接地被中国制造的工业革命所牵动，但是并没有产生统一的工业文明和工业文化。这也是中国制造的重要出路，也是国际合作的重要原因。境外收购可以极大地缩短"中国制造"向"中国创造"转型的时间，缩短转型时期的学习过程，逐渐在核心技术的商业化和原创经济模式方面有所突破。雅戈尔在国际化进程中的探索是一次有益的嫁接尝试。尽管中国企业拥有制造优势，但制造优势只是阶段性优势，这个优势正在不断削弱。中国企业必须从制造型企业向创造型企业转型，积极参与全球范围的产业整合，利用并购增强竞争能力，逐渐将中国文化的特质融入品牌创建中，实现跨越式发展。雅戈尔的国际化探索也将激励更多的中国企业走出国门，参与跨国竞争，为实现中国品牌的跨国梦想而不懈努力。

案例七：美邦纺织收购美国两家无缝内衣企业

2009年3月12日，浙江美邦纺织有限公司充分发挥全球化的协作效应，利用美国的渠道、营销优势，收购了陷入财务危机的两家美国无缝内衣公司，并购完成后，"美邦纺织"这家创办于2003年的民营企业，一跃成为该行业全球最大的跨国集团。美邦纺织与两家美国公司的合作开始于2008年10月。由于2009年我国对美纺织品服装出口配额全部取消，美邦纺织与两家美国公司签订了为其贴牌加工的意向性协议。然而由于金融危机的蔓延，2008年11月，两家美国公司贷款银行陷入财务危机，因此只得宣布取消采购计划。美邦纺织借机买下这两家公司的所有股权。自此以后，来自美国的订单在美邦纺织的生产计划已安排到2010年。2009年3月3日，总投资6.5亿元的“美邦纺织”技改扩建项目在浙江诸暨奠基。项目设计年产值1亿美元，是原有产能的两倍，可新增就业岗位3000个。

（五）以获取低成本优势为主要动因的海外投资

低成本和市场寻求型企业主要对发展中国家进行直接投资，利用海外廉价劳动力等生产要素，实行“迂回式”的间接出口将工业制成品出口到发达国家市场，或当地销售，投资领域应主要集中于劳动密集型产业，主要开展境外加工贸易。成本寻求型对外投资的主要方式有：投资东道国要素禀赋优、成本低的行业，获取成本优势；投资自由贸易区内的低要素成本国家，合理规避关税成本等。

案例八：宁波中策动力机电集团在尼日利亚、苏丹建设生产基地

宁波中策动力机电集团在20个世纪90年代末开始“走出去”拓展西非市场。当时船用柴油机和柴油发电机组市场严重萎缩，企业的处境十分艰难，而“走出去”则让企业恢复生机。当时，中策集团将发电机组销售到了尼日利亚、苏丹等非洲国家。与此前简单销售产品不同的是，中策还负责产品的安装、调试、维护等工作，以工程承包的方式拓展市场。在站稳脚跟后，中策又与尼日利亚李氏机构合作，在尼日利亚投资建设工业园区，把自己的生产基地直接建到非洲。2008年12月，中策集团在尼日利亚成立了中策（西非）有限公司，重点负责尼日利亚中策工业园区的建设工作。该园区总投资6至10亿美元，占地面积6.6平方公里，位于尼日利亚奥贡州，距市区约30公里，距拉各斯APAPA港及TINCAN港约50公里，交通方便，再加上当地有丰富的天然气资源，非常适合工业发展。据悉，这是宁波企业在非洲的第一个工业园区。中策将在该园区设立柴油机、发电机、机械制造、船舶修造、电气等工厂，实现非洲本土化生产、销售，增强竞争优势。中策集团领导认为，“走出去”为中策带来了发展机遇，如果当初中策不“走出去”，企业面临的将是倒闭的危险。

宁波中策动力机电集团在非洲建立生产基地，追求低成本优势的原因有：第一，非洲的油、气、煤、锡、铁等资源丰富，价格低廉，这是机械工业的”粮食”；第二，非洲经济刚刚开始发展，但电力严重紧缺，市场需求非常吻合中策集团的产品出口。通过在尼日利亚建立生产基地，其产品的生产和销售成本大大降低，这是宁波市低成本寻求型海外投资的一个成功典型案例。

三、宁波市发展海外投资的经验和特有优势

为什么宁波市的海外投资事业发展能够全国领先？与全国的总体情况相对

比，为什么民营企业能够成为宁波市对外直接投资的中坚力量？本部分就主要分析宁波市发展海外投资的主要经验和特有优势。

（一）不断加大对"走出去"企业的政策支持力度，率先实施对外经贸便利化工作规程，为企业提供特色服务

宁波市海外投资事业的快速发展首先离不开政府主管部门制定的配套政策和高效便利的服务。近几年来，为进一步加大对境外投资企业的政策支持力度，宁波市对外经贸主管部门制定和实施了多项政策措施和法规，加大对企业"走出去"的支持力度，并在全国率先出台对外经贸便利化工作规程，为企业提供各种特色服务。近几年宁波市实施的对企业"走出去"的支持政策包括：《宁波市企业投资项目核准办法》，《宁波市企业投资项目备案办法的通知》，《境外投资项目核准暂行管理办法》，《宁波市外派劳务人员出国审批手续和办理护照实施细则》等。2009 年初，面对金融危机的不利影响，宁波市政府制定了《关于进一步优化外贸环境促进宁波外贸稳定发展的若干意见》、《关于进一步加强拓市场促调整保增长工作的若干意见》等政策措施。这一系列积极政策措施为宁波企业的对外投资创造了有利的政策环境，为宁波企业加快对外直接投资步伐提供了新契机。

在率先出台外经贸便利化工作规程方面，2009 年宁波市出台浙江省首份《外贸便利化工作规程》，2010 年 9 月和 11 月，又分别出台了全国首份《外资工作便利化规程》和《外经工作便利化规程》。这些规程对宁波涉及外资、外经业务审批部门的服务职责、审批程序、时限和便利措施作了具体规定，部分审批时限缩至国家规定的一半。宁波市在全国率先全面实施外经贸便利化，服务体系更加完善。

与此同时，宁波市政府主管部门还为广大外经贸企业推出了"千方百计"等特色服务产品。宁波外经贸局编印了《宁波企业开拓市场 100 招》等十本"100"系列服务手册，相继推出了宁波外贸企业解决用工难 30 招、走出去 36 计、规避汇率风险 18 招、服务外包业态 20 类、应对国际贸易壁垒十大经典案例等等。

（二）海外"宁波帮"（甬商）为宁波民营企业"走出去"提供了特有的人文和商业网络优势

在促进宁波企业的海外投资的优势资源中，有一支重要力量是海外"宁波帮"。遍布全球的海外甬商网络，为促进宁波企业"走出去"发挥了重要的桥梁纽带作用。"宁波帮"是我国传统"十大商帮"中唯一存留至今的商帮。"宁波帮"，是宁波商人在开展商事活动中逐步形成并发展起来的一种群体称谓。1984 年，因邓小平的一句"要把全世界的'宁波帮'都动员起来建设宁波"的壮语，"宁波帮"举世闻名。"宁波帮"曾有过"成就了上海和香港"的辉煌，诞生了包玉刚、邵逸夫、董浩云、曹光彪、纺织巨头香港南丰纺织有限公司董事长陈廷骅、美国原副州长吴仙标、美国华人作家於梨华、日本孙氏集团有限公司董事长孙忠利等大批巨商大贾，在香港的十大富豪中，"宁波帮"曾占有三席。而今日越来越多的宁波本土企业正在崛起，大批甬企纷纷"走出去"。

20世纪中叶以来，"宁波帮"的重心逐渐移向海外。据有关资料统计，现有海外宁波籍人士30多万人，分布在世界64个国家和地区，其中有不少是工商巨头、科技名人、社团首领和社会名流，在海内外享有较高的社会名望，而且经济实力雄厚，拥有可观的资金和产业，还拥有遍布世界的商业销售网络和大批掌握现代化科技、生产、工艺和管理知识的专业人才。"宁波帮"不仅以其卓越的商业才能著称于世，亦以其丰厚的人文精神引领着时代潮流。海外"宁波帮"竭力为家乡介绍、引进国外先进技术、管理经验和信息，多方联络、促进家乡与国外开展技术劳务合作、工程承包等国际经济技术交往，为宁波对外投资做出了积极贡献。

海外甬商熟悉中国国情，学习的知识东西合璧，既了解西方的商业规则和西方人的思维模式，也深谙中国企业经营之道，能够把西方的国际化规则与中国实际结合起来。他们有放眼全球的国际化眼光，有创业或在国外企业成功实践的经验，是宁波企业连接世界的纽带和桥梁之一。随着海外甬商数量不断增加，国际地位的不断提高和国际影响的扩大，海外甬商已成为宁波迎接经济全球化挑战和实施"走出去"战略的重要人才资源。

从全球商业网络的角度看，海外甬商融入了居住国社会，有的独立投资经营，有的是当地企业的管理层人员，是东道国经济中的重要力量，在海外建立了良好的人脉关系和商业联系。在遍布全球的华商之间，存在着一个以宗亲关系、乡土关系和行业关系串联而成的华人商际网络。这种甬商网络包括金融网络、贸易网络、财团网络等，像互联网一样遍布全球，能够迅速反应并提供多元化选择。广泛的甬商网络能帮助中国海外投资企业有效避开政策限制或地区性经济危机的冲击，分散风险；及时引进技术，直接参与新型产业及上游产品的销售；拓展营销渠道，适时、有效地占领市场；融通资金，联结成具有广泛覆盖面的贸易金融网络；熟悉国际商业惯例，法律法规、财务税收制度等。海外甬商在东道国创业的成功经验和失败教训，为宁波企业实施"走出去"战略提供了宝贵财富。海外甬商为支持国内企业实施"走出去"战略提供了条件，已成为是一支启发宁波企业更快、更大程度地融入全球商业社会的力量。

（三）领先的外贸发展水平为宁波海外投资的快速发展提供了良好基础

对外贸易和海外投资相辅相成、相互促进，两者之间存在着较强的正相关关系。对外贸易的快速发展是海外投资发展的前提和基础，一个地区往往是先有对外贸易的蓬勃发展，经营者充分了解国外市场、法律环境、人文环境之后，才能较大规模的发展海外投资。从这个意义上说，宁波领先全国的对外贸易水平，为宁波海外投资的快速发展奠定了良好基础。

根据海关统计数据，2010年宁波市全年进出口、出口和进口分别为829亿美元、519.7 亿美元和进口 309.4 亿美元。宁波市外贸综合竞争力继续居全国同类城市前列，2010 年宁波的进出口增长水平均好于全国平均水平，在全国五个计划单列市中，宁波的进出口规模继续保持第二位，仅次于深圳，进出口、出口和进口增幅均居计划单列市首位。在十五个副省级城市中，宁波的进出口、出口和进口规模分别排名第三位、第二位和第三位，继续保持全国领先地位，保持外贸领跑态势。对外贸易的快速发展，经济实力的不断增强，使宁波外贸企业有能力走出国门，去海外开拓市场，寻求更大利润和市场。

(四)新一轮产业升级和产业转移加快了宁波市对外投资速度

上一轮国际产业转移主要是发达国家通过将夕阳产业向发展中国家转移，调整产业结构，实现其全球战略目标；发展中国家通过承接转移的产业，加快产业结构的升级和经济发展。在金砖四国中国、印度、俄罗斯、巴西以及我国台湾、新加坡等新兴经济体实现一定成熟度的工业化以后，全球新一轮国际产业转移和结构调整的方向是：制造业由新型市场经济国家向周边欠发达和低成本国家转移，在中国尤其反映在由东部沿海经济发达地区向柬埔寨、尼泊尔、老挝、越南、塔吉克斯坦等国家转移，目前这一趋势初现端倪，并不断加速发展。这种产业转移也有避开贸易壁垒的因素。

在宁波，中小型民营企业是经济发展的主角和经济增长的主要动力，宁波现有的产业主要集中在家电、纺织服装、文具、电子信息、装备制造等，但随着经济的快速发展，资源环境压力不断增大，劳动力、土地等要素成本不断提高，加上国际贸易保护主义抬头，宁波经济赖以保持高速增长的低成本竞争优势正被逐步削弱。为了保持宁波外向型经济的活力，增加出口商品的竞争力，宁波的一些企业开始走出国门，以转移过剩的生产能力、调整产业结构、获取境外自然资源和先进技术、突破贸易壁垒等。

近年来宁波市境外实业型投资稳步发展，一般而言，境外实业型投资企业多采取境外加工贸易投资模式，主要集中在技术成熟和生产能力过剩的纺织服装、家电、轻工、机械等行业，主要向生产成本比宁波更低的国家和地区转移，如在柬埔寨、塔吉克斯坦、尼泊尔、老挝、越南、墨西哥、泰国等建立海外生产加工基地，并合理利用原产地规则，有效绕过发达国家的贸易壁垒，规避贸易倾销，同时又开拓了国际市场，带动国内设备、技术、原材料、零配件出口，通过对外投资和出口进一步加快了宁波市产业结构的调整，转变宁波外贸增长方式，实现原产地多元化。

(五)宏观经济发展水平和人民币升值等因素，决定了宁波市目前应处于对外投资的加速增长期

近年来，宁波对外直接投资额一直保持较高的增长速度，其中 2009 年和 2010 年同比增长率分别达到 31.1%和 31.7%。根据英国著名经济学家邓宁的实证分

析以及国际经验看,随着经济的发展、人均 GDP 水平的提高,一国的净对外投资具有阶段性的规律。一般会经历四个阶段:第一阶段,人均 GDP 低于 400 美元,由于经济落后,外资流入和对外投资都很少或几乎没有;第二阶段,人均 GDP 为 400—1500 美元,外资不断流入并开始有少量的对外直接投资,净对外直接投资额为负数,且绝对值不断增大;第三阶段,人均 GDP 为 2000—4000 美元,企业对外投资额大幅上升,增速超过外资流入的增速。净对外直接投资额仍为负数但绝对值不断变小;第四阶段,人均 GDP 超过 4000 美元,对外投资流出量超过流入量,净对外直接投资额为正且呈增大趋势。我国的人均 GDP 水平在 2009 年末达到 3680 美元,正处于上述分析中的第三阶段,即对外投资处于快速成长时期。宁波市 2009 年 GDP 总量达到 2346 亿元,人均 GDP 达到 13414 美元。实际情况是全国和宁波市对外投资额的增速在近 3 年来也确实快于外资流入增速。从宏观经济环境看,我国国内市场竞争日趋激烈,企业走出去到境外投资的需求日趋明显。国际贸易争端频发导致中国企业出口前景不稳定,从出口转向对外投资便成为一些企业的现实选择。人民币的持续升值使得对外投资成本下降,也刺激了企业对外投资的积极性。

四、海外投资带动宁波外贸发展方式的转变

近年来,宁波企业海外投资的快速发展,对促进宁波外贸发展方式的转变起到了十分积极的作用。海外投资具有贸易创造和带动作用,宁波市对外贸易在与境外投资的良性互动过程中,实现了跨越式发展,贸易发展方式不断改善,由以前单纯依赖数量增长,向以结构、质量、效益的全面提升转变。2010 年宁波市外贸进出口总额 829.1 亿美元,同比增长 36.3%,每个宁波人平均做了 1.5 万美元的外贸业务。海外投资带动宁波外贸发展方式转变体现在以下几个方面:

(一)带动宁波出口商品结构改善,带动服务贸易出口,推进产业结构的转型和升级

首先,海外投资的快速发展带动宁波出口商品结构的改善,推动了出口产品科技水平提升。从出口商品结构看,以前宁波的出口产品以劳动密集型和资源密集型产品为主,以日用消费品等生活资料为主。而企业通过海外直接投资,在东道国建厂生产,带动了国内相关的机械设备、中间产品、高科技产品的出口,即具有较高技术含量和附加值的生产资料、设备的出口。这表现在近年来宁波市机电产品出口的快速增长,2010 年宁波市机电产品出口比 2009 年增长 38.4%,占宁波市出口总额的 56.5%,拉动当年宁波市出口增长 21.1 个百分点。其中,塑料制品、半导体器件、汽车零件、钢材、轴承和集装箱出口比 2009 年分别增长 42.9%、246.6%、48.6%、90.5%、53.7%和 1347.9%。而同期宁波市服装、纺织等传统产品出口比

上年分别增长 18.8%和 20.4%，增幅相对较小，远低于上述机电产品。2010 年，宁波市高新技术产品出口比 2009 年增长 26.3%，占出口总额的 10.7%，这些都与宁波企业海外投资的快速发展紧密相连。

其次，海外投资的快速发展带动了服务贸易出口。随着现代科技的迅速发展和广泛应用，服务逐渐成为多数产品增值的主要来源，服务贸易的发展水平成为衡量一个地区外向型经济发展状况的重要指标。大力发展服务贸易，可以提高地区经济的国际竞争力。新世纪以来，伴随着国际分工逐步细化和产业结构调整，第三产业发展迅猛，服务贸易发展速度逐渐超越货物贸易。在宁波市，海外直接投资以及服务业的"走出去"，带动了宁波服务贸易的出口，服务贸易的出口额和出口比重大大增加，推动了出口结构转变，即由以前主要依靠商品出口，向商品出口和服务出口并重的转换。在服务外包方面，2010 年宁波市承接服务外包业务总额 65.4 亿元，同比增长 40.6%；其中，离岸服务外包业务额 2.72 亿美元，同比增长 66.4%。新增服务外包从业企业 126 家，新增从业人员 5343 人。再如，2010 年宁波市境外承包工程和劳务合作营业额 10 亿美元，增长 13.2%；2010 年外派劳务 1664 人，2010 年底在外劳务 4257 人。

再次，宁波企业"走出去"发展海外投资，推动了宁波当地产业结构的改善和升级。目前，服装、家电、轻工等行业作为宁波的优势产业，在国际市场上的竞争力不断增强，但在国内市场已普遍出现生产能力过剩的问题。通过对外投资，在国外投资建厂，将此类行业转移到国外，不仅带动宁波的设备、原材料以及半成品的出口，同时通过转移劳动密集型产业，使宁波能够集中现有的资源发展高科技产业。另一方面，通过对外直接投资，向国外输出宁波相对充裕的各种资源和生产要素，使宁波市和东道国的各种资源要素相互结合，宁波企业可以获得国内匮乏的各类资源，在国际间实现资源和要素的合理流动与配置，促进产业比较优势的发挥，实现宁波产业结构优化和升级。

（二）通过境外投资获取海外能源、资源供给，促进进口增长和贸易平衡

当前，能源、资源成为制约我国以及宁波市经济发展的一个重要瓶颈，而贸易顺差问题也被以美国为首的一些国家所广泛诟病，成为其给人民币升值施压的重要依据。通过发展能源、资源类的海外投资，不仅可以从国外输入宁波当地和我国稀缺的各种能源和自然资源，获得海外能源资源供给保障，而且还可以促进进口增长和贸易平衡，一举两得、一箭双雕，这为宁波市转变外经贸发展方式起到非常积极的作用。对于关系国计民生的重要战略资源、能源，仅仅依靠传统的国际贸易渠道获得是远远不够的。由于我国目前粗放式的经济增长方式，高投入、高耗能产业加大了环境资源压力，部分资源的短缺约束了我国宏观经济的发展，也制约了企业的快速成长。长此以往，经济难以实现可持续发展。因此突破资源约束，发展海外投资成为宁波跨国企业发展的必然选择。2009 年，宁波市新批准境外资源开发项

目8个，超过历年批准总数。2010年又新批境外资源开发企业6家，并且以大中型企业为主。2010年宁波市进口额达309.37亿美元，同比增长39.6%。进口规模、增速分别居全国计划单列市第二和第一，超额完成宁波市“十一五”规划中提出的2010年进口240亿美元的指标。进口的快速增长与宁波企业“走出去”加大获取海外资源供应有着密切联系。宁波企业在能源、资源领域海外投资的快速发展为保障国内资源供给和促进贸易平衡都做出积极贡献。

（三）通过海外投资规避国外贸易保护，突破“两反两保”等贸易壁垒

近年来，我国面临严峻的贸易摩擦形势。2010年我国遭遇贸易摩擦64起，涉案金额约70亿美元。我国已经连续14年位居全球遭受贸易调查的首位。此外，一些发达国家的技术性贸易壁垒已经成为当今国际贸易中最为隐蔽、最难对付的贸易壁垒形式，也是宁波外贸出口面临的最大障碍之一。宁波市作为外贸大市，年度外贸额已突破800亿美元大关，主要出口商品以家纺服装、家电电子、轻工文具、日用消费品等产品为主，这个贸易结构特点也使宁波市成为国际贸易争端的“重灾区”。宁波市纺织、轻工、化工、机电、食品等行业受到国外“两反两保”等贸易保护措施的“牵连”较多，出口商品遭到限制的种类愈来愈广。据宁波检验检疫部门测算，宁波每年因国际贸易壁垒直接和间接减少出口数十亿美元。近年来，宁波企业通过“走出去”设立海外企业，从而避开国外贸易保护方面做出了积极的探索和尝试，如：宁波京甬进出口公司在萨摩亚开办工厂避开配额限制，使羊绒制品绕道进入美国市场；还有上文提到的美邦纺织收购美国两家无缝内衣企业等。海外设厂可以使企业接近当地消费市场，了解目标市场需求，更明确当地市场对某一行业在技术标准等各方面的要求，以采取相应的措施改进生产，避开贸易壁垒。目前，海外直接投资已经成为宁波外向型企业规避国际贸易摩擦和各种贸易壁垒的重要手段。

（四）通过海外投资获取国外先进技术，在国际价值链中获取更大利益份额，使外贸发展方式由单纯依赖数量增长向以质量、效益的全面提升转变

在赴境外投资的热潮中，很大一部分宁波企业通过“走出去”获取了国外先进技术，提高了企业的国际竞争力，如：宁波裕人集团收购瑞士事坦格公司，吉利收购沃尔沃等。这使得宁波企业在激烈的国际竞争中得以向价值链的高端转移，在国际价值链中获取更大利益份额，使外贸发展方式由单纯依赖数量增长到以质量、效益的全面提升转变。以前宁波制造业出口产品中相当一部分属于加工贸易或贴牌生产，只赚取少量加工费，处于产品价值链底端。部分先进的宁波企业从长远发展考虑，通过海外投资建厂，在国际上树立起自己的品牌形象，创造出一系列新的附加值，从而获得国际价值链中更多的利益。宁波企业跨国投资，获取国外先进技术的主要途径有：第一，建立海外研发中心和高技术合资企业，通过吸纳国际高技术研究人员，利用当地技术基础条件开展研发，掌握技术发展的最新国际动态，研发生产适应国际高端市场的产品，提升自身的国际竞争力。第二，通过跨国收购或兼并等方式直接获取先进技术。通过对东道国具有先进技术的企业进行并购或合作获取其现有技术和专利。第三，通过“走出去”的国外子公司向国内传递先进技术，提高国内母公司的技术水平，再加上国内同行业间的技术溢出效应，提高宁波本地整个行业的技术水平。通过以上这些途径，宁波“走出去”企业获取了具有国际先进水平的技术，带动了宁波相关产业的技术提高，从而推动宁波出口产品科技含量提升，促进了外贸发展方式的良性转变。

五、宁波企业对外投资中存在的主要问题

近年来，宁波市的对外投资虽然取得快速发展，但也应清醒地看到宁波的对外投资还存在一定的问题。

（一）海外投资水平仍处初级阶段，投资项目规模偏小，从企业数量看仍以境外营销型企业为主，出口带动能力较弱

宁波企业目前的海外投资大多还处在贸易公司、境外办事处等初级阶段，多数的海外投资项目规模偏小。从投资规模来看，按照宁波对外贸易和经济合作局的统计和调研数据，截至2010年4月，累计1161家境外投资企业中，投资在20万美元以下的企业有729家，占比为62.79%；而投资在300万美元以上的仅有63家。而且境外投资项目从企业数目看，以境外贸易公司为主，在全部1161家境外投资企业中，宁波市累计设立境外营销型企业892家（包括境外贸易性公司375家，境外经贸办事处517家），占比达到76.83%。（宁波对外贸易经济合作局做的统计调查是按照企业户数计算比例，而本报告的第一部分是按照投资资金数量计算比例。）这类以收集外贸信息、服务外贸为主要功能的境外投资处于国际价值链低端，它们的存在有效地缩短了企业的对外贸易链，但却无法提升企业在全球价值链中的地位。相比之下，海外生产型企业、海外并购、境外资源开发等更高级别的海外投资形式，在宁波企业中还较少。在总计1161家境外企业中，生产企业仅有100家，境外加工贸易企业89家，境外资源开发企业18家，境外工程公司、研发中心62家。成功的海外投资应具有很强的出口带动力，但宁波市的海外投资的带动效应还没有得到充分体现，这也需要海外投资水平的进一步提升，向资源开发型和研发收购方向发展。

（二）企业国际化经营管理能力不强，不善于运用国际法律和通行规则维护自身合法权益，防范和应对各种跨国经营风险的能力较弱

一些宁波企业照搬国内经营模式，不善于处理跨文化融合、管理融合等问题，与当地工会、媒体、社区及非政府组织沟通联络的能力有待加强。部分企业经营行为不规范，没有严格遵守国外的竞争秩序。加上国际化经验不足，一些企业在海外

投资决策前对投资环境、政治风险、市场风险、文化差异等认识不足，对投资国家的法律、法规不甚了解，一些企业很少与我国驻外使领馆商务处沟通，缺乏必要的自我保护意识，这些都增加了海外投资的风险。

（三）缺乏跨国经营管理优秀人才

跨国经营需要高素质的人才，而且要有良好的激励和约束机制。宁波市在经济快速增长中，国际型经营人才匮乏的问题已经显现。在对外投资逐步扩大过程中，训练有素、熟悉市场、精通国际化经营的人才的短缺越来越成为实施“走出去”战略的障碍，并将在未来相当一段时间制约宁波企业的对外投资活动。

（四）经营分散，难以较好地利用当地资源和优质要素

大部分宁波民营企业、中小企业的对外投资各自为政、孤军奋战，彼此缺少横向的联系与合作，呈分散化个体经营的模式，无法在资本、技术、市场、信息以及生产等资源上实现共享与互补。宁波中小企业和民营企业对外投资的贸易型企业远多于实体企业，这种贸易型企业是由外贸公司为了发展贸易业务在海外建立分公司设立的，一般规模很小，难以发挥影响力，其功能是联系客户，催缴货款，监督发货等，真正意义上获取资源，占领市场，利用当地优势生产要素型的对外投资屈指可数。

（五）企业海外发展战略不够清晰、缺少详尽的国际市场调查和论证

很多宁波企业对国家和省市外经贸部门鼓励企业开展国际化经营的方针和政策了解不全面，缺乏明确的海外发展规划，跨国经营短期行为较多；缺乏周密思考，战略上盲动。部分宁波民营企业海外投资没有足够的实力做充分的市场调查和论证，而一些国有企业的海外投资常会有政令式决策的倾向。

（六）缺乏权威的对外投资信息和咨询服务体系，中介和行业协会的作用有待加强

目前宁波市有关海外投资市场的信息和相关服务不能满足企业跨国经营的需要，企业也缺乏获取国际市场信息的快捷、有效的渠道，很多急于走出国门的企业只能通过企业与东道国企业的进出口贸易交往、短暂的商务考察、国内相关企业的业务往来，甚至是国外亲友的介绍等获得相关信息。因此对东道国的信息了解不多，比较零散，不能对所要投资的项目和东道国的各种情况进行深入、全面、系统的了解，投资决策有盲目性。宁波大部分企业缺乏国际化经营管理的经验，因此企业在“走出去”过程中，完全依靠自身的力量确实有很大的困难。因此，相关政府部门和贸易投资促进机构理应承担起向企业提供各种支持的义务，包括提供各种对外投资所需的信息。然而，相关的行业协会平时只负责国内的一些日常工作，应对国际复杂多变形势的能力不强，业务水平偏低，没有起到桥梁纽带作用。而且各协会和中介组织间各自为战，疏于交流合作，相关部门向企业提供的海外市场信息有的

零零星星，没有完整性与权威性；有的及时性差，难以满足企业的要求。企业快速、高效获取信息的愿望难以实现，容易贻误时机。

六、促进宁波企业加快“走出去”步伐的对策措施

（一）宏观层面：政府需完善对外投资的政策促进体系

1. 现阶段有关“走出去”的政策应以放松、搞活为主，推进对外投资审批备案程序的便利化，放宽审批权限

宁波对外直接投资的发展从整体上看，目前还处于起步阶段。投资规模还不大，远小于实际利用外资额；在投资与合作方式上，仍以传统方式为主。企业走出去在许多方面都缺乏经验，缺乏人才。因此，为了进一步支持企业走出去，应鼓励企业大胆实践，勇于创新。在政策制定上，现阶段应以打破不合理的条条框框、束缚企业手脚的政策为主；有些看不准的海外投资，是由于实践还不够、总结经验还不够，因此不必忙于出台约束规范的政策，应当继续观察和总结。在这个过程中，允许企业犯一些错误、鼓励企业自己总结经验，纠正错误，在此基础上再出台规范的政策。政府部门要加快职能转变，深化境外投资管理体制改革，改善行政审批制度，简化和规范审批程序，提高行政效率，在相关生产设备和商品出口的通关、检验检疫等方面给予企业更多便利。政府主管部门之间宜加强协调沟通，对于重点的海外投资项目，建立审批快速通道，缩短对外投资合作项目的审批时间，放宽海外投资项目的核准权限。

2. 对不同类型企业有针对性地制定对外投资鼓励政策

对不同类型的对外投资项目应区别对待：国有企业的对外投资项目都应经过相关部门的审批；对民营企业的对外投资项目，除少数大项目以外，一般项目原则上不需审批，备案即可。针对高新技术企业，应加大对高新技术产品技术改造和研发等环节的支持力度，扩大能够发挥我国竞争优势和创新能力的对外投资，支持具备条件的企业在全球整合资源链，在海外建立研发中心，开发技术资源，促进国内产业结构升级和资源置换，以形成自身的核心技术能力和全球品牌影响力，打入国际主流市场。鼓励企业开展跨国并购，有效提高企业在研发、生产、销售等方面的国际化经营水平。针对能源类企业，应支持其到境外合作开发国内短缺资源，积极开展国际能源资源互利合作。推动在资源富集地区进行能源资源开发、农业项目综合开发和远洋渔业资源开发，建立多元、稳定、可靠的能源、资源供应保障。

3. 加强对宁波“走出去”企业的金融支持力度

首先，宁波市外经贸管理部门和政策性银行研究应拟定相关政策，给予重点项目的海外投资企业和对外承包工程企业在贷款利率和保险费率方面适当的优惠，或提高贷款的政策性贴息率和延长贴息期限。加强金融政策扶持，在贷款、保险、

担保、用汇、退税等方面对海外投资企业尽可能提供多方面的支持，取消不必要的管制，提高用汇和汇出的便利化程度；加快外汇市场产品开发，方便企业规避汇率、利率等风险；鼓励国内金融机构设立和发展境外机构，充分利用区域性金融平台，为企业跨国经营提供便利的金融服务。

其次，推进银企合作和金融创新。第一，积极推动海外投资企业、国际承包工程企业与国内外金融机构合作，推动银行参与对外投资企业、对外承包工程企业的信用风险管理，建立银行与企业间相关信息的共享体系，银行根据对企业的资信评级给予相应的授信额度。在额度范围内，为企业提供更加便捷的服务，如免保函抵押金、免担保贷款等。对一些特大项目，可由某一家银行牵头，组织银团贷款，或由银行和企业组成联合体对外投标，提前介入项目，对项目共同管理，共享利益，共担风险。第二，积极借鉴和推行发达国家所采用的项目融资和项目担保的经验，鼓励金融机构积极开展金融创新，允许海外投资企业以项目本身权益做担保。鼓励银行提供适合对外投资和对外工程承包的金融新产品，对于符合国家支持条件的大型工程项目进行项目国内外融资试点，在贷款担保、简化手续、换汇用汇等方面给予更加便利的政策。

4. 积极推进境外实业型投资，大力发展境外经贸合作基地

充分发挥宁波市块状经济的特色优势，大力推动轻纺、模具等加工业务向境外转移，支持纺织服装、家电制造和海水养殖等行业的优势企业到东盟、非洲、拉美、东欧等国家和地区建立生产基地。鼓励企业设立境外生产基地、研发中心和研发型投资企业，利用境外能源原料、海外科技智力资源和管理经验，提高企业经营实力和综合竞争力。通过开展境外加工贸易，可以有效释放中国已经形成的充足生产能力，规避贸易壁垒，带动相关产品的出口。大力推进境外实业型投资，鼓励和帮助有条件的企业在境外兴办各具特色的境外经贸合作基地（加工贸易园区）。要进一步引导企业积极扩大参与境外经济合作区的投资，切实发挥其作用，从政策、资金、配套服务等方面鼓励企业更多的参与境外经贸合作区建设，并以经贸合作区为基地，扩大对外投资规模、范围和力度。

5. 对境外资源、能源开发企业给予重点的政策支持

当前，我国面临严峻的能源、资源供应紧张的形势，所以要加大对境外资源、能源开发企业的政策支持力度。宁波市发改委、对外贸易经济合作局和中国进出口银行宁波市分行等单位应就宁波企业向境外投资资源、能源、矿业重点项目，明确给予鼓励和信贷支持。鼓励宁波有实力的企业走出去，通过投资寻求更多原材料资源来增加储备。发改委和进出口银行应共同建立境外投资信贷支持机制，并根据境外投资发展规划，进出口银行在每年出口信贷计划中，专门安排一定规模的信贷资金，用以支持鼓励境外投资重点资源、能源项目，境外资源、能源投资项目贷款享受中国进出口银行出口信贷优惠利率。重点支持境外投资的项目包括：能弥补国内资源相对不足的境外资源、能源开发类项目；能带动国内技术、产品、设备等出口和劳务输出境外，生产型项目和基础设施项目；能利用国际先进技术，管理经验和专业人才的境外研发中心项目；能提高国际竞争力，加快开拓国际市场的境外企业收购和兼并项目。

对境外能源、资源开发项目，允许使用政府境外投资专项贷款的比例应进一步提高。鼓励国内商业银行与资源、能源企业在境外资源开发利用上进行更紧密的合作，如由银行和国内资源、能源公司共同组建境外资源开发投资公司。允许各类基金以及保险资金向境外能源、资源开发项目投资，推进能源企业通过债券、上市等多元化方式融资手段，为境外能源、资源投资提供更宽阔的资金来源。

6. 完善国际化经营的人才培养和引进体系

宁波企业开展境外投资需要一大批既通晓国际惯例与规则，又具有丰富企业管理经验的国际化人才。如何培养、留住并吸引一大批具有跨文化沟通能力和战略思维及世界水准的优秀人才，是宁波人才工作面临的一个重大课题，完善国际化人才的培养和激励机制，具有很强的迫切性。海外投资业务的政府主管职能部门应有计划、有重点、有针对性地对企业重点人员进行专业知识培训，把培训列入工作计划，实施人才培养和发展战略，构建和完善对外投资人才的培养支持体系。聘请有关专家和有丰富实际操作经验的经营人才介绍境外投资相关政策、法规、注意事项、东道国的法律、文化差异等，为企业的跨国经营储备人才。

（二）中观层面：进一步发挥好行业协会的作用

1. 充分发挥商会、协会作用，构建完善的对外投资信息和咨询服务体系

充分发挥宁波市有关商会、行业协会和咨询机构的作用，形成全国和全球网络，建设对外投资合作管理与信息服务系统，为企业的境外投资提供高效的境外安全信息、风险预警、投资环境等信息服务，以及人才、法律、财务等相关方面的咨询服务。相关海外投资企业协会要加强与国外商会的交流和合作，掌握最新的国际市场动态，将信息及时、准确地反馈给企业，要利用网络媒体宣传和定期举办各类境外投资培训等方法，使企业及时了解最新的政策和对外投资的信息，引导企业深入了解东道国的政治形势、法律政策、文化习俗。同时要组织企业多参加境外投资环境介绍会、境外展览等活动，让企业能有机会与东道国企业直接接触，及时了解东道国的相关政策。

2. 加强行业内部协调，形成合力，增强行业集体对外竞争能力

目前宁波企业以及大部分中国企业的海外投资多是各自为战，削弱了竞争力，企业实业太分散，很难形成集体意志和行动，很容易被竞争对手打垮，也很容易受到国际企业巨头的钳制、竞争和挤压。宁波应建立和完善海外投资企业协会的职能，加强境外投资企业的联络，建立企业间的协调机制，走联合之路，可以优势互补，规避风险。建议建立整体对外的海外矿业资源开发协调机制。由行业协会牵头建立权威的协调机构，从整体利益出发，统一协调同行业的海外投资行为。引导企业在相关部门和行业协会的组织下，统一行动，形成合力。行业协会应引导和鼓励企业差别化经营，形成合理分工与合作体系，开展产业间和区域间合作，形成产业集群，避免恶性竞争。加快对外投资企业的联合、重组、改制步伐，尽快形成一批专业特点突出、技术实力雄厚、国际竞争力强的海外投资大企业集团。

（三）微观层面：培育和壮大企业自身的国际化能力

1. 企业要因地制宜，不断创新对外投资方式，增强海外投资风险控制能力

传统投资方式已经无法满足我国企业对外投资进一步发展的要求。只有不断总结和创新对外投资与合作的方式，才能从根本上促进对外投资规模的扩大和效益的提高。现代企业的国际化有其不同的特征和路径选择，很难完全套用现有的国际化理论和模式。由于战略目标、市场选择、市场进入方式以及行业选择对跨国经营成败会有重大影响，所以企业要不断创新海外投资模式。企业可以设立境外加工厂，利用东道国的最惠国待遇，选择境外开设工厂，有效避开贸易壁垒，提升企业的国际竞争力；可以开展并购业务，借助国外先进的技术和管理经验，并购境外公司、研发中心，将外部资源转化为自身的生产力，提升企业的盈利能力；宁波的外贸企业还可以在境外设立贸易公司，通过直接投资进入目标市场，发展外贸业务，拓展国际市场。宁波能源资源企业海外投资的手段可以包括：参股海外石油、资源企业，获得“权益油”；积极参与海外油田的钻井、炼油等工程技术环节；用提供外国优惠贷款等，换取能源、资源供给等。

在增强海外投资风险控制能力方面，企业应做好对投资东道国政治、经济形势的评估，有必要的应借助大型国际投资咨询公司的专业力量。企业应在投资前对投资国的经济发展状况、政局稳定情况和对外国投资的优惠政策进行综合评估。境外企业设立后，也应要求海外经理人员及时提供当地各种政策动向的情报，并由专门机构进行分析。评估工作专业性强，如果企业实力有限，就要注意发挥咨询公司等中介机构的作用。

形成完善的治理管理结构是境外企业应对经营风险的前提条件。很多跨国公司在境外企业的董事会中采用引入当地债权银行的代表做独立董事的办法，来加强对海外子公司的监督，这值得宁波海外投资企业学习。另外，企业要规范境外企业财务工作。加强境外财务管理，有必要采用国际化的财务管理模式。如加强全球现金管理系统的建设，使跨国经营的企业实现全球现金管理系统功能的网络化，这样可以控制境外几乎所有的代理账户，使资金安全、规模优势和流转效率得到进一步加强和提高。

2. 企业自身要加快跨国经营管理人才的培养，并在投资东道国积极实施人才本土化

培养和引进业务技能突出、通晓外语以及国外文化的经营管理人员是宁波企业海外投资成功的关键因素之一。对于宁波海外投资企业而言，要在国际竞争中获得竞争优势，使国际化顺利开展并最终获胜，一项非常重要的工作是应拥有熟悉国际惯例与规则，同时又具有丰富企业管理经验的国际化人才队伍，未来宁波海外投资企业能否发展壮大，在很大程度上取决于国际化人才队伍的建设。

首先，宁波海外投资企业应努力挖掘内在潜力培养自己所需的国际化人才，并努力引进国际化人才。企业应制定自己的海外培养高级经营管理类人才、专业人才的制度，定期选送员工到国外学习和锻炼，适应国际化经营环境。在引进国际化人才方面，采取措施，积极创造海外留学人才回流的宽松环境和创业条件，引导人才回流。建立以公开、平等、竞争、择优为导向，有利于国际化人才快速成长的选人、用人机制，制定能充分体现国际化人才价值的薪酬机制。

其次，要注意在投资东道国积极实施人才本土化，以当地人才优势的充分发挥带动我国对外投资的快速发展。东道国人才具有熟悉当地生产经营环境、了解当地市场的消费文化、消费需求、生活习惯，善于与当地政府及相关部门交流沟通等优势。在东道国实施人才本土化策略，大量聘用熟悉当地政治、经济、文化、法律、风土人情的适用人才，一方面能使企业的各项生产经营活动更好地符合东道国企业行为规范，更快地拓展东道国目标市场；另一方面也能减少东道国政府和民众对企业的防范抵触情绪，缩短跨国公司与本地消费者之间的距离，增强当地消费者对企业的认同度。

第二节 "转方式"提高能源资源利用率——宁波经验与政策启示

一、中国经济发展面临能源资源供求严重失衡的挑战

（一）水资源短缺和污染日益严重

中国是一个人均水资源较少的国家，人均水资源只相当于世界人均的 1/4。2009 年水资源总量 23763 亿立方米，比 2008 年减少 13.4%；人均水资源 1784.9 立方米，减少 13.8%。中国位于明显的季雨地带，水资源时空分布不均衡，季节性和地区性缺水矛盾尖锐。2009 年平均降水量 583.1 毫米，减少 10.9%。2009 年年末全国大型水库蓄水总量 1805 亿立方米，比 2008 年末少蓄水 156 亿立方米。全国各地都存在不同程度的季节性、区域性、工程性和水质性缺水，降雨稍迟就现旱灾；降雨稍多又引发洪涝、泥石流等灾害，对经济发展和人民生活产生巨大影响。

中国水资源利用率较低，水资源流失和浪费比较严重。2009 年总用水量 5933

亿立方米，比2008年增加0.4%。其中，生活用水增加2.9%，工业用水减少0.6%，农业用水增加0.6%，生态补水减少9.8%。万元国内生产总值用水量209.3立方米，比2008年下降7.6%。万元工业增加值用水量116.4立方米，下降8.2%。人均用水量445.7立方米，下降0.1%。工农业生产和城市生活中浪费水资源的现象很普遍，节水意识不强，这与长期以来人们不把水看作财富和经济资源的观念有关。

中国水资源受污染严重。2009年全国七大水系的408个水质监测断面中，I～III类水质断面比例占57.1%，比上年提高2.1个百分点；劣V类水质断面比例占18.4%，比2008年下降2.4个百分点。部分流域污染仍然严重，近岸海域299个海水水质监测点中，达到国家一、二类海水水质标准的监测点占72.9%，比2008年上升2.5个百分点；三类海水占6.0%，下降5.3个百分点；四类、劣四类海水占21.1%，上升2.8个百分点。累计发生赤潮面积14102平方公里，增加2.7%。环境污染造成生态物种退化。目前湿地生态系统的破坏已经达到原有的湿地40%—50%，一些湿地的生态系统功能都已经丧失。

地下水占到全国水资源总量的1/3。全国有近70%的人口饮用地下水。地下水成为重要的饮用水水源。地表水体污染正加剧地下水危机。全国有90%的地下水遭受不同程度的污染，其中60%污染严重，化肥、农药大量使用污染了农村地下水源，农村已成地下水污染的直接受害者。深层的地下水一旦被污染，治理起来需要千年的漫长时间。

（二）土地和森林资源储量严重不足

中国土地资源最为稀缺。随着工业化、城镇化的快速发展，土地资源供求矛盾非常突出。中国国土总面积为960万平方公里，人均占有国土面积仅为11.65亩。2000年中国耕地总面积为1.282亿公顷，2006年第2次农业普查数据显示，大陆耕地面积下降到1.217亿公顷(18.26亿亩)，占国土总面积的12.5%，人均耕地大约1亩3分，约是世界人均耕地面积4.52亩的1/3。中国以占世界6.8%的耕地，养育着占世界22%的人口，人地矛盾紧张。

2009年全国农村土地整治新增农用地30.5万公顷，新增耕地26.9万公顷。全国批准建设用地57.6万公顷，比2008年增长44.6%。全国建设用地供应31.9万公顷，比2008年增长44.2%。其中，工矿仓储用地11.9万公顷，增长44.1%；房地产用地10.3万公顷，增长36.7%；基础设施等其他用地9.7万公顷，增长53.0%。

中国约有1/3的耕地受到水土流失的危害。每年流失的土壤总量达50多亿吨，相当于在全国的耕地上刮去1厘米厚的地表土，所流失的土壤养分相当于4000万吨标准化肥，即全国一年生产的化肥中氮、磷、钾的含量。2009年新增综合治理水土流失面积4.8万平方公里，新增实施水土流失地区封育保护面积2.7万平方公里。

截至2008年，森林面积19545万公顷，森林覆盖率20.36%，活立木总蓄积量149.13亿立方米，森林蓄积量137.21亿立方米。全球森林覆盖率平均水平为31.7%。我国森林覆盖率只有全球平均水平的2/3，排在世界第139位，人均森林面积0.145公顷，不足世界人均占有量的1/4；人均森林蓄积10.151立方米，只有世界人均占有量的1/7。2009年完成造林面积588万公顷，其中人工造林389万公顷。截至2009年底，已确权集体林地面积为10093万公顷，其中发放林权证的面积为7573万公顷。

(三)能源资源供给压力巨大

2009年我国主要矿产品除原油产量略有下降外，大多呈现增速加快趋势，特别是粗钢、水泥等原材料增速加快。矿产品贸易回暖趋势明显，石油、铁矿石等大宗矿产进口加速。虽然矿产品贸易额与2008年相比大幅度下降，但降幅逐渐缩小，回暖趋势明显。

据国家统计局初步测算，2009年全国石油供应基本平稳，全国原油产量1.89亿吨，同比下降3.1%，原油稳产难度增大；原油消费量3.8亿吨，增长7.1%。石油在国内能源中供需缺口最大(见图3-4)。

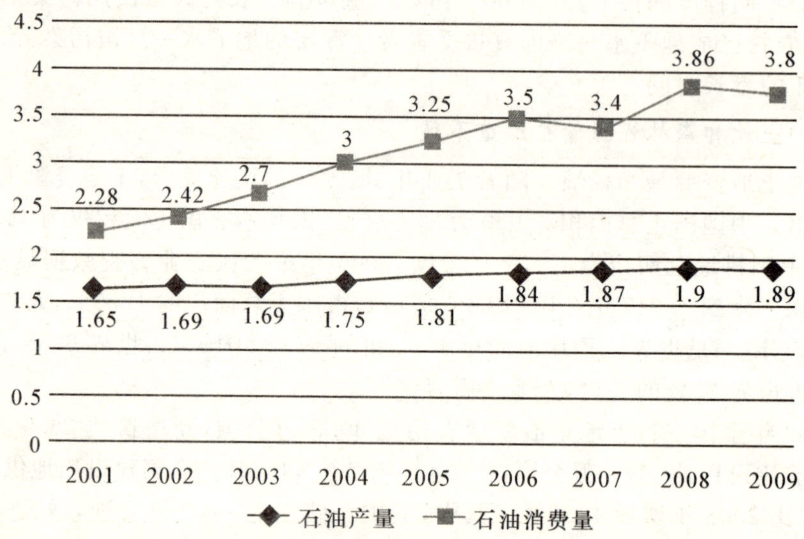

图3-4　2001—2009年中国原油生产与消费缺口变化情况

数据来源:《2009年中国国土资源公报》;注:单位:亿吨。

煤炭产销基本保持平衡。2009年原煤产量30.50亿吨，比2008年增长8.8%；煤炭消费量30.2亿吨，同比增长9.2%(见图3-5)。据国家统计局初步统计，2009年全国一次能源生产总量27.5亿吨标准煤，比2008年增长5.2%，增幅比2008年回落0.4个百分点；能源消费总量30.66亿吨标准煤，同比增长5.2%，增幅提高1.3个百分点。

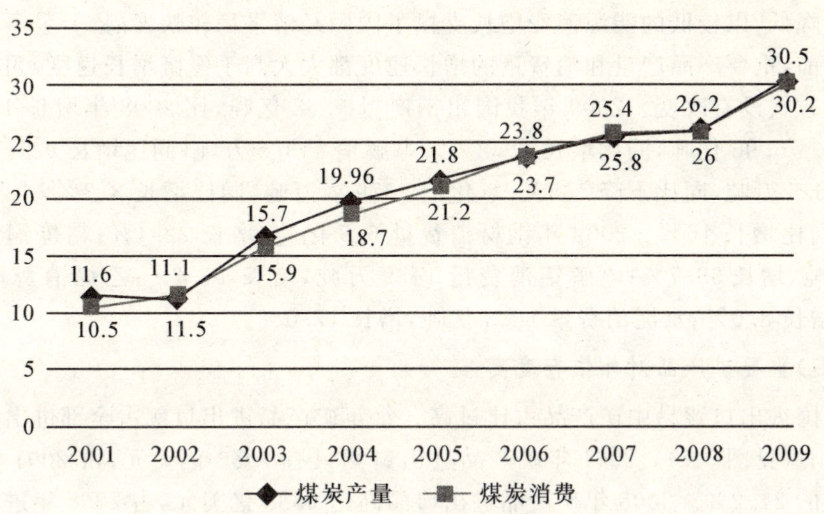

图 3-5 2001—2009 年中国煤炭生产与消费

2009 年天然气产量 851.7 亿立方米，同比增长 6.1%；天然气消费量 887 亿立方米，增长 9.1%（见图 3-6）。电力消费量 36973 亿千瓦小时，增长 6.2%。多种矿产资源开发和消费增长速度快于 GDP 增速。铁矿石产量 8.80 亿吨，创历史最高水平，同比增长 8.9%。新增查明资源储量有 65 种矿产，其中新增查明铁矿资源储量 35.2 亿吨，石油 11.2 亿吨，天然气 7234 亿立方米，原煤 503.6 亿吨。

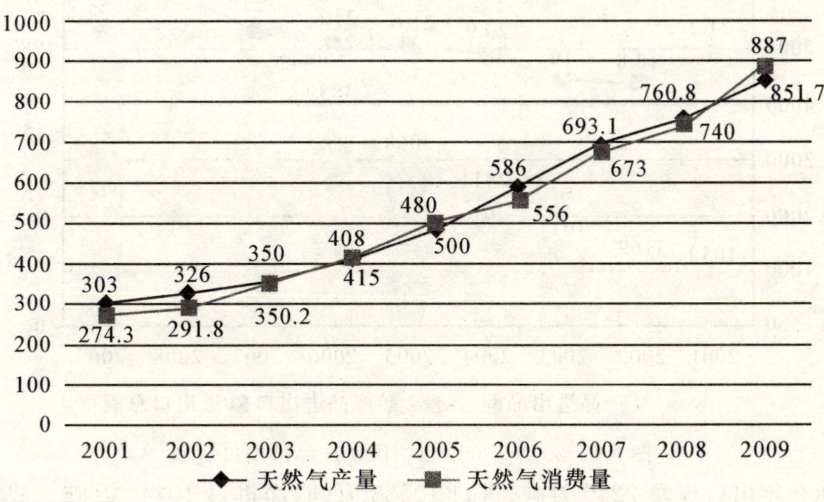

图 3-6 2001—2009 年中国天然气生产与消费趋势

中国正处于工业化和城镇化快速发展时期，能源消费仍处于增长阶段。近年来，为降低经济增长对能源的依赖，国家大力推进节能减排各项政策措施，积极调整产业结构，加快淘汰落后产能，能源消费总量增速总体上逐年放缓，能源消费强度不断降低，以较低的能源消费增长支撑了国民经济平稳较快发展。

当前，重要产品产量和消费量的增长速度都大大高于经济增长速度，粗放型经济发展方式没有改变。2009 年我国粗钢产量 5.68 亿吨，比 2008 年增长 12.9%。钢材产量 6.96 亿吨，同比增长 15.2%。电解铜 413.5 万吨，同比增长 9.1%，电解铝 1296.5 万吨，同比下降 1.5%，氧化铝 2379.3 万吨，同比增长 3.3%，水泥 16.5 亿吨，同比增长 16%。2009 年钢材消费量 6.9 亿吨，增长 22.4%；精炼铜消费量 753 万吨，增长 39.7%；电解铝消费量 1439 万吨，增长 14.4%；乙烯消费量 1066 万吨，增长 8.0%；水泥消费量 16.3 亿吨，增长 17.0%。

(四)重要矿产品对外依存度高

我国进出口贸易中矿产品占比过高。每年矿产品进出口额占全部进出口额的 20%左右(见图 3-7)。2001 年矿产品进出口额只有 1050 亿美元，占 2001 年进出口总额的 21.2%。2008 年矿产品进出口额高达 6588 亿美元，占 2008 年进出口总额的 25.7%，超过总贸易量的 1/4。2008 年花费在矿产品上的进出口值超过 2001 年的 5 倍有余。2009 年我国矿产品贸易总额为 4986.90 亿美元，占进出口总额的 22.6%，同比下降 24.4%；其中进口额为 3360.24 亿美元，同比下降 16.5%；出口额为 1626.66 亿美元，同比下降 36.8%。

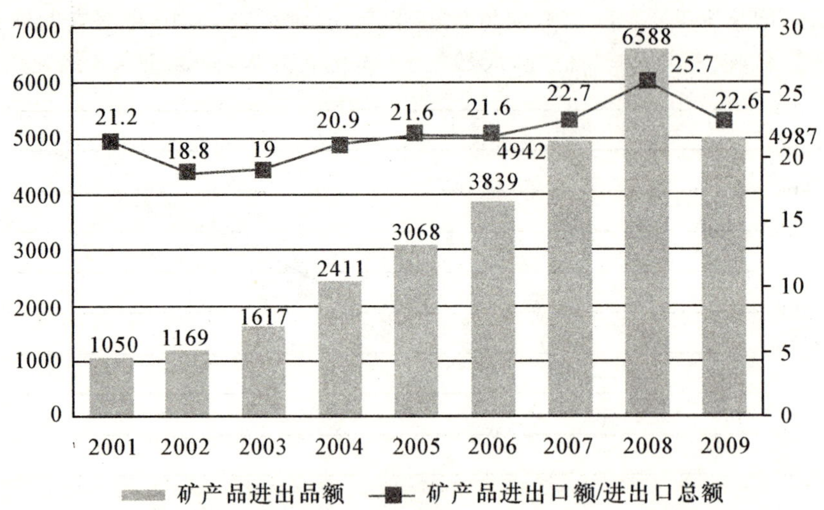

图 3-7 2001—2009 年中国矿产品进出口贸易

2009 年出口煤炭 2240 万吨，进口 12583 万吨，净进口 10343 万吨。我国大规模增加煤炭进口量已经引起全球煤价开始上涨。进口原油 20379 万吨，同比增长 14%，进口成品油 3696 万吨，同比下降 5.4%。石油对外依存度高达 52.6%。

表 3-2 2009 年中国大宗矿产品进口量(单位:万吨)

矿产品	进口量	矿产品	进口量
煤炭	12583	铜矿砂及精矿	614
原油	20379	铝矿砂及其精矿	1980
铁矿砂及精矿	62778	镍矿砂及其精矿	1657
锰矿砂及精矿	961	硫黄	1217
铬矿砂及精矿	676	氯化钾	207

数据来源:《2009 年中国国土资源公报》

2000 年我国铁矿石的进口量仅占世界贸易量的 14.3%,2008 年占到世界总贸易量的 48.7%,接近一半。进口铁矿砂及精矿 62778 万吨,同比增长 41.6%,增速惊人,铁矿石对外依存度已经达到 58.8%的高水平,进口量占世界贸易量超过 60%。如此巨量的进口导致铁矿石价格大幅上涨。

二、中国与世界主要国家能源资源利用效率的差距悬殊

(一)中国人均资源与财富相对贫乏

我国人均总财富仅比低收入国家略高,与高收入国家差距巨大。据世界银行发布的《2010 年世界发展报告》显示,2000 年中国人均总财富仅为 9387 美元,接近低收入国家人均总财富 7532 美元的水平,是世界人均总财富 95860 美元的 1/10,是高收入国家人均总财富 439063 美元的 1/46,约为日本和德国人均总财富的 1/52,约为美国人均总财富的 1/54。

与世界人均水平相比,中国人均资源和资本贫乏。2000 年中国人均生产资本与城市土地 2956 美元,约为世界人均水平 16850 美元的近 1/5;中国人均无形资本仅为 4208 美元,约为世界平均水平 74998 美元的近 1/17;中国除人均农用地 1404 美元与世界人均农用地 1496 美元接近之外其余资源项目均比世界人均水平低得多。

与 OECD 高收入国家相比,中国人均资源和资本更显贫瘠。2000 年中国人均生产资本与城市土地 2956 美元,约为 OECD 国家人均 76193 美元生产资本与城市土地资源的 1/25;中国人均无形资本约为 OECD 国家无形资本平均 353339 美元的 1/84;中国除农用地与 OECD 国家相差不大其余各项资源都不同程度地低于 OECD 国家人均拥有量。

表 3-3　2000 年世界主要经济体人均国民财富(单位:美元/人)

经济体	总财富	生产资本与城市土地	无形资本	自然资本	草场	农用地	被保护区域	经济林资源	木材资源	表土资产
世界	95860	16850	74998	4011	536	1496	322	104	252	1302
低收入	7532	1174	4434	1925	189	1143	111	48	109	325
中等收入	27616	5347	18773	3426	407	1583	129	120	169	1089
高收入(OECD)	439063	76193	353339	9531	1552	2008	1215	183	747	3825
中国	9387	2956	4208	2223	146	1404	27	29	106	511
日本	493241	150258	341470	1513	316	710	364	56	38	28
韩国	141282	31399	107864	2020	275	1241	441	30	0	33
法国	468024	57814	403874	6335	2091	2747	1026	77	307	87
德国	496447	68678	423323	4445	1586	1176	1113	39	263	269
英国	408753	55239	346347	7167	1291	583	495	14	44	4739
美国	512612	79851	418009	14752	1665	2752	1651	238	1341	7106

数据来源:世界银行发表的《2010 年世界发展报告:发展与气候变化》(2010 World Development Report: Development and Climate Change)

美国既是有形资本和无形资本大国,又是各种资源非常富集的大国。中国在各种资本和资源上都难以望其项背,中国与美国人均拥有的资本和资源相比差距实在太大,尤其是在无形资本上。2000 年中国人均无形资本仅是美国的 1/99。

从中日人均拥有财富比较来看,中国与发达国家之间差距主要集中在无形资本上。2000 年中国人均生产资本与城市土地约为日本人均拥有 150258 美元的 1/50;中国人均无形资本约为日本人均拥有无形资本 341470 美元的 1/81;除日本人均拥有草场、被保护区域和经济林资源之外,中国人均拥有自然资本、农用地、木材资源和表土资产都高于日本。中日之间差距主要体现在有形资本和无形资本上,特别是无形资本。

(二)中国单位产值能耗较高

据《中国统计年鉴 2009》显示,2002—2006 年中国万美元国内生产总值的能耗分别高达 8.45 吨标准油、8.75 吨标准油、9.24 吨标准油、9.08 吨标准油和 8.89 吨标准油,经历了先升后降的轨迹,反映出 2005 年和 2006 年中国开展节能减排工作取得了实效,降低了单位产值的能耗水平,提高了能源效率(Energy efficiency)。

2002—2006 年间世界平均万美元国内生产总值的能耗水平分别为 3.06 吨标准油、3.08 吨标准油、3.10 吨标准油、3.07 吨标准油、3.03 吨标准油,同样经历了先升后降的轨迹，也可能是中国因素的影响。这期间中国万美元国内生产总值的能耗水平是世界水平的近 3 倍，反映出中国单位能耗利用效率较低。

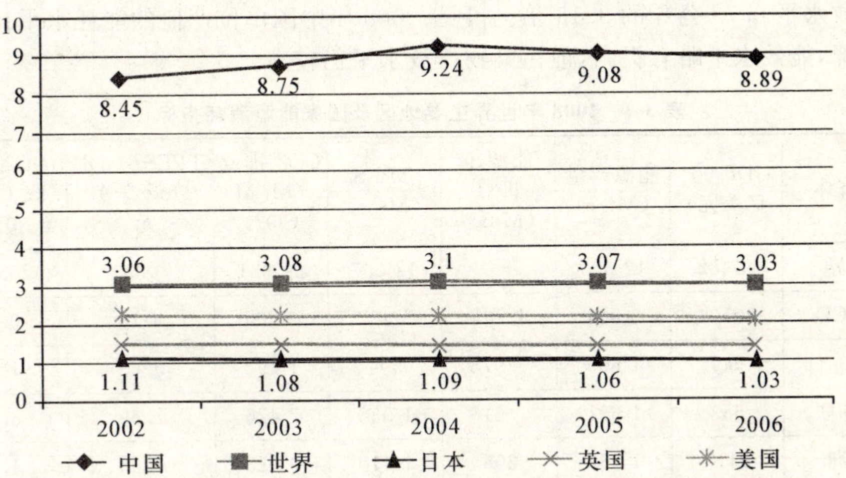

图 3-8　2002－2006 年中国与世界主要国家单位产值能耗效率(toe/万美元)

世界银行《中国循环经济的发展：要点和建议》报告以 2005 年数据分析显示，中国经济总量占世界 GDP 的 14.5％(按购买力平价计算)，但却消耗了世界 15.8％的淡水资源，26％的钢材，25％的铝和 47％的水泥。然而，2006 年只有 56％的城市生活污水和 54％的固体废物得到了处理。

2006 年中国 GDP 占世界 GDP 总量 5.5％(按当年汇率计算)，中国当年能源消耗却达到了 24.6 亿吨标准油，约占世界能源消耗的 15％；钢材消耗量达到了 3.88 亿吨，约占世界钢材消耗的 30％；水泥消耗 12.4 亿吨，约占世界水泥消耗量的 54％。

主要发达国家单位国内生产总值的能耗水平普遍呈下降趋势。2002－2006 年间日本单位国内生产总值的能耗分别仅为 1.11 吨标准油、1.08 吨标准油、1.09 吨标准油、1.06 吨标准油、1.03 吨标准油；英国单位国内生产总值的能耗分别为 1.51 吨标准油、1.49 吨标准油、1.45 吨标准油、1.43 吨标准油、1.37 吨标准油；美国单位国内生产总值的能耗分别为 2.29 吨标准油、2.23 吨标准油、2.19 吨标准油、2.14 吨标准油、2.06 吨标准油。在发达国家中日本单位产值能耗水平最低，能源资源利用率最高。2002 年中国单位国内生产总值的能耗大约是日本当年的 7.6 倍，2006 年中国单位产值能耗水平大约是日本同年的 8.6 倍。中日之间单位产值的能耗水平差距仍然在拉大。

据国际能源署统计，2008 年中国 GDP 为 28440 亿美元，约占世界 GDP 总和 404820 亿美元的 7％，中国为此消耗一次能源总量 21.31 亿吨石油当量，约占同年世界能源消耗总量 122.67 亿吨石油当量的 17.4％(见表 3-4)。2008 年中国每千美元消耗 0.75 吨石油当量，而世界水平仅为 0.3 吨石油当量，中国单位产值的能耗水平是世界的 2.5 倍。2008 年中国每美元排放 2.3 公斤二氧化碳，约是世界平均排放水平 0.73 公斤的 3.15 倍。可见，2008 年中国单位产值的能耗水平比 2006 年下降，能效水平略有提高，但污染物排放水平仍较高。

表 3-4　2008 年世界主要地区及国家能源消耗指标

经济体	GDP（十亿美元）	能源产量（Mtoe）	能源净进口（Mtoe）	TPES（Mtoe）	CO2 排量（Mt of CO2）	TPES/ GDP（toe/千美元）	CO2/GDP（kg CO2/每美元）
世界	40482	12 369	—	12 267	29 381	0.3	0.73
OECD	30504	3 864	1 765	5 422	12 630	0.18	0.41
中东	945	1 605	−975	594	1 492	0.63	1.58
前苏联	653	1 691	−616	1 038	2 426	1.59	3.71
亚洲	2417	1 263	205	1 410	3 023	0.58	1.25
非洲	876	1 161	−487	655	890	0.75	1.02
拉美	2053	728	−133	575	1 068	0.28	0.52
中国	2844	1 993	210	2131	6550	0.75	2.3
德国	2095.18	134.11	210.90	335.28	803.86	0.16	0.38
日本	5166.27	88.66	418.89	495.84	1151.14	0.10	0.22
英国	1772.81	166.69	57.77	208.45	510.63	0.12	0.29
美国	11742.29	1706.06	634.45	2283.72	5595.92	0.19	0.48

数据来源：国际能源署（IEA）能源统计数据库/ Key World Energy Statistics 2010

注：美元汇率以 2000 年为基准。TPES（初级能源供应总量）是本地/国能源产量、进口、库存变化之和扣除出口和国际航线能源存货，反映实际能源消费量，单位百万吨石油当量。

2008 年中国消耗的一次能源比美国所消耗的 22.83 亿吨石油当量略少，但中国排放的二氧化碳总量达到 65.5 亿吨，大大超过美国 55.95 亿吨的规模；美国单位产值能耗仅为 0.19 吨石油当量/千美元，仅为中国的 1/4；美国单位产值的碳排放水平为 0.48 kg CO2/每美元，约是中国的 1/5。据美国能源信息署网站 7 月末发布的数据，2009 年美国能源消费总量 23.82 亿吨标准油。按照国际方法折算，2009 年中国能源消费折合成标准油为 21.46 亿吨，人均消费能源 1.61 吨标准油。根据中美官方公布的数据，2009 年中国能源消费总量比美国少 2 亿多吨标准油，人均消费约为美国的五分之一。然而，中国能源利用效率远低于美国水平，碳排放水平也高于美国水平。

2008 年日本 GDP5.17 万亿美元，是中国 GDP 的 1.8 倍；当年日本消耗初级能源仅 4.96 亿吨石油当量，约是中国消耗能源的 23%；日本仅排放了二氧化碳

11.51亿吨，约是中国碳排放的17.6%；日本每千美元消耗0.10吨石油当量，仅是中国的1/8；日本每美元产值排放二氧化碳仅0.22公斤，仅是中国的1/10。

中国资源能源消耗量大，能源消费结构以煤为主导致二氧化碳、二氧化硫等污染物排放多，污染处理率低，环境污染严重。据《第一次全国污染源普查公报》显示，2007年各类源废水排放总量2092.81亿吨，废气排放总量637203.69亿立方米。主要污染物排放总量分别是化学需氧量3028.96万吨，氨氮172.91万吨，石油类78.21万吨，重金属（镉、铬、砷、汞、铅）0.09万吨，总磷42.32万吨，总氮472.89万吨；二氧化硫2320.00万吨，烟尘1166.64万吨，氮氧化物1797.70万吨。

三、中国提高能源资源利用率推动节能降耗减排具有重大的战略意义

（一）减少能源资源消耗和污染物排放，保护环境和资源储备

提高能源资源利用率就是提高单位能源和资源的产出率。中国经济持续发展和满足人民日益增长的各种物质文化需求，必须有更高的能源资源效率和更大的产出，才可以实现持续发展。面对能源资源，特别是不可再生的能源资源的有限和短缺压力，环境污染物承载能力已接近极限，提高能源资源利用率，推动节能降耗减排，具有减少能源资源消耗和污染物排放，保护环境和资源储备的战略意义。

在传统粗放经济发展方式下，能源资源开采、转化和消费等环节都存在很大程度的浪费。由于技术落后导致能源浪费非常严重，矿产开采中采1吨煤、扔6吨煤的浪费现象时有发生。例如新疆的一些煤层平均厚度可达50米，开采企业使用仅高4.8米的综采支架，直接从中间采掘，对资源的浪费难以估量。目前新疆乡镇煤矿平均回采率仅为10%—15%，国有地方煤矿约有30%，直属国有重点煤矿也不足60%。新疆油田的回采率平均为40%。其他省区矿产回采率还有更低的。矿产资源管理混乱，无序开采，多数矿产企业“挑肥拣瘦”，造成矿产资源采掘严重浪费。

在能源消费中同样存在吃一碗、倒两碗的浪费问题，能源资源利用率很低。我国是能源生产大国、消耗大国，也是能源浪费大国。在目前传统粗放的经济发展方式下产出率低、能源资源消耗大、污染物排放处理率低，环境污染重。2004—2009年我国能源消费总量增速由16.1%回落到5.2%，下降了10.9个百分点，年均下降2.18个百分点。随着我国节能减排工作的推进，我国能源消耗的增速逐年放缓，2009年能源消费增速已经低于经济增长的速度。提高能源资源利用率，节能减排，对于降低能源消耗，保护资源，减轻污染，转变经济发展方式具有重大的战略意义。

(二)缓解能源资源供求失衡局面和保持经济可持续发展

我国长期以来经济增长主要依靠资金、人力资源、土地和能源资源的大规模投入,粗放经济发展方式已经使资源、能源供应和生态环境破坏成为经济发展的瓶颈。我国技术进步缓慢,创新能力不强。我国产业国际分工低端化、产品附加值低的形势没有根本改变。每年取得的高速经济增长仍然是以大量消耗能源资源的粗放发展方式实现的,节能降耗形势严峻。随着经济快速增长,所消耗的土地资源增加过快,土地利用效率不高,大量农用耕地被占用。大量的废气和固体废物使城市空气质量明显恶化。我国土地、淡水、能源、矿产资源和环境状况对经济发展已构成严重制约。中国节能减排面临的任务和形势非常严峻,潜力和空间很大。

国际国内形势变化迫使我国政府自我加压,把节约能源资源作为基本国策,坚决开展节能降耗减排,发展循环经济和低碳经济,转变经济发展方式,保护生态环境,加快建设资源节约型、环境友好型社会,促进经济发展与人口、资源、环境相协调。国家颁布了《中华人民共和国节约能源法》和《中华人民共和国清洁生产促进法》,国务院做出了《关于加强节能工作的决定》,大力推进循环经济建设,强化节能减排目标责任,加大淘汰落后产能力度,严格控制高耗能、高排放行业过快增长,加快实施节能减排重点项目,推动重点领域节能降耗,强化重点耗能单位节能监管,加大环保执法监管力度,确保实现"十一五"节能减排目标。

根据第二次经济普查的结果和 2009 年统计修正,2005 年至 2009 年全国单位 GDP 能耗分别为 1.276、1.241.1.179、1.118、1.077 吨标准煤/万元,2006 年至 2009 年单位 GDP 能耗降低率分别为－2.74%、－5.04%、－5.20%、－3.61%(见表 3-5)。"十一五"前四年单位 GDP 能耗累计下降 16.59%,离"十一五"规划目标尚欠 3.41%左右。由于 2009 年为保经济增长出台了 4 万亿元经济刺激计划,一些高耗能产业再度死灰复燃,结果 2010 年上半年全国单位 GDP 能耗比上年同期上升了 0.09%,完成"十一五"规划目标难度又加大了。

表 3-5 中国"十一五"期间单位 GDP 能耗水平和降低速度

年份	2005	2006	2007	2008	2009	2010 上半年
单位 GDP 能耗(吨标准煤/万元)	1.276	1.241	1.179	1.118	1.077	—
单位 GDP 能耗降低率(%)		－2.74	－5.04	－5.20	－3.61	0.09

数据来源:2010 年 7 月 15 日国家统计局、国家发改委、国家能源局发布的《2009 年各省、自治区、直辖市单位国内生产总值(GDP)能耗、单位工业增加值能耗、单位 GDP 电耗公报》

"十一五"以来节能减排取得显著成就。截至 2009 年底全国脱硫机组装机容量占全部火电机组的比重由 2005 年的 12%提高到 71%,城镇污水处理率由 2005 年的 52%提高到 72.3%。2006 至 2009 年关停小火电机组 6006 万千瓦,淘汰落后炼铁产能 8172 万吨、炼钢产能 6038 万吨、水泥产能 2.14 亿吨,总能源节约 1.1

亿吨标煤。"十一五"二氧化硫减排目标提早一年实现，化学需氧量减排目标提早半年实现。

国家推进节能降耗减排工作，取得了实效，大幅度提高了能源资源利用率，在保持GDP较快增长下能耗增长速度下降，减轻了能源资源需求居高不下的巨大压力，缓解了能源资源供求紧张局面，确保我国经济可持续增长的长期能源资源供给。没有中央推动节能降耗减排工作，继续较低的能源资源利用率和粗放经济发展方式，能源资源供求失衡局面将更加失控，这将对经济发展构成硬性约束，限制经济发展步伐。所以，推进节能降耗减排，提高能源资源利用率，具有缓解能源资源供求失衡局面和保持经济可持续发展的重大意义。

（三）转变经济发展方式和提高经济发展质量和水平

节能降耗减排是转变经济发展方式的直接手段，而转变经济发展方式，将提高经济发展质量和效益，增强我国经济的国际竞争力和抵御风险能力，促进经济可持续发展和经济社会协调发展；发展经济就要提高效率，使用更少资源要素投入在较短时间里生产出更多更优的产品，创造最大福利，压低最小的生态环境代价。节能降耗减排是转变经济发展方式的直接手段，也是提高经济发展水平的直接表现。节能降耗就是提高能源资源利用率，有利于减少温室气体和污染物排放。降低经济发展成本，增加经济效益，提高单位能耗物耗增加值，改善生态环境，从而提高经济发展的集约化水平、组织化水平和科技水平，把经济发展从落后的低层次水平转变到先进的高层次经济发展水平上，改变了经济发展的方式。

我国目前粗放型经济发展方式的主要问题就是投入高、产出低、效益差、污染高。造成这种低水平经济发展方式产生的主要原因是经济组织化水平低、管理和技术研发能力弱、市场发育程度低。政府在节能降耗减排和转变经济发展方式中既起到积极的推动作用，又存在阻碍问题。各地方政府为了扩大本地就业、税收和GDP指标把许多资源能源配置给落后生产力的本地企业，不计代价和资源能源利用效率吸引外商投资和外地投资，而没有依靠市场力量优化资源配置，在地方政府各种优惠和保护下高物耗能耗和高污染的落后产能依然具有很强的生命力。目前我国70－80％以上落后产能都在地方政府保护下照常运行，特别是东部某些沿海地区廉价利用中西部人力、矿产资源、农产品、电力支撑落后产能继续生存，产品占据中西部市场，转移走中西部的税源，拉大了东中西部发展的差距。东部沿海地区这种经济发展方式是不可持续的。有效发挥市场力量和发挥市场机制，减少政府干预，才可以淘汰落后产能和促进产业国内转移，促进节能降耗减排，转变经济发展方式，促进地区间平衡发展。中国经济发展很大程度上是政府力量推动的结果，市场机制尚未发育成熟。政府创造良好竞争秩序及环境、支持研发与创新、放开市场机制，会有效推进节能降耗减排，减少政府干预，促进经济发展方式转变。所以，提高能源资源利用率，推动节能降耗减排对于转变经济发展方式和提高经济发展质量和水平具有重大的战略意义。

节能降耗减排与经济发展既相互促进，又相互影响。节能降耗减排与GDP增速存在互相促进作用，也可能存在此消彼长关系。当节能降耗减排形成较高生产力和竞争力时，节能降耗减排对经济发展起到促进作用。国际金融危机之后正是企业技术更新改造的时机，加快节能降耗减排是一个好的机遇。如果政府政策引导对路，把企业节能减排与加快产业结构调整与升级、转变经济发展方式有机结合起来，把政府推动节能降耗减排政策与企业发展战略统一起来，则能既推动节能降耗，保护生态环境，又推动经济快速发展，促进社会和谐。

国家为节能降耗减排而停产或削减落后产能而给予企业一定的补贴，促使有关企业转产，企业一定要抓住机遇，实现产业升级；地方政府应与中央保持一致，不能阳奉阴违。

我国许多内陆省市区由于长期粗放经济发展方式导致高能耗、高物耗、高污染经济占整个经济总量中比重相当高，甚至高达70％－80％，这些地区主要依靠高能耗物耗和污染企业推动当地经济发展，能源资源消耗大，污染重，可是节能降耗减排的技术研发和设备更新改造能力弱，要完成节能降耗减排指标往往会减少政府财政、企业财务和工人工资的收入。一些省区采用拉闸限电方式，强制停产和节能减排，而按区域拉闸限电严重干扰居民生活秩序，违背了中央推动节能减排的精神实质，没有领会中央推动节能减排对于转变经济发展方式提高经济发展质量的重大意义。

（四）促进产业及产品结构调整、转型与升级

我国人均资源较少，能源资源利用率较低，而且输出一部分能源和资源，出口一定规模的能源资源密集型产品，污染物排放高的产品加工造成了更大的环境污染，这样的粗放经济与外贸发展方式不可持续，提高资源能源利用率和推动节能减排，转变经济发展方式，对于促进产业及产品转型升级具有重大的战略意义。

目前国内产业结构主要体现为延续历史发展积累起来的经济结构和外商转移进来的国际分工结构，大部分位于全球产业分工较低层次和价值链的低端，产品技术含量低、产品附加值低、生产能耗物耗高、污染严重。长期以来我国出口产品主要是劳动密集型和资源密集型产品，知识密集型产品比重较低。当前我国经济总规模已经相当大，如果继续采用以前粗放的经济发展方式，资源能源和生态环境都将不可持续。提高能源资源利用率，节能降耗减排，可以优化能源资源生产供应与消费结构，改善产业结构，促进单位产品的能耗与排放减少。我国产业结构调整和升级已经到了紧要关头，需要用低消耗、低污染、高附加值的产业置换传统产业中一些高消耗、高污染、低附加值的部分，提高资源能源利用效率和效益，这是推动节能降耗减排和转变经济发展方式的重要途径。为此需要开发新产品、新工艺，升级既有产品，开拓新兴产业，直接关停和淘汰落后产能，向高端制造业和现代服务业

调整、转移和升级。

随着经济发展方式由主要依靠增加物质资源消耗的粗放型向主要依靠科技进步、劳动者素质提高、管理创新的集约型转变，产业及产品要由劳动与资源密集型向科技、管理等知识密集型转变。2010 年 9 月 8 日国务院审议通过《国务院关于加快培育和发展战略性新兴产业的决定》，选择节能环保、新一代信息技术、生物、高端装备制造、新能源、新材料和新能源汽车为战略性新兴产业，这七个战略性新兴产业代表着节能环保、知识密集、低消耗、低排放、高产值的产业发展导向。这将有力地推进产业结构升级和经济发展方式转变，提高先进科学技术在经济中应用程度，促进单位能源和资源创造产值的增加，利用现代信息技术与传统产业相结合促进产品升级，提高产品质量和附加价值，提高国际竞争力，促进经济社会可持续发展。

虽然产业国内调整与转移也是经济的，正如广东、浙江等地采取的"腾笼换鸟"式产业国内区域转移，但因为多种落后产能转移需要多种苛刻的生存条件，一个条件不具备就可能调整与转移的投资失败，而且会导致能耗物耗和污染的国内转移。接受转移到的中西部地区必须认真鉴别，不接受高能耗物耗和高污染的产业在本地部署。全国各地区真正依靠技术进步、管理改善和人力资源素质提高，从而带来的单位 GDP 能耗物耗降低。落后产能要坚决淘汰掉，由企业自主采取先进的节能降耗减排技术替代。钢铁等高耗能产业调整，不仅要通过产品技术升级和工艺更新改造促进产业升级，而且要同时淘汰消耗高、污染重的落后装备产能，为此企业需要进行投资，减少收入，增加成本，付出很大代价。粗放经济发展方式主要表现为落后产能物耗能耗高、环境污染重、安全无保障，导致经济发展质量和效益不高、竞争力不强。改变高投入、高消耗、高污染、低产出的粗放型发展方式，必须加快淘汰落后产能，为先进产能腾出生产要素与市场容量，优化产业结构，提高技术装备水平和国际竞争力，促进产业由大变强。

近年来房地产业一跃成为利润率最高的最热门产业。然而，高能耗、高污染的建筑和房地产业在节能减排中没有受到重点监督。即使在高房价下房地产业产值高，单位 GDP 能耗和污染物排放也很高。目前建筑业（第二产业）与房地产业（第三产业）是物耗高、能耗高、排污高产业，而且 99%是高能耗建筑，节能环保的绿色房地产与建筑少。房地产与建筑业施工中电力、石油等能耗不高，但其所消耗的水泥、建材、钢材、木材、设备、机械、陶瓷、玻璃、五金等材料巨大，这些材料却是高耗能、高污染产品，房地产建筑总能耗占中国总能耗的比重超过 37%。而且房地产业的高能耗与高环境污染表现在材料生产、建造施工、使用、拆除等各环节上。从我国制造业发展水平不高和节能减排上讲，发展房地产业不一定经济和节能降耗。表面上看似乎服务业能耗水平低于制造业和采掘业，2007 年服务业、制造业和采掘业能耗水平分别为 0.47、1.78 和 1.04 万吨标准煤/亿元（见表 3-6）。服务业内部各行业能耗水平差别很大。水、电、煤气生产服务业能耗水平最高，达到2.08万吨标准煤/亿元，这是能源生产行业，而且供应价格被压低，不是反映价值的市场价格。2007年建筑业单位GDP能耗仅为0.28万吨标准煤/亿元，房地产业能耗水平缺乏具体数据，估计会高于建筑业的能耗水平。近几年房地产价格轮番上涨，产值扩大了几倍，大大降低了单位产值的能耗水平，似乎能耗不高。实际上房地产业没有明显的节能减排技术进步，依然是高能耗、高物耗、高污染产业。服务业既有批发零售业、金融业、教育医疗和科研等低耗能行业，也有房地产、交通物流以及水电煤气等高耗能行业。当前很大比重的制造业企业在“退二进三”政策引导下进入房地产业等服务业可能进一步加重能耗、物耗和污染，而非加快节能降耗减排的进度。

表3-6 2007年中国主要产业单位GDP能耗

（单位：万吨标准煤/亿元）

产业	能耗
农林牧渔业	0.29
采矿业	1.04
制造业	1.78
服务业	0.47
电力、燃气及水的生产和供应业	2.08
建筑业	0.28
交通运输、仓储和邮政业	1.38
批发和零售业及住宿餐饮业	0.24

数据来源：根据《中国统计年鉴》数据计算。

注：服务业数据是在总量基础上扣除农林牧渔业、采矿业、制造业和生活能源消费之后的剩余部分计算数值。

我国产业及产品调整、转型与升级要强调传统产业与信息技术相结合，推动以信息技术为代表的高技术应用，提高产业信息化和高级化水平，不要片面追求产业由第二产业进入第三产业的层次升级。大力发展循环经济，分行业开展循环经济科学技术的研究、开发和推广，抓好工业集聚区和工业园区建设、改造，推进产业链延伸组合，减少废物的产生量和排放量，提高废物的再利用和资源化。提高能源资源利用率，加大节能降耗减排工作力度，对于促进产业及产品调整、转型与升级具有重要的意义。

(五)促进企业增加研发和创新投入

后危机时代，资源、环境等约束会越来越大，市场竞争日益加剧，对企业来说，不转变发展方式，不降低资源消耗率，环境破坏程度还像过去那么大，则企业不仅没有竞争力，而且会被社会淘汰出局。我国企业需要加大节能降耗减排的研发和设备更新改造，提高资源能源利用效率，降低单位产品总成本，采取产品差异化策略，在全球竞争与合作中不断提高议价能力，打造兼具价格和非价格因素的产品核心竞争力。为了提高资源能源利用效率，加大节能降耗减排，企业必须加大技术创新和研发投入。

研发、创新和产品及其工艺更新改造是节能降耗减排的基础和根本，其直接结果主要表现为节能降耗减排。创新包括技术创新、管理创新、制度创新等广泛的内容。研发获得的技术成果通过创新转化为新一代的产品、工艺设备，提高生产效率，使能耗物耗更低，产生更高的经济价值。因此要着力推进自主创新，加快科技成果向现实生产力转化，以强大的科技能力加快经济发展方式转变和经济结构调整。

科技进步是提高能源资源利用率，转变经济与外贸发展方式的根本途径。转变经济发展方式，就是促进经济增长由依靠资源消耗为主，转变为主要依靠科技创新和劳动力素质提高上来，把经济发展奠定在科技进步和人力资本提高上。走集约化经济发展道路，推动经济质量效益提高，其关键是提高科学技术对经济发展的强大推动作用，提高自主创新能力，促进自主创新与消化吸收结合，不断提高科技创新能力和技术转化生产力能力，努力推动产业技术升级。提高自主创新能力和劳动者素质，使经济发展建立在更多依靠科技进步和人力资本支撑的基础上，就提高了能源资源利用率，改变了落后的生产方式，转变到主要依靠科技进步和提高劳动者素质的经济发展方式上来。加强人力资源能力建设，创新企业管理，全面提高人的素质和能力，不仅可以提高创新能力，还可以提高劳动生产率，节约人力，腾出更多时间提高生活水平。国家推进节能降耗减排，提高能源资源利用率，客观上必须依赖技术创新和研发，也必然促进技术创新与研发，它对于企业增加技术创新和研发投入具有重要意义，这就要求各级政府切实加强知识产权制度建设和严格执法，为企业技术创新和管理提供适宜的宏观环境。

（六）促进外贸发展方式转变提高国际竞争力

在经历金融危机袭击之后，欧美等国家出现了“再工业化”、“产业回归”的思潮，推行进口替代与出口促进结合的新重商主义政策，针对中国产品制造的贸易摩擦日益增多，中国出口贸易环境不容乐观。我国劳动密集型产品和能源资源型产品出口受到欧美国家双反等保护主义措施的打压。当今时代，能源短缺、环境污染和气候变暖已成为全球经济与人类社会发展的主要约束条件。环境保护与绿色壁垒、气候变化、发展新能源和低碳经济已经成为全球经贸环境变化的重要趋势。提高能源资源利用率，加大节能降耗减排力度，对于促进出口转向技术、品牌等知识密集型产品和高技术产品出口，提高产品国际竞争力具有重大的战略意义。

随着我国经济日益对外开放，外向型经济格局日益明显，政府推动节能降耗减排会逐渐体现到经济发展和外贸发展方式上，具体表现为进出口商品结构的变化、出口商品质量档次变化、出口商品附加值与竞争力变化、进口设备节能降耗指标和消费品环保指标变化、技术引进等。企业通过节能降耗减排可以降低单位产品成本，提高产品节能降耗性能，提高产品技术含量和附加价值，增加产品绿色环保功能。

表 3-7　2004－2007 年高技术产品出口额占制成品出口额的比重

（单位：%）（单位：件）

经济体	2004 年	2005 年	2006 年	2007 年
世界	20.65	20.56	20.57	18.13
高收入国家	21.22	21.34	21.43	17.91
中等收入国家	19.16	18.5	18.47	18.71
低收入国家	3.94	4.42	—	—
中国	29.79	30.59	30.28	29.69
日本	23.66	22.45	21.58	18.94
韩国	32.77	32.34	32.02	33.47
新 加 坡	56.72	56.74	57.98	46.47
马来西亚	55.65	54.61	53.78	51.66
美国	30.07	29.79	29.96	28.41
印度	4.91	4.86	5.04	5.32
英国	24.15	27.99	33.61	19.5

资料来源：世界银行 WDI 数据库。

长期以来我国粗放的经济发展方式和大进大出的开放经济特征促进了“三来一补”等和加工贸易的大发展。1982 年至 2008 年加工贸易以 24.8%速度增长，2008 年加工贸易占全部贸易额的比重达到 41%。加工贸易占全部贸易的比重仍然偏高表明高能耗、高物耗、高污染和低技术的劳动密集型产品出口贸易还占到相当高的比例。“十一五”期间加大节能降耗减排工作力度，在出口贸易中已经表现出高技术产品比例的扩大。2004－2007 年中国高技术产品出口额占制成品出口额的比重分别为 29.79%、30.59%、30.28%和 29.69%，与美国占比水平基本相当，低于新加坡、马来西亚、韩国水平，高于日本、印度以及世界平均水平（见表 3-7）。近年来提高能源资源利用率，加大节能降耗减排力度，使粗放型经济发展方式有所改观，一定程度上促进了外贸发展方式转变，提高了国际竞争力，扩大了高新技术产品出口比重。

随着国家强力推进节能降耗减排，各地区加快了产业结构调整升级和转变经济发展方式，我国外贸发展方式正在发生深刻变化，外贸出口将不再依靠单一的低价竞销和数量规模扩张达到增加出口价值的目的，而是着重提高出口产品附加价值，增加产品科技含量，增加品牌价值和营销服务，降低出口产品的能耗物耗，出口产品会变得越来越轻，价格会越来越贵。比如，财政部和国家税务总局联合下发的《关于取消部分商品出口退税的通知》明确，自 2010 年 7 月 15 日起国家取消部分钢材、有色金属加工材等六大类 406 个税号的产品出口退税，而以前这些商品享受 5%－17%不等的出口退税率。这次取消出口退税是继 2009 年 6 月份第七次上调出口退税率后我国再度改变出口退税政策，目的是转变外贸发展方式，加快产业结构调整，增加高附加值、节能环保产品出口，不鼓励高能耗、高物耗和高污染产品的生产和出口，确保实现“十一五”节能减排目标。取消部分商品出口退税还有助于减少财政开支，减少贸易摩擦，减少贸易顺差规模。我国节能降耗减排政策在出口商品退税方面已经体现出来政策。

四、宁波市能源资源约束状况与节能减排工作

(一)宁波市能源资源瓶颈与节能降耗减排目标与任务

宁波市是一个资源能源匮乏城市。共有6个区、2个县、3个县级市；全市户籍人口571.0万人，其中市区221.83万人。地势西南高，东北低。自西南向东北方向倾没入海。西南浙东低山丘陵区，有西南一东北走向的四明山脉，发源于天台，分布于余姚、奉化、鄞州，一般海拔为100—300米，最高为青虎湾岗，海拔979米。天台山支脉，由宁海西南入境，经象山港展延成南部诸山，最高峰为位于宁海双峰乡的蟹背尖，海拔954米。东北部和中部为宁绍冲积平原的甬江流域平原，地势平坦，河流纵横。市区海拔4—5.8米，郊区海拔为3.6—4米。地貌分为山地、丘陵、台地、谷(盆)地和平原。陆域总面积9817平方公里，其中市区面积为2462平方公里。全市山地面积占陆域的24.9%，丘陵占25.2%，台地占1.5%，谷(盆)地占8.1%，平原占40.3%。

宁波市海域总面积为9758平方公里，岸线总长为1562公里，其中大陆岸线为788公里，岛屿岸线为774公里，占全省海岸线的三分之一，共有大小岛屿531个，面积524平方公里。宁波还有丰富的海涂资源，全市共有杭州湾南岸、象山港、大目洋和三门湾4片大的海涂，合计144.28万亩。

宁波市属典型的亚热带季风气候。气温适中，四季分明，光照较多，雨量充沛，空气湿润。年平均降水量为1480毫米左右。宁波市水系发达，河流有余姚江、奉化江、甬江。地表水年总径流量为67.24亿立方米。全市有众多湖泊、水库，其中东钱湖是浙江省最大的内陆湖，集水面积89平方公里，正常水量4429万立方米。平原河网属封闭或半封闭状态，水体的流动性较差。全市森林面积稳定在668万亩以上，森林总蓄积量1200万立方米，森林覆盖率达到50.2%，生态公益林建成面积达218.3万亩。

宁波市境内有黑色金属、贵金属、稀有金属、有色金属、非金属等矿产资源35种，其中金属矿产21种，非金属矿产14种。金属矿储量小，非金属矿储量大。有色金属铅锌，非金属萤石、珍珠岩、高岭土、明矾石，有一定储量。非金属矿蕴藏量大于金属矿蕴藏量。泥煤、褐煤储量少，质量差，不具有工业开采价值。天然矿泉水、地热、地下水资源丰富。总体上来说，宁波属于能源资源较为贫乏的地区之一，能源资源主要依赖内地供应。

宁波港地处我国大陆海岸线中部，是著名的深水良港，已基本形成高速公路、铁路、航空和江海联运、水水中转等全方位立体型的集疏运网络。2009年新辟集装箱航线6条，累计216条，其中远洋干线113条，近洋支线51条，内支线20条，内贸线32条。月均航班908班，最高月航班达955班。2009年宁波港完成港口货物吞吐量3.8亿吨，比2008年增长6.1%，继续居中国内地港口第二位，全球第四位，其中外贸货物吞吐量1.8亿吨，增长7.6%。

宁波是我国重要的临港重化工基地之一，重化工业发展趋势明显，正处于重化工业快速增长期，重化工业比重高，规模以上重工业产值占比达到65%以上，以重化工业结构为主的经济结构对能源资源需求产生巨大的压力。宁波产业结构中重化工业特征明显，第三产业发展相对滞后，高新技术产业占比较低。长期以来宁波市高能耗、高投入的粗放型发展方式使人多地少、缺水少电的局面更加严峻。

面对经济增长与能源资源消耗、污染排放的瓶颈制约，落实节能减排则是转变宁波市经济发展方式、促进产业转型升级、发展低碳经济最直接手段，节能减是宁波转变发展方式、推进科学发展、适应全球环保生态形势的需要，也是宁波建设生态市、争创全国文明城市的需要。

《国民经济和社会发展第十一个五年规划纲要》提出到2010年，单位国内生产总值能源消耗降低20%，全国化学需氧量和二氧化硫两项主要污染物排放总量比2005年各下降10%。为实现这一约束性指标，2006年8月5日国务院批复了《“十一五”期间全国主要污染物排放总量控制计划》。宁波市作为计划单列市，“十一五”期间要完成单位GDP能耗下降20%的目标，两项主要污染物总量控制指标分别为化学需氧量下降14.9%，2010年排放量控制在4.44万吨以内；二氧化硫下降47.9%，2010年排放量控制在11.12万吨以内。

(二)宁波市节能降耗减排的主要政策措施

宁波在节能减排和转变经济及外贸发展方式方面采取了一系列政策措施，按照“控总量、快淘汰、管大户、限超高、抓技改、强监管、争主动、促升级”的思路，总体谋划，分步实施，长短结合，标本兼治，确保全面完成节能减排目标任务。

为贯彻《中华人民共和国节约能源法》、《中华人民共和国清洁生产促进法》和落实《国务院关于加强节能工作的决定》，宁波市采取一系列政策措施坚决推进党中央、国务院节能减排的重大决策部署，完成“十一五”节能减排目标任务，把节能减排工作责任落到实处。2006～2010年宁波市把全面完成“十一五”节能减排目标任务作为一项硬任务和法定的约束性指标，以铁的手段、铁的决心和非常的措施，坚决打好节能减排的攻坚战。为确保“十一五”节能减排目标任务顺利完成，2007年8月22日宁波市政府制定并发布了《宁波市节能减排综合性工作方案》(甬政发〔2007〕67号)，确定了全市24项化学需氧量减排重点工程和10项二氧化硫减排重点工程。

为深入贯彻落实科学发展观，加快转变发展方式，实现全面、协调、可持续发展，力争把宁波建设成为生产发展、生活富裕、生态良好的全国生态文明建设示范区，中共宁波市委做出《关于推进生态文明建设的决定》。宁波市坚持以科学发展观为指导，积极推进国家级生态市和全国文明城市创建，充分认识推进生态文明建设的重大意义，加快推进生态文明建设。宁波是全国首批循环经济试点城市和国家环保模范城市，对现有工业园区进行整合提升，引进"吃废"小企业群，实现废弃物的相互交换利用，实现排污的集中控制和集中处理，初步形成企业小循环、产业中循环、区域大循环的生态型工业园区。

宁波通过改革创新完善适应经济社会发展方式转变的节能减排体制机制，实行完成节能减排任务的"快、重、准、实"措施，创新节能减排体制机制；推动产业结构调整与转型升级；限制和淘汰落后产能；实行产业节能准入和审查制度；强调企业主体研发、采用和推广节能降耗减排技术；发挥财政资助引导功能；加强目标责任考核和重点高耗能企业的能耗总量控制；建立奖罚和红黑榜制度。

（三）宁波市节能降耗减排政策的效果

宁波市政府推动节能降耗的政策取得一定的成绩，但效果并不显著，节能降耗还没有成为企业的自觉行动。

1. 万元 GDP 能耗下降速度快于全国

宁波市"十一五"以来能源消费总量逐年增加，年均能源消费增长率比 GDP 年均增速低。单位 GDP 能耗水平呈下降的趋势（见图 3-9）。2005 年宁波市万元 GDP 能耗为 0.94 吨标准煤，比全国平均水平低 0.64 吨，2006 年综合能耗又下降了 3.89%。2007 年宁波市万元 GDP 综合能耗为 0.87 吨标准煤，比 2005 年下降 4.05%，万元 GDP 电耗为 1147 千瓦时，比 2005 年上升 1.87%。2008 年单位 GDP 能耗为 0.84 吨标煤/万元，比 2007 年下降 4%，单位 GDP 电耗为 1093 千瓦时/万元，比 2007 年下降 4.8%，规模以上工业增加值能耗比 2007 年下降 5.2%。2009 年宁波市全社会能源消费总量达 3141 万吨标煤，比 2008 年增长 2.8%，单位 GDP 能耗为 0.82 吨标准煤/万元，单位 GDP 能耗下降 5.6%，万元 GDP 电耗为 1045 千瓦时，比 2008 年下降 4.5%。截至 2009 年底，宁波市万元 GDP 能耗累计下降 17.54%，完成"十一五"任务近 90%，比全国万元 GDP 能耗累计下降 16.59%略高，化学需氧量排放量和二氧化硫排放量完成"十一五"减排目标任务的 99%和 81.6%。

2010 年一季度全国单位 GDP 能耗上升 3.2%，上半年全国单位 GDP 能耗不降反升，同比上升 0.09%，虽比一季度有所改善，但距离完成"十一五"节能减排任务渐行渐远，全国节能减排目标完成难度加大。不同于全国的情况，宁波市万元 GDP 能耗下降速度快于全国。在浙江省，宁波市节能减排成绩也位列靠前。据国家统计局和发改委公布数据，2010 年上半年浙江省单位 GDP 能耗仅降低 0.97%。2010 年一季度宁波市节能降耗效果明显，单位增加值能耗同比下降 5.9%。二季度能耗和排放已有比一季度恶化的趋势，下半年节能减排压力更大。2010 年全年宁波市要确保 GDP 能耗下降 2.46%，就可以完成全市“十一五”单位 GDP 能耗下降 20%的总体目标，宁波完全可以提前超额完成计划目标的任务。

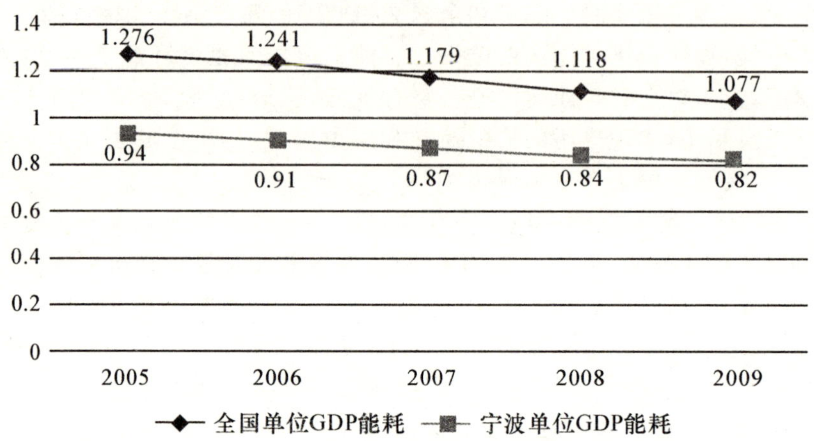

图 3-9　2005—2009 年宁波与全国单位 GDP 能耗水平

宁波市在节能降耗减排推动下能源利用效率远远领先于全国，单位能耗逐步下降，能源利用效率不断提高，经济越来越“绿”了，经济发展与环境保护双赢，经济总量快速增长，走上了科学发展、和谐发展、可持续发展之路。

2. 产业转型与转移缓慢而调整与升级稍快

宁波市大约有不到一成的企业把部分上游原材料和制造业务转移到中西部地区，利用当地丰富的廉价资源和劳动力，其中有部分是落后的淘汰产能。总体来看，宁波市产业结构转移步伐不快，这其中有转移带来的物流成本与管理成本增加问题，劳动力成本差别只是推动地区产业转移的一个因素。

宁波产业转型已经有了缓慢发展，转型效果并不明显，《宁波市节能减排综合性工作方案》总体进度明显滞后，现代服务业和高新技术产业比重不高。宁波市已经有若干企业开发新能源，开展清洁生产，发展循环经济，例如，浙江慈能光伏科技有限公司采用非晶硅太阳能电池设计的 500KWP 光伏并网发电、宁波众茂杭州湾热电有限公司上马污染焚烧项目、慈溪长江风力发电有限公司上马慈溪风电场，并成功在英国碳排放权交易上市。

2010 年全国 18 个工业行业（炼铁、炼钢、焦炭、铁合金、电石、电解铝、铜冶炼、铅冶炼、锌冶炼、水泥、玻璃、造纸、酒精、味精、柠檬酸、制革、印染、化纤等行业）淘汰落后产能共涉及企业 2087 家，其中涉及浙江省 180 家企业，数量居全国第三位，要求在 2010 年 9 月底前关停。在浙江省 180 家要淘汰落后产能的企业中有 11 家宁波企业，淘汰企业占比并不高。宁波借淘汰落后产能提高了资源能源利用率，促进了产业升级换代。特别地，宁波企业就地调整与升级步伐稍快些，新技术新产品不断涌现，产品附加值显著提高。

3. 节能降耗技术研发、推广与交易平台搭建取得一定成效

研发、采用和引进先进成熟的节能新技术、新工艺、新设备，是促进宁波市工业企业节能改造的重要手段。宁波德曼压缩机有限公司开发的变频螺杆空压机产品，平均为企业带来50%以上的节能效果。为了推动重点用能企业进行节能技术改造，2008年以来，宁波市节能办加大对节能技术研发和产业化的支持力度，重点推广电磁加热和空气源热泵等10类节能技术(产品)在宁波市工业企业中的应用，鼓励引导广大企业加强节能降耗技术攻关，促进企业转型发展。为切实发挥节能技改项目的节能主导作用，鼓励采用先进节能技术和产品。宁波市节能办公布了技术(产品)成熟、节能效果突出、社会效益显著、示范作用明晰的染色机用染色液、有机热载体加热装置、废气制冷技术等13项节能优秀示范项目，进一步引导全市企事业单位开展节能技术改造。

大力推广节能新技术新产品。宁波市节能办全年共举办了变频螺杆空压机、高压变频器、节能涂料、替代燃料油、锅炉节能技术等六期节能新技术(新产品)推广会，效果良好。积极与国内外节能技术先进企业合作。大力推广高效照明产品。2009年完成了135万只节能灯推广任务，比2008年增加16万只，年可实现节电9000万度(折3万吨标准煤)，推广量居省内和国内同类城市前列。发布产业能效和节能技术导向目录，连续三年组织编制《宁波市十大节能技术》、《宁波市节能技术与产品导向目录》、《宁波能源》(白皮书)和《宁波市产业能效》等，指导行业和企业节能。宁波市承办中国(宁波)节能环保技术与产品博览会，搭建了节能环保产业专业交易平台，对宁波节能减排工作起到了积极的推动作用。

五、宁波市节能降耗减排的转变外贸发展方式进展与全国一样缓慢

(一)我国节能降耗减排对转变外贸发展方式的贡献微弱

中国外贸具有“大而不强”的特征，存在出口产品同质化、低技术含量、低附加值、数量扩张、没有吸引大流量客户的品牌和渠道、国际竞争力主要依靠低价竞销等问题。我国出口产品物耗能耗高、重量大、单位运费高，很大部分由外商投资企业完成，加工贸易方式占较高比重，中国自主技术、设计、品牌产品出口比例较低，产品时常出现境外价低于国内价，很大一部分产品贸易条件恶化。

当前国际金融危机的阴影仍笼罩世界经济，国际贸易投资保护主义政策越发盛行，美元大规模量化宽松政策导致国际金融秩序混乱，各国货币当局纷纷出手干预，争夺国际出口市场，同时资源等原材料产品价格上扬，导致新兴工业化国家出口更加困难。

国家有关部门相继出台政策调整出口退税率和加工贸易，控制高污染、高能耗、资源性商品的出口，虽然使外贸发展方式转变略有进展，但是节能降耗减排对

外贸发展方式转变的影响尚未显现。

2006年全国煤炭出口36.81亿美元，煤炭出口数量同比下降11.7%，煤炭平均出口价格58美元/吨；原油出口27.37亿美元，出口数量同比下降21.4%，原油平均出口价格570美元/吨，上涨29.2%；钢材出口262.29亿美元，钢材平均出口价格610美元/吨；未锻轧铝出口28.42亿美元，平均出口价格为2345美元/吨。这些“两高一资”产品出口规模变化起伏较大，除钢材外2007年煤、原油、铝锭出口规模比2006年有不同程度收缩，2008年出口规模又继续恢复增长，2009年出口全面收缩，2010年前9个月钢材、铝锭出口规模已经超过2009年全年的规模，但预计2010年出口规模都不会超过2008年的水平(见表3-8)。2010年1—9月煤炭出口17.21亿美元，估计全年出口规模比2006年大幅萎缩，平均出口价格上涨到114美元/吨，煤价比2006年上涨接近一倍。2010年1—9月原油出口10.5亿美元，全年出口规模肯定会比2006年大幅度收缩，而且原油平均出口价格下跌到539美元/吨，下跌了5.4%。2010年1—9月钢材出口达到282.5亿美元，出口规模已经超过2006年，钢材平均出口价格有了大幅上涨，涨幅达36.4%，价格涨到832美元/吨。2010年1—9月未锻轧铝出口10.6亿美元，全年预计出口规模会比2006年大幅度收缩，而且出口价格也有了很大幅度下跌，价格跌了15.1%，跌到1990美元/吨。由于目前国内钢产能过大，所以钢材出口规模仍然居高不下，煤、原油和未锻轧铝的出口规模都已经有了大幅减少。可见，第一，资源性产品和高能耗物耗产品仍在出口，但一些产品出口规模有所收敛；第二，煤炭价格和钢材价格有不同幅度上涨，而原油和未锻轧铝价格有不同幅度的滑落，出口效益比以前更差。

表3-8 全国机电、高新技术产品和“两高一资”产品出口情况

(单位:金额:亿美元,价格:美元/吨)

类别	2006年	2007年	2008年	2009年	2010年1—9月
煤	36.81(58)	32.95	52.42	23.75	17.21(114)
原油	27.37(570)	16.87	30.03	21.55	10.5(539)
钢材	262.29(610)	441.36	634.52	222.71	282.5(832)
未锻轧铝	28.42(2345)	13.37	21.36	5.06	10.6(1990)
机电产品	5494.01	7011.72	8235.1	7131.13	6677.16
高新技术产品	2814.25	3478.26	4156.16	3769.09	3482.4
一般贸易	4163.2	5385.8	6625.83	5298.33	5191.3
加工贸易	5103.7	6176.5	6753.00	5870.26	5317.98
出口总值	9690.8	12180.16	14285.46	12016.63	11346.35

数据来源:中国海关总署统计,http://www.customs.gov.cn/

注:括号内数字为单价。

2006年机电产品出口5494.01亿美元，占当年出口总值的56.7%，高新技术产品出口2814.25亿美元，占当年出口总值的29%。2007—2009年两个占比分别为57.6%、28.6%；57.6%、29.1%；59.3%、31.4%。2010年1—9月机电产品出口6677.16亿美元，占当期出口总值的58.8%，高新技术产品出口3482.4亿美元，占当期出口总值的30.7%。机电产品和高新技术产品出口占总出口的比重虽有略微起伏，但总趋势比重是提高的。这两种比重提高很大程度上是经济发展水平提高的结果，节能降耗减排反映到出口上的效果可能很小，或者说不明显。

2006年一般贸易出口4163.2亿美元，占当年出口总值的43%，加工贸易出口5103.7亿美元，占当年出口总值的52.7%。2007—2009年一般贸易和加工贸易出口占当年出口总值的比重分别为44.2%、50.7%；46.4%、47.3%；44.1%、48.9%。2010年1—9月一般贸易出口5191.3亿美元，占当年出口总值的45.8%，加工贸易出口5317.98亿美元，占当年出口总值的46.9%。尽管2009年一般贸易和加工贸易的比重略微受金融危机影响，仍然可以看出一般贸易比重上升和加工贸易比重下降的趋势，显示出外贸发展方式转变的进展，但是低附加值产品的加工贸易出口比重仍高于一般贸易占比。

（二）宁波市节能降耗减排对转变外贸发展方式的进展缓慢

宁波经济外向性较大，进出口贸易在拉动经济发展中发挥着重要作用。宁波企业如果在节能降耗减排上采取切实行动会反映到出口商品结构上，特别是"两高一资"产品、机电产品和高新技术产品出口的变化趋势上。目前宁波市出口商品结构变化部分显示出外贸发展方式转变的进展，但由节能减排和提高能源资源利用率所体现的出口产品结构改善没有显著的证据。

2006—2009年宁波市矿产品出口分别为0.22亿美元、6.81亿美元、7.63亿美元和9.56亿美元，占当年出口总值的比重分别为0.4%、1%、0.9%、1.3%。2010年1—9月宁波矿产品出口占比为1.8%。宁波矿产品出口规模逐年扩大，占比仍有提高趋势(见表3-9)。

2006—2009年宁波市石料、水泥、陶瓷、玻璃及制品出口分别为0.31亿美元、4.4亿美元、4.78亿美元、5.06亿美元，分别占当年出口总值的比重为0.62%、0.65%、0.57%、0.69%。2010年1—9月出口增加到5.28亿美元，占比达到0.71%。可见宁波这类初级耗材耗能产品的出口规模仍逐年扩大，占比也有提高趋势。

表 3-9 宁波市"两高一资"产品出口情况(金额单位:亿美元)

类别	2006	2007	2008	2009	2010 年 1—9 月
矿产品	0.22	6.81	7.63	9.56	13.46
石料、水泥、陶瓷、玻璃及制品	0.31	4.40	4.78	5.06	5.28
贱金属及其制品	5.96	74.93	91.86	68.98	72.82
钢材	4.84	7.55	9.46	3.69	5.23
出口总值	49.73	674.41	837.14	731.75	742.54

数据来源:宁波市海关统计,http://ningbo. customs. gov. cn/;宁波市对外贸易经济合作局统计数据,http://www. nbfet. gov. cn/zhuanti/index. php/zhuanti/list /id 018sub/0

宁波市贱金属及其制品出口规模各年份虽有波动,但有扩大趋势,占出口总值比重略有下降趋势。2006—2009 年宁波市贱金属及其制品出口额分别为 5.96 亿美元、74.93 亿美元、91.86 亿美元、68.98 亿美元,分别占当年出口值的 12%、11.1%、11%、9.4%。2010 年 1—9 月出口规模达到 72.82 亿美元,占比为 9.8%。

宁波市钢材出口规模有起伏,规模仍有扩大趋势,占比走势不明。2006—2009 年宁波市钢材出口额分别为 4.84 亿美元、7.55 亿美元、9.46 亿美元、3.69 亿美元,占当年出口比重分别为 1.68%、1.97%、2.04%、1%。2010 年 1—9 月钢材出口额为 5.23 亿美元,占比 1.4%。

2004—2010 年宁波市出口商品贸易中一般贸易占比较高,大体在 75%左右,大大高于全国大约 45%的水平。2010 年上半年一般贸易占比达到 75.5%,加工贸易占比 22%。宁波出口贸易中加工贸易占比有下降趋势,宁波加工贸易平均比重只有约 23%水平,大大低于全国约 49%的水平。宁波市加工贸易占比较低是宁波市历史形成的经济结构的结果,而非节能减排的结果。

宁波市初级产品出口占比有下降趋势,工业制成品有提高趋势。2004 年初级产品出口占 5.04%,制成品出口占比 94.96%,2010 年上半年初级产品出口占 3.1%,制成品占 96.9%。制成品比重提高既可能是宁波市经济发展水平提高的结果,也可能部分是节能减排的结果。

表 3-10 2004—2009 年宁波市出口商品结构的比重(单位:%)

商品分类	2004	2005	2006	2007	2008	2009	2010 年上半年
一般贸易	78.86	75.72	76.35	73.45	73.5	75.7	75.5
加工贸易	20.61	23.41	22.68	25.48	25.3	22.7	22
初级产品	5.04	4.76	3.94	2.85	3	3	3.1
工业制成品	94.96	95.24	96.04	97.15	97	97	96.9
机电产品	51.14	53.41	54.13	57.58	58.32	54.7	56.9
高新技术产品	14.36	14.11	15.37	15.94	13.59	11.4	11.0

数据来源:宁波市对外贸易经济合作局统计数据,http://www. nbfet. gov. cn/zhuanti/index. php/zhuantilistid/018/sub/0

宁波市高新技术产品出口占比大大低于全国水平，而且高新技术产品出口占比下降的趋势表明外贸整体出口质量、效益恶化，外贸发展方式不彰改善，出口产品附加值甚至有下降趋势。2004 年宁波市高新技术产品出口占到 14.36%，2005 年略微下降，2006—2007 年宁波出口商品中高新技术产品的比重均有一定提高，但自 2008 年以来受金融危机影响高新技术产品占出口总额的比重有了明显下降，2010 年上半年高新技术产品占比下降到 11%(见表 3-10)。

宁波出口商品中机电产品比重有了明显增加，表明外贸发展方式转变有所进展；但宁波市机电产品出口占比除个别年份均低于全国水平。2004—2007 年宁波机电产品占比稳步提升，但自 2008 年金融危机影响以来机电产品占出口的比重有不同幅度的下降。2010 年上半年机电产品占比为 56.9%，比 2009 年水平略有回升，比 2004 年占比 51.14%仍高出 5.76 个百分点。宁波机电产品出口占比提高的趋势，显示出节能减排工作取得一定效果。

宁波市将来仍需要加大节能降耗减排，统筹国际国内发展，切实改变依靠低附加值产品数量扩大和价格竞争的外贸增长方式，引导企业调整出口商品结构，积极实施出口品牌战略，不断提高拥有自主知识产权的高新技术产品出口额占出口总额的比重，积极开拓和巩固国际市场，推动优势企业多种形式建立国际营销网络和创建国际品牌，积极推动加工贸易转型升级，大力发展服务贸易，增加消费品进口比重。

六、宁波市节能降耗减排和转变外贸发展方式的经验

宁波市是我国重要的重化工业基地和临港工业基地，面临的节能减排任务重。宁波市在适应国内国际环境变化，响应国家节能降耗减排号召，转变外经贸发展方式方面具有典型的代表性，许多节能减排政策措施在全国首创，其经验值得总结和推广。

(一)实施战略投资把推动节能降耗减排作为转变经济及外贸发展方式的机遇和调节工具

由于传统的“两高一资”粗放发展方式已经使我国 GDP 增长难以持续，因此，节能降耗减排，转变经济及外贸发展方式，着力发展低碳经济和循环经济，是当前国家的重大发展战略。

然而，推进节能降耗减排，提高资源能源利用效率，发展新能源和低碳节能环保，难度很大。目前宁波市大约有 1%企业抓住机会成功跨入绿色经济行列，10%企业真正在努力之中，近 90%企业跟着走。宁波市面广量大的中小企业大多处于粗放型生产阶段，虽然节能环保意识较强，但是搞节能减排投入大，风险高，近期收益无望，继续粗放经济发展方式有利可图，由于大的社会经济和法制环境尚不完

善，企业对采用节能新技术、新工艺积极性不高，主动性不够。企业节能降耗的自觉性不高，被动成分大。推动节能降耗，提高能源资源利用效率，保护生态环境，既要依靠广大企业自觉行动，也要靠政府提供公共服务推动。大部分企业的产业转型升级离不开政府投入，因此，政府支持是重要的、战略性的，政府财政资金对企业节能减排的支持就是战略性投资。宁波市以"实施战略投资、促进转型发展"模式为核心，整合各种政策、要素和资源，努力推进外贸发展方式转变。

宁波市作为工业化和城市化快速推进的经济发达区域，面对经济发展的资源能源和环境瓶颈，积极抓住国家大力推动节能减排和浙江被确定为"转变经济发展方式综合试点省"的重大机遇，化危为机，把节能降耗减排与发展低碳经济作为推动宁波市新兴战略性产业发展和促进传统产业调整、转型和升级的重要举措，看作为推进经济及外贸发展方式转变的重要机遇和调节工具，积极提升能源资源的利用效率，促进产业结构的转型升级，扶持生态型、节能型产业优先发展，推广节能技改项目，以能源评估帮助企业科学挖掘节能潜力，严格限制并坚决淘汰环境资源依赖程度大、生产工艺落后的产业，采用和引进先进成熟的节能新技术、新工艺、新设备，切实发挥节能技改项目的节能主导作用，鼓励采用先进节能技术和产品，积极推广清洁生产，发展循环经济，把节能减排作为宁波市应对资源环境约束与工业经济转型发展的重要举措。

宁波市积极发挥财政资金战略投资的引导和带动作用，加大对企业的科技研发、技改项目、节能减排等方面的补助和奖励，增加对重点优势行业和新材料、新能源等新兴产业的扶持，加快工业结构优化升级，提高财政投入对企业研发的激励效果，推动节能降耗减排和转变经济及外贸发展方式。

宁波市政府具有较强的公共服务意识，站得高，看得远，积极实施战略性投资，财政投钱资助和引导一部分企业花钱搞节能降耗减排。这是宁波市有效推动节能减排和转变经济及外贸发展方式的重要经验之一。在国家严格节能减排政策压力和扶持政策的利益诱导驱使下，有实力的企业也积极响应开展节能降耗减排工作，积极拿出部分资金与政府资金配套，获得中央及地方各级政府各种各样政策扶持和资金无偿拨付以及奖励，甚至可以无偿获得各级政府出资开发和推广应用的节能降耗减排公共技术，比如节水技术、水资源综合利用技术、矿产资源深加工技术、废弃物处理与循环利用技术等，极大地提升企业有关节能降耗减排的研发能力和工艺设备装备水平，提升产业及产品结构，提高生产能力和效率，提高产品附加值和竞争力。这些企业为节能减排投入的资金同样具有战略投资性质，为未来企业发展转型奠定基础。

宁波市发挥财税功能，完善财政的采购、补贴等政策，引导企业加大对节能减排的投入，形成政府引导、企业为主、社会参与的节能减排投入机制，采用多种方式推动企业节能减排，提高资源综合利用效率，促进企业产业转型升级，发展低碳经济，培育新能源、节能环保等新兴产业，制订出台"宁波市关于加快推进光伏等新能源推广应用与产业发展的若干意见"，建立相应的工作领导机构，这些措施包括：(1)制定《宁波市节能专项资金管理办法》，建立节能财政资金；(2)支持节能产品、技术和工艺的创新研发，积极促进节能产品的生产和应用，推广实施清洁生产和合同能源管理，对列入市级以上计划的光伏发电示范项目和新能源企业的研发、产业化投入，予以优先扶持；(3)扶持企业提高土地、水、电资源要素综合利用水平；(4)重点扶持高新技术产业和传统优势行业，扶持技术含量高的项目和质量效益高的项目，促进产业集聚和产业链延伸；(5)实施绿色政府采购政策；(6)支持环保系统监测监控能力的建设；(7)对全市重点流域(区域)环境污染进行综合治理；(8)加强对大型能耗企业改建扩建的调控，促进重点能耗行业的节能降耗；(9) 实施节能改造项目 460 项、年度总投入 32 亿元；(10) 研究制定节能示范项目扶持政策，在市级节能专项资金中专设 1000 万元用于对节能示范项目的扶持；(11)设立市级农村环保专项资金，加大对农村环境保护基础设施建设的投入；(12)对列入市重点新能源、可再生能源及新型资源综合利用项目的设备技术投资给予资助；(13)积极组织申报国家节能专项，宁波港股份有限公司"龙门吊"油改电节能改造、宁波明耀环保热电有限公司余热利用污泥干化节能技改、宁波太阳能电源有限公司和日升东方能源有限公司的太阳能屋顶发电等 4 个项目列入国家专项计划，共争取到国家专项扶持资金 2800 多万元。

2008～2009 年，宁波市共投入财政资金 12.35 亿元，其中市级财政累计安排资金 6.68 亿元，共培育了创业创新示范企业 161 家、新兴特色产业基地 38 个，支持近 60 个"5＋5"产业技改项目产业化、25 个工业重点新产品开发，认定了 19 家装备制造业重点企业，支持 10 个公共服务平台和 6 个中小企业创业基地培育和建设；安排财政资金 6017 万元资助企业研发，带动 379 家企业研发投入 33 亿元，评定 615 家高新技术企业，落实高新技术企业税率优惠政策，减免企业所得税 9.1 亿元；累计支出节能专项资金 1.16 亿多元，共计支持了 268 项节能重点项目建设、40 余家清洁生产示范企业、30 余项节能新产品研发项目、24 家优秀节能中介服务机构；累计安排环保专项资金支出 1.46 亿元，支持环保项目 131 个(林君伦、周晓静，2010)。

(二)积极实施"退二进三"政策引导制造业企业提高能源资源利用率

宁波市制定出《关于进一步深化"调结构、促转型"的若干政策意见》，将经贸发展由规模扩张转到发展的质量和效益上，提高能源资源利用率，提高经济发展质量，加大产业结构调整力度。积极推进产业结构调整与升级，推进发展先进制造业，大力发展现代服务业，重点扶持发展高新技术产业，扶持生态型、节能型产业优先发展。以产业结构调整和转型促进节能减排，以提高产品品种质量带动节能减排。

宁波市推进制造业转型升级，构建内外对接的进出口贸易体系，大力发展国际航运服务业和国际金融服务业，加快城市化步伐，把现代服务业规模做大、结构做优，提高产业对节能的支撑，继续改善有利于节能减排的现代产业体系，加强优势产业提升发展、新兴产业培育壮大和现代服务业跨越式发展，提高新兴产业的比重，通过产业结构调整和提升，企业经济效益的提高，推动单位 GDP 能耗降低。

宁波制造业发达，制造企业产业集中度很高，集群效应明显，有很多隐形冠军。制造业企业具有节能降耗减排的技术、经验和管理手段。宁波市政府实施“退二进三”政策，积极推动企业从制造业升级到第三产业，鼓励相当一部分制造业企业转入房地产业、金融业等服务业，例如雅戈尔、奥克斯等。这是宁波推动节能减排，促进经济发展方式转变的经验之一。

2009 年度浙江省民营企业百强榜单中至少有 64 家涉足房地产业，这些企业中大部分过去以传统制造业为主业，现在纷纷把房地产业作为主业之一。

雅戈尔集团经过 30 年的发展逐步形成了品牌服装、地产开发、金融投资三大产业。2009 年雅戈尔集团实现销售收入 274.37 亿元，利润总额 41.54 亿元。雅戈尔于 1992 年开始涉足房地产开发，2009 年成立雅戈尔置业控股公司，净资产近 50 亿元，总资产超 200 亿元，年开发量超百万平方米，进一步整合房产业务，把房地产开发业务逐步延伸到长三角区域。2009 年雅戈尔地产销售收入 77 亿元，约占集团销售收入的 28.1%，利润 15.66 亿元，占利润总额的 37.3%。

奥克斯集团产业分布于家电、电力、通讯、地产、医疗和金融服务业等，拥有 91 亿元资产。2009 年奥克斯集团销售收入达到 206 亿元，其中地产占到 20%。奥克斯集团在全球电力计量设备电表产能连续 9 年全球第一，市场占有率达 30%以上，在中国空调家电行业排前四强，具有较高的市场地位。2000 年 12 月奥克斯旗下成立宁波奥克斯置业有限公司，进入房地产业，年开发房地产 80 余万平方米，目前总资产 43 亿元，净资产 14 亿元，已在宁波、南昌、上海、天津、成都等地进行房产开发。可见，房地产业务已经成为这些企业业务的重要组成部分，成为主业之一，房地产利润构成企业盈利的重要来源。

房地产业是一个高能耗、高物耗和高污染物排放行业，节能降耗减排的潜力巨大，可是现有房地产企业粗放发展严重，节能降耗减排的潜力没有挖掘。据建设部报告，建筑消耗占全社会 46.7%的总能源，其中建筑建造与使用大约占据了 30%的社会总能源，用于房地产和建筑的钢材、水泥、电梯、空调、供热系统生产与运输的能耗占社会总能源的 16.7%。我国建筑 95%以上都是高能耗的，每年建筑总面积超过 20 亿平方米，单位建筑面积能耗是发达国家的 2－3 倍。而且建筑质量相对较低，使用寿命短，建筑更新速度快，建筑垃圾和废弃物规模庞大，而且几乎未经任何处理。我国政府对开发商的环境和社会责任要求太低，准入门槛过低。我国房地产开发成本低，技术落后，节能降耗和环保标准低，房地产行业的暴利推动这种粗放发展方式的蔓延将不可持续。房地产业的非专业化经营导致这个行业节能降耗减排水平低，给经济转变发展方式造成一定难度，增加了完成节能减排目标和任务的艰巨性。制造业背景的企业发展房地产业务给我国房地产业节能减排增添了新的支撑。

现有房地产企业大多没有无形资产和知识产权，品牌和设计价值少，技术和标准水平低。目前房地产开发基本没有改变技术含量低的传统粗放模式，房地产质量普遍不高，节能环保水平低，更新换代快，资源能源耗费大，污染重。没有工业背景的房地产企业依靠自身力量搞节能减排和转变发展方式很难，必须依靠工业企业的技术研发与推广，依靠先进的信息技术提供节能减排手段，依靠现代制造业企业的精细管理体系。制造业企业具备较强的技术和标准化开发能力。从事房地产业务有助于促进房地产业的节能降耗减排，提高能源资源利用率，促进经济发展方式转变。不过宁波市也要完善“退二进三”政策，有效调控制造业企业进入房地产的规模、时期和节奏，防止制造业空心化。

（三）政府搭建企业技术研发、引进、交流、交易和推广平台推动节能降耗减排和转变经济及外贸发展方式

企业是用能主体，也是节能减排的责任主体。宁波市抓责任落实，充分发挥企业作为节能减排主体的作用。运用先进技术来推动节能减排，加大政策扶持力度，引导企业围绕节能减排，积极推广节能降耗新技术、新工艺、新设备，自觉淘汰不符合国家规定的落后工艺和设备。深入开展资源节约型、环境友好型企业创建，全面落实企业内部节能减排责任制度，完善节能管理组织体系，在目标制订、生产经营、技术研发、工艺改进、日常管理等都融入节能环保理念。宁波市扭住依靠新技术推动节能减排的牛鼻子是一条重要经验。

宁波市大力推广节能新技术新产品，抓推广应用，提高节能产品的应用和投入力度，大力推广高效照明产品，组织举办了变频螺杆空压机、高压变频器、节能涂料、替代燃料油、锅炉节能技术等六期节能新技术（新产品）推广会；大力推进节能示范工程建设，抓好一批节能示范项目建设，推选公布一批“两创”节能降耗示范企业，树立标杆，发挥示范效应；抓好节能新技术、新工艺、新设备的推广工作，每月举办一期节能新技术新产品的推广活动；积极推进企业与国际国内著名企业开展节能合作；组织编制《宁波市十大节能技术》、《宁波市节能技术与产品导向目录》、《宁波能源》（白皮书）和《宁波市产业能效》等，指导行业和企业节能；举办中国（宁波）节能环保技术与产品博览会。

宁波市政府通过搭建节能环保技术研发、引进、交流、交易和推广平台，有力地推动了企业节能降耗减排的开展，加快企业转变经济及外贸发展方式。

1. 宁波裕人研发的高效电脑横机提高能源资源利用率和产品竞争力

宁波裕人针织机械有限公司重视技术研发提高纺机技术集成水平，提高生产

效率，节省用人、用电和用地。2010 年裕人从收购瑞士斯泰格（Steiger－SA）获得先进的电脑横机技术，保证了产品质量，把握了市场机会，专做纺机设备核心集成，零组件从市场上配套，产品附加价值高，投资收益率高，被称为“亩产冠军”。从 1988 年裕人开始涉足手摇横机的生产领域，到 2003 年开始转型研制和生产电脑横机；2004 年裕人年销售 80 台电脑横机，收入只有 600 余万元，2007 年销售收入增加到 3.79 亿元，实现利税 8761 万元，当 2004 年实际使用土地 42 亩，单位亩产产值 902 万元，亩产利税 208 万元，2009 年销售超过 16000 台，收入 10 多亿元。裕人目前已经形成资产数十亿元，年销售规模 30 多亿元，拥有电脑横机、无缝针织内衣和袜子机三种生产经营业务，持有慈星、斯泰格两个国内和国际驰名品牌。裕人电脑横机主要满足国内市场需求，出口仅占全部业务的不足 10％，在全球电脑横机市场上占 50％市场份额。

2004－2005 年裕人技术研发费用大约 1 千余万元，到 2006－2007 年裕人研发开支增加到 2 千余万元，2008 年以来研发开支约占销售收入的 5％以上。裕人现有研发人员 100 余人，投入研发经费每年大约 5 千－6 千万元，约占销售额的 2％－3％。2010 年宁波裕人针织机械公司投资 998 万美元在瑞士设立研发销售中心。裕人先后与中国科学院、东华大学、浙江大学等高等院校以及科研院所开展技术合作，积极开发、吸收和整合先进技术，并在吸收瑞士斯泰格电脑横机先进技术基础上进行技术整合和提升，将适合市场需求的技术产品最先投入市场，领导全球电脑横机行业。

目前裕人雇佣 3 千余人，其中售后服务 1 千余人，从事生产制造的一线工人只有 1 千余人，人均产值约 100 万元左右。裕人放弃人工纺机，引进电脑横机，这种电脑横机效率是人工纺机的 40－50 倍，采用电脑横机大大节省了人工。我国毛针织企业长期以来习惯以廉价劳动力的人海战术提高产品竞争力，可是随着经济发展水平不断提高，我国劳动力成本不断增加，毛针织企业必将不断更新设备，需要更高技术水平的电脑横机等先进设备，提高劳动生产率，减少用工成本，促进产品升级，增强产品竞争优势。裕人生产的电脑横机节能降耗，一台电脑横机运行用电大约相当于一台 1.5 匹空调的用电。裕人系列产品生产过程没有污染，产品也是绿色节能产品。裕人不仅研发优势强，而且营销优势和服务优势也很强。裕人成功研制、生产和经营高附加值电脑横机等系列产品，通过提高产品技术集成度，提高能源资源和土地以及人工利用效率，提高产品竞争力。

2. 宁波市政府以少量科研经费资助引导海天集团投入更大经费研发节能环保型注塑机

海天集团是世界上生产规模最大的专业生产塑料注射成型机的高新技术企业。其主要产品是锁模力 58 吨到 4000 吨（注射量从 50 克到 51400 克）百余种规格的塑料注射成型机，年产量 2 万台，其产量和销售额已占中国同行业首位，产品行销全国各地和海外130多个国家或地区。

在企业自身努力和政府科研资助政策引导下，海天集团节能注塑机生产、研发走在国内同行的前列。2004年海天集团公司与中国最强的塑料机械科研大学联手成立了海天—北化研究中心，走上了塑机产、学、研一体化道路。2005年海天投入大约1.5亿元科技创新研究经费，推出以J5伺服节能注塑机为首的海天高端系列注塑机，是国家给予重点支持推广的节能产品，这种产品具有突出的节能降耗技术创新，装载了高性能的伺服电机动力控制系统，可以大幅度节电、节水。J5系列是目前国内节能效果最好的液压注塑机之一，与传统产品相比，海天全电动节能环保注塑机可节电60%－90%、节水90%以上，能耗和生产成本都比目前国内常用的液压注塑机低得多。因此，海天成为研发注塑机节能技术的领头羊。

海天集团在J5伺服节能注塑机开发中宁波开发区政府专门拨款300万元科技经费，用于鼓励、资助海天集团开展科技创新活动，有效推动了企业节能降耗工作。宁波市是世界级注塑机生产基地，而非节能注塑机就像电老虎，能耗高，节能潜力大，因此，从政府到企业都重视注塑机节能技术的开发应用，从而促进了注塑机节能技术水平的提高，节能注塑机也成为竞争优势。宁波市一直重点规划和支持注塑机产业，制定了一系列优惠政策鼓励节能注塑机研发、生产和推广，鼓励和引导企业购买和更新先进的节能型注塑机，加速新型节能注塑机的推广和旧型机的淘汰，促进塑料加工业节能降耗。

3. 宁波银亿集团积极采用新技术发展绿色循环经济提高矿产资源利用率

宁波银亿集团有限公司是一家主要依靠房地产开发发展起来又投资能源资源类产业以及商贸物业物流等服务业的综合性企业集团，拥有30多家子公司，总资产数百亿元，2009年实现销售收入132亿元，创利税十几亿元。近几年银亿集团以煤及煤化工、矿产开发、镍冶炼、化工为重点，开展自主创新，综合利用资源能源，拉长产业链，积极发展循环经济。按照国家节能减排政策要求，银亿集团积极采用湿法开采矿产，废物固化，综合利用矿产资源，提高循环利用率，通过与高等院校、国内外合作伙伴开展合作，以先进技术达到提高资源能源利用效率和节能减排的目的。

2010年银亿集团完成了山西省灵石国泰能源有限公司矿业集团的组建，拥有5个煤矿，探明地质储量2.3亿吨以上，年产原煤350万吨。目前已经建成100万吨机焦工程、120万吨重介洗煤工程和焦化配套化生产回收工程，正在建设百万吨煤炭生产基地和3.5万吨镁合金项目，形成一条包括原煤开采、煤焦化和镁合金等煤炭综合性开发产业链，大幅度提高了能源资源利用效率。

银亿集团旗下广西科技矿冶公司自主研发了低品位含镍红土矿高效利用绿色工艺产业化技术，取得了7项核心技术专利，采用“常温常压浸出”技术生产电解镍板，并利用制镍浸出废液提取镁盐及石膏产品，被国家发改委列入“2008年度国家重大产业技术开发项目”。目前一期产能已达年产8000吨镍，并将形成年产30万吨七水硫酸镁、40万吨硫黄制酸的生产能力，并将在沿海地区建设10万吨/年镍冶炼二期项目。项目全部建成后将年产10万吨以上金属镍。银亿集团将成为国内有色冶炼行业唯一采用绿色工艺的第二大镍冶炼生产企业和第一大镁盐生产企业，资源利用效率居全国前列。

2007年银亿进出口公司开办宁波在菲律宾首家境外贸易公司，从事矿产开采和贸易；2009年在菲律宾成立全资银亿菲律宾矿业公司，从事矿山勘探、开采、收购和矿产品贸易，并斥资1亿美元投资矿产资源，获得铁、镍、铬、锰、铜、金等多种矿产资源矿权，2010年又成立银亿菲律宾投资控股集团公司。目前银亿集团已控制了20几个矿权，铁、锰等矿产地质储量5000万吨以上，其中包括3000万吨铁矿砂、1000万吨锰矿、250万吨铬矿、上百万吨铜矿、100吨左右金矿资源及几亿吨矿砂。铁矿项目目标是形成年产200万吨精铁矿的生产能力。银亿集团将形成多种矿产开采开发同步并举的综合经营能力，组建起矿产勘探、开采、冶炼、贸易一体化的矿产集团公司，提高矿产综合利用率。

银亿集团接手宁波锦纶厂，率先在宁波锦纶行业中开展清洁生产，并按照政府节能减排要求将位于市中心的余姚电厂搬迁出去，规划投资100亿元以上的120万吨/年丙烯项目，采用具有国际先进水平的工艺，已向国家发改委申报立项，将在宁波、舟山等地选址建设，预计可实现年销售收入320亿元左右。

银亿集团在发展过程中不忘社会责任，先后兼并收购了困难企业宁波罐头食品厂、宁波木材厂、宁波电视机厂等企业，为社会解决了1000多名员工的再就业问题，有力地支持了国企改革。集团先后投入巨资，对原“华宁大厦”、“金丰广场”、“华侨饭店”等“烂尾楼”开发改造，为盘活闲置资产、提高资源利用率和发挥资产经济效益起到了示范作用。

4. 宁波万华和众泰汽车积极开展节能降耗减排技术研究和应用发展绿色循环经济

宁波万华聚氨酯有限公司主要从事MDI系列异氰酸酯产品、芳香多胺系列产品的研究开发、生产和销售，是目前世界最大的聚氨酯原料生产基地之一。为了减少能源的消耗和环境的污染、建设环境友好型工程，万华一直致力于节能减排技术的研究和应用。在一期工程项目节电改造中，万华对20多台用能设备进行了集中改造，应用变频节电技术，实现节电1371千瓦。各项新技术的应用使得万华MDI工程在原基础上不仅产能大大提高，从16万吨增加到30万吨，而且能耗也大幅下降，实现年节能35000吨标准煤，废水实现零排放。荣登红榜的宁波万华，从2006年至2009年累计投入3.8亿元用于节能减排和技术改造，单位产品能耗累计下降27.74%。万华MDI还与工业园内其他厂家之间构建起循环经济模式，既节省了能源和费用，又减少了废物的产生，提高了能源资源利用率，实现节能减排。

众泰控股集团是以汽车整车及发动机、模具、钣金件、变速器等汽车关键零部件的研发制造为核心业务的公司，主导产品为“众泰 2008”、“众泰 5008”、“梦迪博朗”轿车、0.8—2.0L 排量环保型汽车发动机。2009 年众泰集团实现销售收入 61 亿元，整车销售 10.1 万辆，跻身中国 SUV 前三强。“众泰 2008EV”是中国第一款获得生产销售许可的纯电动乘用车，经过国家工信部的认证，采用了大容量锂离子电池，突破了电机、控制系统等核心技术，真正实现低噪音、零排放。众泰现有浙江、湖南两大整车生产基地，形成“众泰”、“江南”两大汽车整车自主品牌。众泰汽车把丰田在台湾的小型 SUV 汽车生产线在大陆起死回生，把濒于死亡的车型复活，把有关技术集成，发展纯电动汽车，是我国绿色环保汽车的典型代表。2009 年 12 月 18 日，与普天海油签署战略合作协议，启动新能源电动汽车加电站网络建设，加强市场分销的基础设施建设，为全面批量上市做好准备。正是由于众泰发展新能源和环保汽车，而且在这方面处于领先地位，获得了国家支持绿色经济的许多政策好处。比如，国家对众泰发展纯电动汽车给予的财政补贴。过去与民营企业保持距离的国家及地方领导纷纷到众泰视察纯电动汽车，甚至试驾这种新能源车，宣传众泰纯电动汽车绿色环保理念，扩大市场影响力。

5. 雅戈尔集团倾巨资打造新材料、新产品、新品牌转变外贸发展方式

自 2004 年以来，雅戈尔集团将品牌服装进一步延伸至棉花种植、纺织等服装上游产业。随着 2008 年集团以 1.2 亿美元并购美国 KELLWOOD 公司旗下核心男装业务——香港新马集团，雅戈尔获得了强大的设计开发能力、国际经营管理能力以及遍布美国的分销网络，形成了纺织服装全产业链能力和跨国经营能力。2009 年雅戈尔集团股份有限公司实现销售收入 274.37 亿元，出口创汇 6.28 亿美元，利润总额 41.54 亿元，上交国家税收 16.19 亿元。2010 年上半年雅戈尔集团业务销售微增长，外贸高增长，但利润负增长，税收高增长，比 2009 年同期增长 37%。在面对国内国际经济环境变化新形势下，雅戈尔集团提出转移、转型、转交和创新为内容的“三转一新”新战略。雅戈尔随着业务迅速发展已经将部分工厂转移到重庆、安徽等内地省市，以设计和技术创新为主要内容推动产品转型与升级，加快新产业、新技术和新产品的创新。同时，把剩余订单转交给其他同行企业去做。雅戈尔集团在直接和间接研发和设计上费用开支大约占到销售收入的 3%至 5%的水平，不断推出新技术和新设计产品，特别是 2006 年推出 DP 免熨精品纯棉衬衫，目前持有 14 项专利，提升了品牌外延和内涵。2007 年与美国 Hartmarx 公司开展品牌合作。2008 年集团公司对色织和针织相关企业进行股权重组，由绝对控股转为相对控股，色织和针织业务以新建立的盛泰公司为主体运作，生产基地也由宁波转移至嵊州，把新疆库尔勒的基地转到阿克苏，并在安徽设纺织厂，由专门研发中心开发和引进电脑设计服装，提高材料利用效率，节约原材料，减少材料耗费，降低成本。2009 年与解放军总后联合开发的汉麻创新产品取得突破性进展，研制出先进的生物脱胶处理技术，在云南省政府、解放军总后支持下投资3亿元，形成一条从汉麻的种植、纤维加工、织造、产品创意设计到成衣制造的价值上千亿元的绿色产业链，副产品可以综合利用，汉麻产品上市很受欢迎。这个项目的投资成功有各级领导人的宣传贡献，但获得国家有关政策支持的效果不明显。这项新材料、新产品、新品牌不仅增添了雅戈尔面料系列、产品系列和品牌系列，而且极大地提高了产品内销和外贸的竞争力，转变了传统外贸依靠数量规模增长的发展模式。目前雅戈尔集团形成 Mayor &Youngor 、Youngor CEO 、GY、HART-MARX、汉麻世家五个品牌，在品牌定位、风格和内涵上建立了鲜明的个性。雅戈尔已经走上了新品、精品和高附加值品牌产品的发展道路，走上了依靠科技创新和品牌提高产品附加值减少要素资源能源耗费的集约化发展方式。

（四）在市场机制没有建立健全前提下宁波市积极运用行政法律手段推动节能减排取得成效

当前我国许多方面市场机制还未建立健全，还没有理顺资源能源价格机制，没有建立环境污染税收和补偿机制，没有严格的知识产权司法机制，产权不明、市场分割等问题没有完全解决。在这样的社会大环境下，宁波市更多寻求行政和法律手段来推动节能减排工作，否则节能减排目标就会落空，结果又会出现GDP增长超过计划目标而节能减排目标没有完成的窘境。当前，宁波市当局积极运用行政和法律手段，加大政府执行力，是推动节能减排取得成效的又一经验。

宁波市行政对节能减排工作的推动表现在节能减排取得成效的每一个细节上，比如出台了《关于进一步加大工作力度确保完成“十一五”节能减排任务的通知》，提出十二条具体措施；制定节能减排目标，把指标分解落实到有关区市县和重点耗能企业；对企业节能减排每月有配额考核，不超过有奖励，建立“十一五”节能目标完成情况全面考核评价机制，参照省政府的奖惩意见，由市政府对“十一五”目标完成良好的地区，按超额节能量给予奖励；加强对能耗高、未达到行业先进和节能目标责任完成进度差的重点用能企业的节能监察，及时发现问题，落实责任措施；组织开展清洁生产、能源审计、能效对标、电平衡测试和能效测试等专项节能活动，实施“四百”节能行动；强化跟踪管理，切实降低重点用能单位能耗，建立应急预案，对一些给区域节能目标造成重大影响的高能耗、低效益的企业，由市节能办会同各县（市、区）、市有关部门，必要时采取核定年度用能总量办法，通过行政手段，促使企业限能、限产、甚至停产，并可能参照省里做法，探索实行向企业征收超额能耗费，补偿给节能完成好的地区或企业的办法；严格产品技术标准、质量安全认证、检测和标识体系；深入实施“811”环境保护行动，完成了北仑、镇海临港工业废气整治任务。以电力、石化、钢铁、造纸、化纤、印染等高用能行业为重点，大力推广十大节能技术（产品），推进“24.10”重点减排工程，组织实施重点节能工程，加大节能改造投入，依托技术进步促进节能降耗。2009年宁波市首批推出60项节能应用与循环经济等项目。继续推进节能改造项目，按照建成一批、开工一批、储备一批的要求，力争年实施节能项目300项以上，年度节能投入50亿元以上。建筑、交通、商业、旅游、农业、公共机构等领域，要根据节能法的要求，制订落实切实可行的节能措施，进一步降低行业能耗水平。

宁波市构建节能减排法规政策体系，全面落实国家有关节能减排法规，贯彻落实国家《节能能源法》，2009年率先制订和实施了《宁波市节约能源条例》，节能减排步入法制化轨道。宁波市政府制定《关于进一步加强节能工作的意见》与《宁波市节能专项资金管理办法》，加强节能降耗工作。依法加强对重点用能企业和行业的节能检查和监察，各有关机构依法进行节能减排执法检查，列入市级节能监察的企业(单位)100家以上；加强节能监察机构及能力建设，已批准建立监察机构的地区，节能、环保、安全等部门联合执法，加强对高能耗企业的跟踪、监督。

(五)积极利用市场经济体制机制促进企业开展节能降耗减排

推动节能降耗减排提高能源资源利用率的目的就是节约能源资源，降低成本，减少污染，以最小的资源和环境破坏代价，产出最多、最好和最有价值的产品。目前，推动节能降耗减排提高能源资源利用率的手段多种多样，包括行政手段、经济手段、法律手段、技术手段、教育引导和舆论监督手段等。

宁波市积极发挥市场机制的调节作用，建立有利于节能降耗的价格机制，注重运用收费、价格、地价、财政税收等经济与行政杠杆，加大高能耗、高污染产业和企业的成本，积极利用资源能源价格上涨的巨大成本压力推动企业开展节能降耗减排，促进产业结构调整和转移。

宁波市的经验是各种手段要相互配合，在行政手段和法律手段基础上，创新节能降耗减排的体制机制，利用市场机制的“自然力”、“机械力”形成节能减排的长期机制，发挥市场机制调整煤炭、石油、天然气、电、水等价格的作用，推行用电阶梯价格和分时价格，推动资源能源市场形成一个合理价格水平，既激励资源能源企业积极研发和提供有竞争力的产品，又让下游用户企业开发效率更高的节能降耗减排技术，减少物耗、能耗和污染，创新产品，更新和改造生产工艺，转变经济发展方式。

1. 提高用工成本促进雅戈尔向内地转移产能减少本地用工人数

为响应国家节能减排和适应地方配额要求，雅戈尔已经将部分产能内迁。国家节能减排政策和地方配额要求形成对企业生产环节的压力，促进了企业产能重新布局和产业转移。同时，企业产能转移还与用工人数和用工区位有关。内地工厂劳动工人熟练程度要求较低，劳动效率低，用人工资低，用工人数多；而在宁波工厂要求熟练工人，工资较高，劳动效率高，用工人数少。雅戈尔集团总部和宁波工厂上岗员工都是经过不同程度教育培训的熟练工人和管理人才，劳动效率和管理效率较高，提高了产品质量水平，增强了内销和出口产品的竞争力。雅戈尔目前还面临原辅料涨价、员工流失大和员工工资增长过快所带来总成本增加的压力。原辅料价格上涨和用工成本增加直接促使雅戈尔节约原辅料和用人数量。雅戈尔过去本地员工较多，现在外地民工居多，很少当地人。继深圳富士康事件之后，使用民工较多的企业面临增加员工工资的压力，一些企业在不同程度地提高工资水平。雅戈尔集团近几年员工工资增长幅度在10%左右。近来各地政府纷纷提高最低工资标准，使员工要求和预期增加工资的期望高，促使企业工资成本增长较快。

2. 煤价升高催生煤改电工程，扩大了汀普莱斯在中国业务

爱尔兰汀普莱斯(Dimplex)集团公司一直生产电壁炉。宁波市慈溪进出口股份有限公司下属企业霍姆斯特(HOMSTAR)电器有限公司是一家集技工贸于一体的企业集团，曾模仿了汀普莱斯的电壁炉产品，并被起诉。爱尔兰汀普莱斯公司发现 HOMSTAR 模仿产品质量接近其自己产品，同时 Dimplex 的电壁炉产品在中国推广得很不成功，希望找到一家代工企业扩大生产。于是爱尔兰汀普莱斯公司就选择 HOMSTAR 代工生产电壁炉。并由 HOMSTAR 代理 Dimplex 产品的进口业务。由于这种产品在欧美家庭弃用柴火壁炉改用电壁炉的市场换代中市场需求量大，汀普莱斯公司业务发展迅速。现在世界电壁炉市场份额的很大部分是由 HOMSTAR 生产的，但没有品牌，面临发展瓶颈。HOMSTAR 最终与爱尔兰汀普莱斯公司达成合资意向，合资成立 Dimlex(中国)有限公司。这两家企业从最初的造假打假者发展成后来的紧密合作者，现在又成为战略联盟的合资者。

Dimlex(中国)有限公司在北京奥运会期间利用北京城内煤改电取暖工程，运用电壁炉技术开发新能源产品蓄热式电暖器，利用夜间分时电价较低蓄热供全天使用，这种产品市场需求量巨大。北京市"煤改电"工程改变了过去平房居民主要依靠小煤炉取暖的严重污染问题。而且这种蓄热式电暖器在夜间用电低谷时较低电价鼓励居民多用电，起到"削峰填谷"，避开用电高峰时段，减少发电机组关停率和损耗，合理利用和节约资源。近年煤价不断攀升，电价相对平稳，其它省市相继开展煤改电工程，Dimlex(中国)有限公司业务因此迅速发展起来。过去燃煤取暖不仅容易发生一氧化碳中毒事故，而且能源利用效率低，不管用或不用取暖都长时间烧着煤；蓄热式电暖器可以随用随开，利用分时电价降低取暖费用，节省能源，提高能源利用效率；煤价升高使烧煤取暖已经不如用电省钱了。据估算，采用四台蓄能式电暖器一天用电费用大约25元，北京市政府补贴16元，居民每天取暖费不到9元，可是烧煤取暖每天费用超过16元。煤改电工程既省钱又环保。

(六)调存量、控增量，建立科学合理的考核体系和奖惩制度

宁波市开展管理节能，实施调存量、控增量措施，对存量、增量采取不同的政策，增量控制，存量调整，建立产业准入能耗标准门槛，提高新进入产业准入门槛，建立科学合理的考核体系，进行对标考核，监控重点行业，实施奖惩制度。宁波依实际情况制定的调控措施、考核指标、责任追究和奖惩制度就是经验。

控制增量，创新产业准入标准化审批制度，严格控制高能耗高排放项目的投资、开工、经营，重视源头控制，在新建项目的审批上，严格控制新建高耗能项目，严把土地、信贷两个闸门，提高节能环保市场准入门槛。严格执行新建项目节能评估审查、环境影响评价制度和项目核准程序，凡是属于高能耗的生产项目必须从严从紧，建立项目审批问责制。对东港电化二期项目、林德气体项目、四明化工二期项目等12项技改项目进行了合理用能评估工作，从源头控制新上项目的能效水平。严格执行《宁波市固定资产节能评估和审查制度》，对临港型的重化工业项目，其能耗水平必须达到国际先进水平且是优化补链的项目，要形成循环经济产业链；对其他工业项目，必须达到国内先进水平。大力培育新能源产业，制订出台《宁波市关于加快推进光伏等新能源推广应用与产业发展的若干意见》，建立相应的工作领导机构，对列入市级以上计划的光伏发电示范项目和新能源企业的研发、产业化投入，予以优先扶持。

调节存量，淘汰落后，认真贯彻落实国务院关于进一步加强落后产能淘汰的实施意见，制定与实施《宁波市关于淘汰高耗能落后产能和企业的实施意见》，印发了《关于开展淘汰落后产能专项整治工作的通知》，成立市淘汰落后产能专项整治工作领导小组，将落后产能淘汰工作列入各地政府的节能减排目标责任的考核范围，排定一批落后产能淘汰名单，全面开展高物耗、高能耗、高污染行业的淘汰和整治工作，加快高能耗行业的结构调整，针对高能耗企业建立节能目标应急预案，将根据其用能情况，采取限电、限产等措施，重点对不锈钢、钢铁、铜冶炼等高能耗行业实施整治，通过差别电价、限期淘汰等措施，促进产业结构调整和提升，提高企业经济效益，降低单位GDP能耗。2008年宁波市关停庆丰热电厂24MW机组，2009年宁波市关停热电股份公司和镇海节能发电有限公司，总关停机组76.5MW，年可节标煤约5万吨。对全市185家企业不并网火电机组（共25.8MW）实施了关停。

宁波市建立自己的节能减排指标体系、监测体系、考核体系和责任追究体系，谁污染谁治理。落实节能目标，强化节能目标责任考核评价，市政府与14个县（市）区政府（管委会）、11个市级主要涉能部门和167家重点用能企业（其中工业企业155家）签订和下达了年度节能减排目标责任书。出台《宁波市节能工作目标责任考核暂行办法》和《关于进一步加大工作力度确保完成“十一五”节能减排任务的通知》，由市节能办组织牵头有关部门组成六个考核工作组，开展对14个县（市）区政府（管委会）和11个市级主要涉能部门进行考核和督查，考核内容是上年节能减排目标责任书、考核指标及评分标准以及当年节能减排目标责任书等。实行重点企业用能控制和预警制度，核定其全年用能总量，采用对标考核和按产品单耗考核，将企业能源利用效率指标与世界上最先进的水平进行“对标”，实施“双千”节能目标考核责任制工程，建立健全千家1000吨标准煤以上的重点用能企业（单位）的节能目标考核体系，深化和细化“宁波市节能目标责任考核细则”，采取定性考核与定量考核相结合、节能结果与节能工作相结合的办法，提高评价考核的规范性、可操作性。明确了企业作为用能主体的工作责任，进一步增强了企业的责任意识，各县(市)区和相关部门也建立了工作责任体系，细化了各项保障措施，形成了一级抓一级、层层抓落实的工作局面。充分发挥统计信息的监督作用。定期分析全市节能情况，曝光能耗超额使用和节能目标进度完成差的企业；对重点涉能部门建立相关能源利用统计和考核体系；开通和完善“宁波市能源利用信息系统”，逐步将年耗能 1000 吨标准煤以上的工业企业全部纳入“能源利用月报”报送范围，进行动态跟踪。

宁波市各级政府对节能降耗减排的技术或产品研发、技术改造、参与审核评选等都有不同程度的奖励。宁波市为对节能技术和产品研发给予奖励，发布了《节能技术与产品导向目录》，对符合目录的节能节水技术或产品给予奖励，鼓励开展高效节能节水技术改造。宁波市对经国家、省市审核的清洁生产企业、绿色企业、节能降耗减排达标企业给予奖励，优先给予政策扶持；开展工业循环经济试点工作，评选市级工业循环经济示范单位。如果节能减排目标完不成，生存环境变得恶劣，哪家企业没完成，一票否决，采取公开通报批评、取消评先评优资格、取消政策扶持等惩戒措施，促进其整改。

(七)发挥媒体和社会舆论监督作用

媒体在对节能减排政策、法律和知识等宣传报道中能够提高社会节能减排意识，公布节能减排进展，引导舆论，教育公众，普及知识，监督约束。

宁波市定期在媒体上发布企业节能减排的“红黑榜”，这是一个好经验。首次“红黑榜”上 97 家企业荣登“2008 年、2009 年连续两年完成节能目标企业”红榜，79 家企业登上“2008 年、2009 年连续两年未完成节能目标企业”黑榜。它向社会公众披露企业开展节能减排先进与落后的信息，利用社会舆论和大众媒体表扬先进，鞭策落后，让节能减排先进企业获得更大的赞誉和成长，让节能减排落后企业“没面子”。

报纸、电视、互联网等大众媒体对于企业节能减排和产品能耗水平等信息披露、发布和监督发挥重要作用，可以有效消除信息不对称和道德风险，提高大众知情权，加大媒体对节能工作的监督力度，监督耗能污染大户的行为，及时曝光违法用能和超标用能行为。

加强国家《节约能源法》和《宁波市节约能源条例》的宣传工作，开展节能宣传月活动，推进节能宣传“进工厂、进家庭、进社区、进学校、进机关”的“五进”活动，通过媒体报道、典型示范、群众参与等形式，调动全社会节能的积极性和主动性，通过各种形式的宣传、教育、培训，使《节能条例》家喻户晓。组织开展了能博会主体活动，召开节能宣传月新闻发布会、发布全市 167 家重点用能企业节能倡议书、征集节能金点子、向全社会发布一条节能公益短信、发送一批节能资料及产品、组织节能专版宣传、设立街头节能公益广告牌、组织百名专家开展节能咨询、开通 8718 节能直通车八个系列活动，以及各县(市)区与市级重点涉能部门的特色宣传活动。宁波电视台录制播放了《节能减排在宁波》DVD 专题片，宣传节能减排的形势和成果，推动全民节能减排。

(八)大力发展包括合同能源管理机制在内的节能减排服务中介

宁波市加强政府扶持、鼓励和培育一批民营节能减排技术推广服务企业，充分发挥科技服务机构作用。加快培育合同能源管理、能效评估、计量监测、技术中介、产品推广、教育培训、环境评估等以民营科技服务企业为重点的各类科技服务机构，推进节能减排领域的服务外包，对节能中介服务企业实行奖励政策，鼓励节能中介服务机构做专、做优。引导各类科技服务机构面向重点耗能企业和中小企业开展紧密合作，根据他们的需求来推广先进技术、产品和工艺，提供相关的咨询、管理、服务等支持，提供各种一次性解决的整体方案设计。大力建设节能技术服务基地。按专业化、规模化、集聚化的原则和“一园多点”的布局要求，依托镇海、高新区、江北、鄞州等地的条件，培育和引进中介服务机构，打造集节能技术与产品展示、交易、论坛、推介、培训等功能于一体的节能服务业集聚区。积极引进节能国际合作，例如与日立公司合作的中小企业节能诊断工作有序推进，共为 20 家企业开展了节能前期咨询，为 5 家企业进行了节能诊断。市政府与中国节能协会签署了开展节能降耗全面合作备忘录；北仑区政府与中控科技、西门子公司，江北区政府与中控科技、施耐德公司签署了节能战略合作协议。

七、宁波市节能减排经验的政策启示

(一)协调经济增长速度与经济发展质量效益之间关系

宁波市政府推进节能减排工作，特别是通过淘汰落后产能、停电、断水、断气、断贷等强制性措施，固然加快了节能降耗减排目标的实现，但是对经济规模做大不利，会降低经济增长速度。这种方式达到节能减排目标是以牺牲经济增长速度为代价的，不过它是人为自觉的有目的行动。如果继续过去粗放经济发展方式，资源的耗竭和环境的恶化也会限制经济的长期可持续增长。在经济水平较低时人们对环境要求不高，环境污染较轻。随着经济发展，环境质量随经济发展而急剧恶化，人均收入水平也逐步提高，人们对环境质量要求也日益提高，在达到环境库兹涅茨曲线(Environmental Kuznets Curve)的拐点之后，环境污染程度随经济发展而逐渐递减，环境质量逐渐得到改善。环境污染随经济发展呈现出先上升后下降的倒 U 型趋势。20 世纪 70 年代初期“增长极限论”就曾提出经济增长受可利用自然资源的制约而不可能维持长期增长的理论。为了实现经济长期可持续增长，资源能源利用率必须提高，生态环境必须切实保护，这就可能要放慢经济增长速度。张卓元(2007)曾指出,节能减排已成为影响我国经济增长的硬约束,适当放缓经济增速是节能减排的重要条件;要通过抓节能减排,促进经济增长方式转变,提高经济增长的质量和效益,使经济、社会进入科学发展的轨道。

由于经济增长与节能减排及环境质量之间可能成为相互影响的矛盾关系,资源环境约束会使经济发展速度放慢,而且环境库兹涅茨曲线所反映的趋势不表明环境质量会随经济发展而自动改善,也许需要漫长时间导致经济增长不可持续才会缓慢改善。对于温室气体的减排来说,被动等待库兹涅茨转折点的到来,已无法应对日益增加的环境压力(蔡昉、都阳、王美艳,2008)。因此,宏观政策不能等待环境库兹涅茨曲线拐点的自动到来,而必须在经济发展速度与发展质量之间进行协调,主动开展节能减排,转变经济发展方式,提高经济发展质量效益,缓解环境压力。

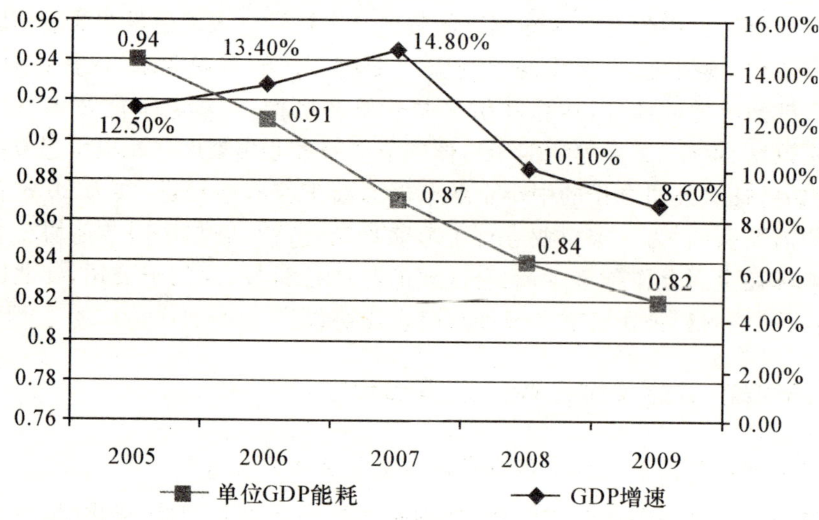

图 3-10 2005—2009 年宁波市 GDP 增速与单位 GDP 能耗的变化情况

从宁波市节能减排进展和经济发展的实际情况来看,开展节能减排和转变经济发展方式未必就会导致经济发展速度放慢,也可能出现经济发展速度和质量同时提高的情景。2005—2009 年间宁波市单位 GDP 能耗一直趋于下降。但其间 GDP 增速波动较大,其中 2006 年和 2007 年 GDP 增速较快,2008 年和 2009 年受金融危机影响比较明显,两年 GDP 增速下降幅度较大,节能减排工作对这两年的 GDP 增速下降影响虽不能排除,但估计很小。从 2010 年宁波市节能减排任务较重,政府抓得很紧,前 3 季度 GDP 增速仍高达 13.5%的情况来看,节能减排,提高经济发展质量,并不影响经济发展速度。可见,经济发展速度与环境保护、提高经济发展质量之间可以实现相互促进。严格的节能减排和环境保护并非一定导致经济发展速度下降,但肯定可以提高经济发展质量。张红凤等人(2009)通过山东污染密集业治理实证也显示，严格环境规制，初步实现了环境保护与经济发展双赢，促进产业结构调整和升级。

这些事例表明企业节能降耗减排，促进经济发展方式转变，也会推动经济快速发展。不过，政府最好以市场机制体制引导企业节能减排行为，“十二五”期间不要像“十一五”期间个别地区节能减排到最后一年采取拉闸限电方式强制节能减排，这种要经济发展质量的行政方式过分伤害经济增长数量和规模，还干扰百姓的正常生活

（二）协调环境利益、外贸利益与外贸发展方式转变之间关系

宁波市外贸依存度高达81%，对外贸发展与节能减排之间关系十分敏感。宁波市临港型工业对石油、煤炭等资源高度依赖，环境污染严重，因此，推动节能减排和转变外贸发展方式，可能会增加出口成本，降低出口产品国际竞争力，缩减外贸出口规模，放弃一部分外贸利益，而且国际市场能源价格大幅波动对宁波工业经济走势的影响相当明显。

中国是能源资源生产大国、消费大国，也是能源资源出口大国，或者说是内涵能源资源出口大国。尽管中国是进口能源大国之一，但中国仍是商品进出口中内涵能源净出口大国（陈迎、潘家华、谢来辉，2008）。那些进口中国内涵能源资源产品的国家获得了巨大的环境利益，中国虽得到一定的外贸利益，却遭受能源资源消耗和环境保护的巨大代价。

我国政府已经相继从财税、商务、海关、金融、外汇保险等方面出台政策协调环境利益、外贸利益和外贸发展方式转变之间的关系，限制“两高一资”产品的出口，放弃一些外贸利益，降低外贸增长速度，增加环境利益，转变外贸发展方式，促进经济可持续发展。自2007年6月1日起，国务院关税税则委员会发出《关于调整部分商品进出口暂定税率的通知》，调整了部分商品进出口关税税率，对142项商品加征出口关税，其中重点是对80多种钢铁产品、矿产品加征5%－15%的出口关税。2010年6月22日财政部和国家税务总局联合下发《关于取消部分商品出口退税的通知》，明确从7月15日开始，取消了包括部分钢材、有色金属、建材等在内的406个税号的产品出口退税。

目前政府继续进一步降出口退税率，增加出口关税，从而增加出口产品环境成本的空间不大，采用出口配额管理、出口许可制度、较高的出口产品环境标准等更有针对性的政策措施来调控“两高一资”产品出口的效果更好（俞海山，2009）。2007年10月商务部、国家环保总局联合发出《关于加强出口企业环境监管的通知》，要求率先在冶金、化工、水泥、纺织、轻工等行业顺差规模大、增长快的企业推行企业环境监督员制度，加大对出口企业环境监督的力度，发挥各类出口企业在环境保护方面的带动作用，有效控制“两高一资”产品出口，加快转变外贸增长方式。

可见，增加环境利益，促进外贸发展方式转变，可能损及某些贸易利益，而转变

外贸发展方式可能增加外贸利益。所以,在节能减排与外贸发展政策关系上要兼顾眼前利益与长远利益,限制"两高一资"产品出口政策需要协调环境利益、外贸利益与外贸发展方式转变之间关系。

(三)协调财政激励与税收制约之间关系

中央和地方财政对节能减排的巨额资助和开支,对经济与外贸发展方式转变发挥着积极的推动作用,将在未来取得整体经济转型的巨大收获,这是战略性投资。国家把新能源作为重要的战略产业之一,准备拿出4千亿元财政资金支持产业发展。国家为推动节能减排已经花费巨额的财政资金。在"十一五"前四年,中央财政预算投资1285亿元,2010年还要投入833亿元,主要用于节能环保的工程;截至2010年7月,中央财政和预算用于节能环保工程的投资高达两千多亿元。而且中央支持补贴的2000多亿资金只占全国节能环保总投资的10%－15%(解振华,2010)。各级地方政府为节能减排也拿出巨额财政资金开展扶持和推动工作。

中国政府为节能降耗减排所花费的成本巨大,而且财政刺激只有短期效应,以后要达到节能减排目标每年都要投入巨大财政预算资金。发达国家解决节能减排和污染问题一般采用开征环境污染税、碳排放税,多排污要多纳税,促使排污企业加大节能环保技术研究与开发,推动节约能源资源的技术进步。斯蒂格利茨(2007)指出,迫使企业支付它们活动的所有边际社会成本——比如碳排放的成本——将会加强对减少污染的创新的刺激。发达国家扬起税收的鞭子驱赶企业,这种排污纳税方式既节约财政资金,又增加税收收入,还促进技术创新,一举三得。

财政手段与税收手段都有一定局限性,财政对企业节能减排的引诱和税收的约束要达到某个平衡的比例效果最优,这就需要协调财政政策与税收政策关系。财政开支的战略投资所达到的效果与课征资源环境税的效果究竟哪个更优需要实证研究。首先,财政对节能减排给予资助、奖励、技术援助,调动企业参与节能减排积极性。财政资金战略投资要根据测算所需要的强度进行投资,财政投资规模和强度过大过小都可能达不到效果。财政激励的局限性,需要与税收机制、市场机制相配合,利用市场激励和税收约束推动企业节能减排。能源资源税和环境保护税要在有效资源环境产权和市场机制下才可以实施,但是资源税和环境税依然可以通过价格机制转移出去,加害者逃避了税负,转嫁给消费者、下游生产者和社会公众。税收对企业节能减排的促进作用也要有足够的分量,过轻过重的税收都可能使企业节能减排失去积极性。因此,政府在征税中要依法追究制造污染者的责任,按照一定的合理标准,排污越多处罚越高,并以税收收入补偿受害人的损失。

在市场机制不健全下采用节能减排新技术的财政资助或补贴政策可能比征收能源资源和环境税更加有效。在市场机制健全条件下,具有良好运行的能源资源价格形成机制和利益传递机制,可以利用收取排污费制度、交易许可制度、押金返还制度、补偿制度、污染物排放税等达到节能减排效果。

(四)协调技术研发扶持政策与知识产权法律保护的关系

宁波市节能减排工作取得积极进展的经验之一就是政府加大对企业节能减排技术研发、引进、交流、交易、推广、更新改造和中介服务等扶持、资助和激励,节能减排主要靠技术进步。政府不能要求企业单纯为节能降耗减排付出巨大投入和代价,而没有任何收益和好处;政府目标要与企业生产经营利益相契合,鼓励企业利用节能降耗减排的专利技术、知名品牌和掌握的技术标准形成有竞争力的产品,增加企业盈利。因此,政府要着力通过扶持政策促进企业节能降耗减排技术研发与创新。"十二五"期间节能减排要继续充分体现企业这一利益关切点。

一些地方政府为了达到节能减排目标进行停电停产,这种方式没有真正治理污染实现环保,一些粗放的高污染、高能耗、高物耗企业依然我行我素,这样的形式主义节能减排不能促进中国经济方式转型。而且这种节能降耗减排是净福利损失,无助于推动企业调整和升级产业或产品结构,无助于促进节能降耗减排技术研发、推广应用,无助于企业转变经济发展方式,背离了节能降耗减排的初衷。

当前政府着力强调节能减排技术研发,使资源能源技术研发受到普遍重视,但有些地区却忽视了节约人力资源的技术创新应用,导致企业过度消费劳动力。斯蒂格利茨(2007)认为,中国对节省劳动的创新激励过多,对节省资源的创新激励不够,创新的焦点应该集中在减少对环境有影响的资源的投入,而非侧重于节省劳动,中国新经济模式的核心是创新以便提高稀缺资源使用的效率。

劳动力也是一种重要的经济资源,即使在中国这样劳动力丰富国家里同样要加快节约劳动力资源的技术创新,提高劳动生产率和工资水平。实际上中国对自然资源和劳动力资源节约的创新激励都不够,尽管节约劳动力的技术创新可以减少就业,但不是造成失业的社会制度根源。节约劳动力的技术创新可以让企业减少用工,降低成本,提高劳动力资源利用效率,节约的劳动力可用于其它方面以创造更多社会财富,或让人们有更多时间学习、休闲和参与社会活动,而且社会经济发展和人追求高物质财富所需要的高工资收入必须要较高的劳动生产率来支撑,这就需要加快节约劳动力的技术创新和进步。否则,劳动生产率低只能生产出较少物质财富,只能拿到较低的工资,社会经济发展无从谈起。所以,斯蒂格利茨所说中国要侧重提高资源利用率的创新有失偏颇,我们要自然资源和人力资源两种资源都节约,两种创新都加强。

面对经济发展和社会生活现代化对能源需求的刚性增长,只有利用先进节能降耗减排技术才可以解决突出矛盾。然而节能降耗减排新技术、新能源和新材料开发都需要良好的知识产权保护和法制环境。法制健全和知识产权保护制度与政策完善关乎企业转变经济发展方式和外贸发展方式的切实行动。现在相当一部分企业在节能降耗减排等领域的研发投资很谨慎,并非因为不重视、不懂得技术研发的关键意义，而是惧怕研发投资成果被对手侵占。现实中法制环境还不好，知识产权人的利益得不到保障。即使在公正开明法制环境下知识产权诉讼也需要相当一段时间，等判决下来这种技术成果的市场价值早时过境迁了，而且法律诉讼耗钱耗力，机会成本高。

严格执行保护知识产权法律，确保知识产权人的成果不被无偿侵占，政府要努力改革和营造法制环境。没有这样的知识产权法制环境，企业技术研发与创新就没有动力，企业节能降耗减排就难以推动。但政府对知识产权法律保护的努力不够，需要加强关系。政府要着力营造公开公正透明的法制环境和严格的知识产权保护氛围。

(五)协调政府目标与企业目标，形成激励相容关系

在节能降耗减排上，政府目标并非与每一个企业的目标利益一致。企业侧重以营利为目的，实现节能降耗减排也要对企业有利才会行动。政府重视控制能源资源耗费和污染物排放。但似乎没有充分认识到节能降耗减排的目的和一部分企业发展战略利益的一致性和差别性，如果节能降耗减排符合企业发展战略要求，企业会将本求利，积极推动节能降耗减排，提高能源资源利用率，减少生态环境污染和破坏。已经发展到一定阶段上的企业在战略上正在谋划转变发展思路，利用先进技术，提高生产效率，减少能耗和物耗成本，赶上国家提出节能降耗减排的东风，会一拍即合，国家政策与企业战略利益高度契合，这些企业会主动自觉地开展节能降耗减排技术研发和实施应用。多数企业可能合不上国家节能降耗减排的政策拍子，或超前或滞后，一些企业勉为其难地假装搞节能降耗减排和绿色循环经济，其实是迫于形势压力和环境氛围不得已而为之；还有一些跟不上政府拍子的企业节能降耗减排力不从心，既无资金能力又无技术能力，只好被淘汰。

企业是国家节能降耗减排的主体，一切节能减排目标主要由企业具体施行才能实现。在节能减排与提高能源资源综合利用率上，每个企业无不盘算着自身利益得失。盈利大小与快慢决定其是否行动、以多大规模行动和以多快速度行动。企业产业调整与升级绝非易事。企业习惯于自己长期养成的传统发展方式，而节能减排与提高能源资源综合利用率要求企业改变传统发展方式，会付出很高代价，冒很大风险，企业对于这种新发展方式会很抵制。政府以节能降耗减排指标压企业在一段时间内达到，企业被迫转型，需要有强大的眼前经济利益吸引，或不采取行动有巨大的现实代价，企业才会为之所动。净利越大，代价越高，企业行动越快。

企业节能降耗减排需要投入、花费成本和具备一定能力。节能降耗作为企业一项业务推进，既要投入人、财、物等资源要素，耗费一定的成本费用，也需要具备一定的人力资本、技术积累、资金实力等，把节能降耗减排作为内生因素形成新的发展方式。不同产业、不同地区的不同企业在节能降耗减排上能力差异导致所形成资产、取得收益和提升效率大不相同，结果有明显差别。如果节能降耗减排业务

推进进展顺利，会形成技术、品牌等资产，降低单位产品成本，提高生产效率和竞争力，赢得市场号召力，获得政府和社会各方给予的有形与无形好处，增加收益和利润。然而，并非每个企业都能在这场节能降耗减排竞赛中成功顺利达到目标。如果企业未能成功实现节能降耗减排，增加了单位产品总成本，增加了机会成本，削弱了市场竞争力，失去政府及社会给予的支持，减少利润或造成亏损。如果企业投入节能降耗减排上产生的成本与取得的收益不相称，特别是成本很大，而没有一定水平的财政补偿或市场交易收益补偿，难以获得一定水平的经济收益和利润回报，企业预期不会有超过其投资其他的更高收益，就不会投资节能降耗减排业务。所以，节能降耗减排既可能表现为投资和成本又表现为资产和收益。企业提高资源能源利用效率和节能减排既可能增加收益、减少成本创造利润而增强竞争力，也可能增加投资和成本开支，削减利润和竞争力。

企业节能降耗减排的能力各有差异，效果与效率也有很大差异。节能降耗、节约用地用人、减少污染排放，转变外贸增长方式是我国经济发展的总趋势。虽然政府要求企业节能降耗减排是社会文明进步的大趋势和先进治理理念，但并非每个企业战略和利益都与政府所提倡的节能降耗减排目标完全一致，多数企业存在时间和状态差异，因为大多数中小企业由于经营规模、行业、技术等因素限制达不到国家所要求的较高节能降耗减排标准，导致节能降耗减排成为这些企业的负担，而不是顺势而为的即可为事情。能力较强的企业对政府提出的节能降耗减排指标任务可以轻松完成，这些比较先进的企业已经完成了节能降耗减排的既定要求，并且进一步提高节能降耗减排水平。但是比较落后的企业达到节能降耗减排既定要求有困难，无力投资和承担成本费用，消化不了过高的节能降耗减排成本费用，企业只能关停。超过企业承担能力的过高节能减排标准要求，可能导致企业难以承受，失去喘息和生存的空间而累死。有一部分企业发展正处于转变发展方式的转折点上，政府号召和要求正好符合企业发展战略利益，主动参与节能降耗减排，投入技术研发和创新，开发新能源、新材料、新工艺，有效提高了生产效率和产品竞争力，又降低了生产成本。

目前相当一批企业不积极响应政府节能降耗减排号召，深层原因在于当前节能降耗的社会总成本高于社会总收益，技术创新成本高、难度大、风险高、收益少，知识产权保护政策和执法环境不利于企业投资创新。现实中为节能降耗减排，企业开发节能降耗减排技术需要付出的成本还是比较高的。所以，适度的、逐步升级的节能减排标准有助于鞭策企业进步。

政府要区分不同地区、不同行业、不同企业差别分解节能减排配额指标。行政努力目标要与不同企业目标产生共鸣。企业在节能降耗减排上能力与效率、成本与风险、利益得失差异明显，行为也有别。目前企业对政府节能减排的政策设计不完善地方钻空子。政府政策要完善，达到政府与企业激励相容，使双方都有积极性。政府政策设计要根据不同产业、企业、地区分档次来设计标准。

（六）协调资源能源产区与消费区的关系

宁波市本身能源资源稀缺，但又是一个典型的资源能源消费区。当前粗放型经济发展仍有一定空间，一部分企业还在追求现实利益，充分利用各种能源资源长期扭曲的低价利好继续粗放地走规模扩张道路，没有感受到节能降耗减排和转变经济发展方式的紧迫性。宁波市政府利用市场机制，调高一些资源能源价格，比如电价、水价、土地价格，企业对资源能源价格走高已经感受到成本压力，促使企业采取不同程度的节能减排行动。

当前资源能源产区价格依然没有体现完全的价值，包括资源能源税等许多成本还没有进入价格。资源能源产区与消区之间的价格关系依然没有按市场机制理顺。因此，深化资源能源改革，放开能源资源市场价格，原材料和能源资源价格就会攀升，形成企业开展节能降耗减排的经济压力，迫使企业自觉开发节能降耗技术，设计新产品，改进生产工艺技术，提高生产效率，消化原料能源涨价造成的成本压力，降低单位产品成本，才可以形成产品竞争优势，这对节能减排至关重要。在节能减排政策上国家要统筹协调能源资源产区与消费区之间利益，建立在市场机制配置资源的基础上，有助于促进节能减排工作，提高能源资源利用率。

八、主要结论

宁波市节能减排工作走在全国前列，但节能降耗减排引起的转变外贸发展方式进展与全国一样缓慢。宁波推进节能减排的政策经验值得总结和推广。宁波市节能减排工作的经验主要体现为积极实施战略投资把推动节能降耗减排作为转变经济及外贸发展方式的机遇和调节工具；积极实施“退二进三”政策引导制造业企业进入房地产业；搭建企业技术研发、引进、交流、交易和推广平台；积极利用市场经济体制机制；在市场机制没有建立健全前提下积极运用行政法律手段；调存量、控增量，建立科学合理的考核体系和奖惩制度；发挥媒体和社会舆论监督作用；大力发展中介服务业。

宁波市节能减排经验表明要协调经济增长速度与经济发展质量效益之间关系；协调环境利益、外贸利益与外贸发展方式转变之间关系；协调财政激励与税收制约之间关系；协调技术研发扶持政策与知识产权法律保护之间关系；协调政府目标与企业目标形成激励相容关系；协调资源能源产区与消费区之间关系。

第三节 环境变化背景下产业链协同竞争力提升路径

一、环境变化"倒逼"国际竞争方式转变

(一)国际环境变化

1. 经济全球化深入发展的大趋势没有改变,但贸易保护主义明显抬头

国际上有舆论认为,经济全球化有可能由于此次国际金融危机的冲击而发生逆转,面临停滞局面,甚或崩溃终结。我们认为,经济全球化是当代科学技术发展、生产力发展和国际分工发展到较高水平的必然结果,其深入发展的大趋势不会改变。此次国际金融危机不会从根本上改变世界经济中长期发展趋势,但国际金融危机及其所引发的全球经济衰退,也在一定程度上导致了贸易保护主义的抬头。欧美等发达国家为了解决国内就业问题,迫于国内政治和经济等压力,以解决"全球经济失衡"为借口,对包括我国在内的发展中国家采取了许多贸易保护主义措施,对世界经济复苏造成巨大威胁。

2009年底,WTO总干事拉米在"危机过后的国际贸易新秩序"国际会议上表示,贸易保护主义的压力还至少持续一年到两年。他认为,贸易保护主义的压力不断增加,原因在于人们错误地认为,贸易保护主义会对本国国内经济发展有利。如果失业率进一步增加,贸易保护主义可能会随之扩大。因此,未来几年中国的贸易救济工作将面临更大压力。

(1)贸易保护手段将更合法隐蔽。此次全球金融危机爆发以后,一些国家和地区普遍且频繁地使用看似不违反WTO规则的贸易救济手段来实施贸易保护主义,绿色壁垒、技术壁垒、环境保护和知识产权等更加隐蔽、更具战略性的贸易保护手段,正在被越来越多的发达国家所运用。欧盟通过制定农药残留、铅含量等标准来设置技术门槛;部分发达国家提出要对进口产品征收"碳关税";美国通过倡导绿色经济概念,一方面为其国内经济寻找新的增长点,另一方面在气候变化、节能减排等全球议题中获得战略主动,虽然这种策略在理论研究、政策设计和舆论宣传上都占据上风,但是绿色经济发展暗含着的战略性贸易保护动机,将对未来中国制造业领域的国际竞争力造成冲击,也是最近几年中美贸易摩擦的重大隐患。另外,各国纷纷出台扶持本国企业的政策。可以说,在主要经济体中率先走出复苏之路的中国制造业,在新一轮贸易摩擦中有可能成为主要目标。

(2)化工行业、纺织服装、机电产品以及钢铁行业是贸易摩擦的重点领域。目

前，中国钢材、有色金属、化工、纺织等行业，都是国内产能严重过剩的产业，导致挤压式出口，通常价格压得比较低。化工行业与国民经济紧密相关，一直以来都是全球反倾销的重点。自 20 世纪 80 年代以来就频繁遭遇反倾销，过去涉案产品包括味精、纯碱等低附加值产品，而近期工程用轮胎等高附加值产品也开始受阻。2009 年美国开始对我国机动车充气橡胶轮胎征收为期 3 年的反倾销税，成为触发本轮中美贸易摩擦的导火索。纺织服装和机电产品作为我国出口排名前两位的产品，一直以来就受到国外的"重点关注"。相关数据显示，自 2002 年以来，纺织服装和机电产品占我国遭遇反倾销案总额的比例均在 10%左右，且呈现逐年上升的趋势。此外，钢铁产品近期也频频遭遇反倾销，除了油井管反倾销税的裁定之外，美国国际贸易委员会还通过了对中国无缝钢管进行反倾销、反补贴合并调查的决议。2010 年开始，随着全球经济的不断复苏，预计对钢铁的需求将不断释放，中国钢材出口将出现大增，由此必然导致大面积的钢材贸易摩擦。

(3)贸易摩擦的连锁性继续凸显。目前，钢铁、鞋类、玩具、铝制品、轮胎等中国传统优势出口产品，频繁出现同一个产品在不同市场遭遇贸易救济调查的现象，贸易摩擦国别扩散和救济措施叠加的势头进一步发展。美国和欧盟仍是对中国发起反倾销调查的大户。同时，中国与发展中国家的贸易摩擦呈上升趋势。1995 年以来，对我国提起反倾销调查的发展中国家占 60%以上，例如印度、巴西等发展中国家是对中国产品提出反倾销诉讼最多的发展中国家。

2. 就目前的态势来看，金融危机后的全球经济正在逐步走向复苏，但是由于受到诸多不确定性因素的影响，其要完全复苏所需的时间将会是十分漫长的

2009 年，国际金融危机的冲击导致世界经济出现了第二次世界大战以来的首次负增长。在应对危机中，各国采取了一系列规模和力度空前的金融救援政策或经济刺激政策。这些政策的效应正在显现，目前可以说已经避免了像 1929—1933 年那样的世界经济大萧条再现。如果国际经济、金融领域不发生重大的意外事件，2011 年世界经济增长有望实现恢复性增长。根据经济学家预测，2017 年前全球经济稳定发展，世界经济年均增长率保持在 5%～5.2%，没有明显波动；但是，受金融危机和世界经济发展不协调的影响，具有一定的风险。各国经济更加开放、服务贸易的条件更加自由化、产品技术更新加速、国际劳动力市场流动性提高，主要资源供应稳定。但是，世界经济复苏的基础仍然薄弱，因为世界经济的复苏主要是依托各国政府超常的强力政策刺激。特别是在发达国家，实体经济的回升尚面临较多困难，经济复苏也尚未带来就业的增长。在国际金融危机中，以美国为代表的发达国家原有的过度负债消费模式受到巨大冲击，面临深度调整，加之失业率居高难下，致使私人消费依然疲软，这又导致企业投资意愿低迷。因而，国际市场需求不振可能会在一个较长时期存在。

3. 国际金融市场渐趋稳定，但风险没有完全消除

2008 年春、夏，美国次贷危机迅速演变为金融海啸，国际金融市场剧烈震荡。经过将近两年的时间，国际金融市场渐趋稳定，但金融风险并未完全消除，国际金融危机余波未了。美国等发达国家的金融机构资产损失严重，去杠杆化和清理坏账的过程尚未结束，新的资产泡沫和金融风险还在积聚，不排除再度出现局部性金融震荡的可能。美国联邦储蓄保险公司的一份最新报告表明，2009 年，美国的"问题银行"数量由年初的 252 家增至年底的 702 家，"问题银行"的数量及其资产总额均创 1993 年以来的高峰。这一年，美国共有 140 家银行倒闭或被接管，美国银行业的放贷骤降 7.5%，为 1942 年以来的最大降幅。特别是一些国家的政府债务危机或主权信用危机事件接连发生，如迪拜债务危机，特别是欧元区债务危机。欧盟成员国中有 2/3 以上的国家出现了财政赤字和公共债务超标而偿债能力严重不足的问题。国际信用评级机构穆迪公司警告说，主权信用危机将成为全球经济发展的最大包袱，并在金融市场上频频制造余震。

4. 各国经济刺激政策取得一定成效，但退出抉择艰难

为应对国际金融危机，各国纷纷出台超常规的经济刺激政策，对世界经济复苏起到了重要作用。但这些政策的退出却遇到了"三难"困境。其一，如果过早退出，收紧财政政策和货币政策，就有可能导致复苏夭折，引发新一轮经济衰退。其二，如果过晚退出，有可能诱发政府债务危机、通货膨胀、资产泡沫等风险。各国过度宽松的货币政策已经使市场流动性大量增加，有可能导致国际市场大宗商品价格的震荡走高和剧烈波动。其三，如果各国在退出的时机和力度上不一致，又有可能导致大规模的国际套利，加剧国际投机资本的游动，引发国际资本市场、主要货币汇率的剧烈波动。这使各国宏观经济政策的协调难度加大。

5. 世界经济格局大变革大调整孕育着新的发展机遇，但产业竞争、气候变化等全球性问题仍错综复杂

世界经济发展史表明，大的经济危机往往孕育和催生新的科技革命，推动世界经济结构进行重大调整，迈向新一轮的繁荣。后国际金融危机时期，世界经济格局大变革大调整的一个重要内容就是新的科技革命与产业革命的酝酿和兴起，这将使人类社会进入空前的创新密集和产业振兴时代，孕育着新的重大发展机遇。上一轮国际产业转移的主要表现是发达国家把夕阳产业转移至发展中国家，以实现其全球战略目标；发展中国家则承接发达国家转移的产业，加快产业结构调整。随着世界经济格局的变化，将会引发新一轮国际产业转移和结构调整，其主要内容是制造业由新型市场经济国家向周边欠发达和低成本国家转移，这种产业转移也有避开贸易壁垒的因素。

各国在新的产业转移、抢占经济科技制高点、掌握未来发展主动权的过程中，围绕战略性新兴产业而展开的科技竞争、人才竞争也将日趋激烈。与此同时，气候变化、粮食安全、能源资源安全等一些全球性问题错综复杂，也会形成新的挑战。

(二)国内环境变化

1. 外部需求萎缩，国际贸易依然低迷

金融危机和经济衰退通过多种渠道对我国经济基本面带来了冲击，最突出的是由于外需的急剧降温严重影响我国进出口贸易。从2008年11月份开始，我国外贸形势发生逆转，进出口额同时出现下降。12月份下降幅度在强化。2009年以来，随着各个贸易伙伴危机程度的加深，我国进出口继续大幅度下降。2010年以来我国进出口全面恢复，近期同比增速逐步回落。前三季度，我国进出口总额21486.8亿美元，比上年同期增长37.9%。其中出口11346.4亿美元，增长34.0%；进口10140.4亿美元，增长42.4%。与2008年同期相比，出口和进口分别增长5.4%和13.5%。尽管如此，目前我国进出口企业面临的环境依然非常严峻，特别是广大的中小型外贸企业，它们所承受的冲击力有的可能达到了极限，最主要表现在这样几个方面：

首先，企业获得订单量急剧下降。企业面临的是长单变成短单，大单变成小单，一些经常性品种的生产并不事先下订单，而是需要时下订单，并要求在很短时间内交货。这种贸易环境导致外贸企业的生产模式发生了改变，不仅获得订单难，保留客户难，而且交货压力和出口风险也在提高。其次，由于金融危机，国外一些金融机构倒闭或被收购，国外进口商、经销商、零售商融资困难，支付能力下降，冲击我国对外贸易的发展。其三，原材料价格大幅度波动，造成许多企业经营环境的不确定。原材料价格下跌，国外采购商一般不愿意下订单，国内企业没有订单就不敢生产，不生产就会减少原材料的采购，又导致了国内原材料价格继续走低，国外客户就继续观望，等待价格下降，形成恶性循环。

2. 企业开拓市场的难度增大，而且贸易摩擦加剧

随着全球贸易保护主义的抬头，从20世纪90年代以来，中国就成为国家贸易摩擦最主要的受影响国之一。2010年前四个月，全球有13个国家和地区对我国发起反倾销、反补贴、保障措施、特保措施调查共38起。案件数量2009年比2008年同期上升了26.7%，其中最多的是反倾销占到24件，反补贴2件、反保障措施7件、特殊保障措施调查5件。特别是在2009年4月份，美国对我国乘用车和轻型货车轮胎发起了特保调查，针对中国油井管发起了反倾销反补贴合并调查，这两起案件涉及金额非常巨大，引起了国内同行业及中国政府的高度关注。一些国家用贸易保护主义做法转嫁国内就业矛盾，如果贸易保护主义不能得到有效遏制，中国企业遭遇贸易摩擦数量可能会进一步增加。

3. 企业融资难，而且成本上升

2010年10月25日，三季度中国中小企业发展指数在京发布。相比二季度，中小企业发展指数上升了2.2个百分点，为108.9，企业整体盈利水平提升，投入意向增强。然而，在中小企业发展良好的宏观形势下，中小企业成本上升和融资难问题依旧突出。

指数报告显示，中小企业成本指数为83.3，处于景气临界值100以下，说明企业生产成本上升。其中，原材料及能源购进价格的上涨，劳动力成本的增加是导致企业生产成本上升的主要原因。据调查，超过70%的企业反馈原材料及能源购进价格比上年同期上涨；76%的企业反馈企业劳动力成本增加。其中，79%的工业企业反馈原材料及能源购进价格比上年同期上涨；82%的工业企业反馈企业劳动力成本增加。

同时，中小企业资金指数为99.6，接近景气临界值100。调查细项表明，只有21%的企业反馈流动资金充足，14%的企业反馈融资容易。但行业间呈现差异，房地产和批发零售业融资指数处于景气临界值100以上，其他行业均处于临界值100以下。从流动资金来看，交通运输邮政仓储业、房地产业、批发零售业、软件、信息传输和计算机服务业，以及住宿餐饮业流动资金指数100以上，工业、建筑业和社会服务业流动资金指数在临界值100以下。

4. 劳动力成本上升

2011年春节过后，东南沿海的劳动力缺口再次出现，“用工荒”成为人们关注的焦点。在中西部劳动密集型产业逐渐增加，东南沿海劳动力成本不断上升的情况下，劳动者和企业都被推到了一个再次选择的十字路口。劳动力缺口的背后已经不再仅仅是企业能否招到工人的问题，产业布局、薪资水平、社会保障等一系列深层次的矛盾开始在用工荒的大背景下逐渐显现。

面对“招工难”，多数企业开始提高薪酬，希望尽快招到人。深圳人才大市场调查显示，71%的参会单位提供的职位薪酬较上年同期有所增加。佛山、顺德的劳动服务中心给出的最低工资是1500元左右，较上年有大幅的提高，企业给的工资待遇普遍增长了20%左右。

我国中西部地区企业与东南部企业对垒抢民工，各地企业与企业之间争民工。在此情况下，企业工人工资普涨，福利待遇提高，且对工人人情味越来越浓：夫妻房、出生红包、春节往返车票、拉人入伙给奖励等。没有工人就没有生产，没有生产就没有利润，想要招到工人就需要付出更高的工资，提供更多的承诺。对于劳动密集型企业而言，“用工荒”3个字背后的压力已远远不再是招不到人那么简单，它意味着更高的成本和投入。劳动力短缺是一个长期的趋势，是社会发展的必然现象，各企业必须勇敢面对。

5. 资源要素制约加剧

我国13亿人口，人均资源含量处于世界较低水平，环境承载力很弱，资源和环境构成了粗放式发展的硬约束。2000年中国人均生产资本与城市土地2956美元，不到世界人均水平的20%；中国人均无形资本仅为4208美元，约为世界平均水平74998美元的近1/17；中国除人均农用地1404美元与世界人均农用地1496美元接近之外其余资源项目均比世界人均水平低得多。中国还是一个人均水资源较少的国家，人均水资源仅为世界人均的25%。随着我国工业化、城镇化的快速发展，土地资源供求矛盾更为突出。2006年我国大陆耕地面积下降到1.217亿公顷(18.26亿亩)，占国土总面积的12.5%，人均耕地大约1亩3分，大约是世界人均耕地面积4.52亩的1/3。此外，国际能源署报告指出，中国目前已探明的矿产资源储量约占世界资源储量的12%，是世界第三矿产资源大国。但因人口庞大，中国人均矿产资源只及世界平均水平的58%。

按照目前的速度发展下去，到2020年，我国能源缺口将达2.5亿吨标准煤，石油缺口将达3亿吨；到2050年，能源缺口将扩大到4.6亿吨标准煤，石油缺口将扩大到6亿吨。长此以往，缺口不断扩大，很难持续保障我国经济增长；退一步说，即便资源中国能够进口，环境也容纳不下。

6. 节能减排压力加大

中国目前的能源消耗居世界第二并已成为仅次于美国的第二大温室气体排放国。有统计数据显示，自2000年以来，受市场需求拉动，中国高耗能行业主要产品产量年均增长在10%以上，能源消费量占全社会能耗总量的比重在55%以上，单位GDP能耗成倍高于日本、欧美等发达国家。根据欧美的相关标准及我国建筑能耗专家的测算数据，中国现有建筑99%都是高能耗建筑，其产生的高污染降低了居住的舒适度，制约了可持续发展。

从自然资源来看，2007年，我国GDP约占世界的6%，却用掉了超过全球30%的煤、铁矿石、钢材和超过40%的水泥，万元GDP能耗比世界平均水平高2.4倍，综合能源效率仅为33%，是世界上单位能耗最高的国家之一。从环境状况来看，2006年，全国二氧化硫排放量为2588.8万吨，居世界第一；COD排放量为1428.2万吨，远远超过了环境容量。全国主要河流湖泊相当数量被污染，科学家们甚至发出了“湖泊死亡”的警告。国家环保总局和国家统计局曾对经济活动的资源环境成本作过不完全估计，结论是2004年时的环境成本大致占GDP增长率中的3.5个百分点。

2011年1月27日公布的《2010中国节能减排产业发展报告》指出，中国是继美国、英国、法国、前苏联、加拿大和瑞典之后，世界上第七个能自主设计和建造核电站的国家，但核电的发展状况与核大国的地位极不相称。报告还指出，虽然目前国内主要汽车整车企业都开展了新能源汽车的研究开发、制造，有些产品已经实现了商业化生产，但销售规模非常有限，新能源汽车所用的关键核心零部件基本上来自国外厂商。目前我国生物质能源的发展面临一些瓶颈问题，包括生物质资源不足、品质不佳、收集困难、难于转化；生物质催化与转化效率低下，过程能耗和水耗高；生物转化工艺难以低成本规模化放大，以及生物能源终端产品品质不佳、产品标准欠缺等。

因此，综合来看，我国节能减排的压力依然巨大。

二、环境变化背景下国际竞争方式转变的具体表现

1. 竞争领域不断扩大

首先是行业界限的突破。在传统竞争条件下，企业是在某个产品概念清晰、行业界限固定的产业市场上进行竞争，置身于该行业独特的竞争结构之中，有着明确的盟友和对手。由于信息技术的发展，经济的全球化，竞争已不再仅仅限于单个的产业市场，互联网络已将不同的行业联结起来，行业之间的界限趋于模糊，传统的竞争结构因此被打破，国际市场竞争呈现出多行业互动竞争的态势。

其次是地域范围的扩展。传统的市场竞争受到地域的限制，企业的经营活动往往限于特定的地理范围，消费者习惯在当地市场购买产品或服务。随着信息技术的发展，市场的全球化，消费者可利用邮购、电话购物或网络购物等多种形式向远在海外的生产厂家或经销商号购买自已喜爱的产品或服务，企业也可利用互联网络等多种媒体与分散在各地的顾客保持联系与沟通，提供他们所需的产品或服务，当地厂商的垄断地位将被打破，竞争的地域范围趋于全球化。

再次是形式和内容的多样化。传统的国际市场竞争是货物买卖的竞争，集中在产品的品质、数量、款式和包装等方面的竞争，争夺的是产品的销售市场。当前的国际市场竞争已扩展到技术、服务及知识产权等方面，竞争的形式和内容呈多样化趋势；不仅在有形产品上，而且在无形服务上进行竞争；既与竞争对手争夺产品的销售市场，又在资金、技术、人才、信息乃至于战略伙伴等多个层次上展开竞争。

2. 竞争手段不断创新

一是从依赖单一手段竞争发展到多种手段组合竞争。传统的国际市场竞争较多地依赖单一的价格竞争手段，而当今的国际市场竞争强调的是对产品、服务、价格、分销与促销等多种竞争手段的优化组合和创新运用。

二是从利用可控因素竞争扩大到可控因素和不可控因素综合竞争。传统的国际市场竞争运用的是企业的可控因素，即利用产品、定价、分销与促销等四大营销因素的组合作为竞争手段。而当今的国际市场，贸易保护壁垒林立，仅仅依靠传统的竞争手段往往无法进入受保护的当地市场，只有积极利用经济、心理、政治和公共关系等所有可控与不可控因素，充分发挥权力和公共关系等竞争新手段的作用，形成众多营销因素的竞争合力，才有可能打开封闭的国家或地区市场，才能在激烈的国际市场竞争中占据优势。

三是国际市场促销方式的创新。广告促销、人员推销、营业推广与公共关系是传统竞争条件下常用的促销方式，而当今国际市场的竞争体现在促销方式的创新，服务促销、关系促销、文化促销、绿色促销和网络促销等崭新的促销方式层出不穷，

竞争手段趋于多样化。

3. 竞争重点开始转移

(1)从价格竞争向非价格竞争转移。由于价格竞争有可能产生贸易效益下滑、产品形象受损和竞争对手报复等负面效应,国际市场竞争已从以价格竞争为主的粗放式竞争转向注重非价格竞争的集约式竞争,产品质量、交货时间、售后服务与企业形象等非价格竞争方式开始占据主导地位。

(2)从物质竞争转向非物质竞争。随着经济的全球化,国际市场竞争的加剧,技术扩散速度加快,产品同质化趋势明显,不同企业的产品在品种、质量、款式与包装等物质构成方面日益雷同,产品品牌、顾客服务、企业形象和文化内蕴等非物质因素的竞争成为国际市场竞争的重点。

(3)从追求规模经济的竞争转向强调适应与创新的竞争。在批量生产批量销售的时代,企业追求的是规模经济效应,竞争的焦点在于如何扩大产品的市场销量以降低企业的经营成本。而当今的国际市场,消费需求多样,营销环境多变,客户订单往往数量少、品种多、要货急,竞争的关键在于对国际市场的变化快速做出反应,强调的是对国际市场的适应与创新。

(4)从单纯竞争模式向既竞争又合作的混合模式转变。在传统竞争条件下,企业有着明确的竞争对手,奉行的是商场如战场的原则,与竞争对手进行的是你死我活的商战。而当今国际市场竞争激烈,企业为了增强自身竞争实力,避免不必要的过度竞争,开始贯彻既竞争又合作的竞争理念,与竞争对手建立战略联盟,追求"双赢"的竞争目标。

三、竞争方式转变的浙江案例

(一)产业链延伸或整合

1. 延伸产业链:余姚"中国塑料城"案例

自动充电的吸尘器,无需看管,就会自动打扫房间;带有 MP3 的吸油烟机通过对烟气和环境温度的检测,能够自动开启;太阳能感应灯可以根据室外光线的变化调节亮度……千余种余姚生产的塑料制品,引起了参会者浓厚的兴趣。这里,是中国最大的塑料原料集散地;这里,是中国塑料价格指数发布地;这里,一举一动都牵动着中国塑料业每一根敏感的神经。这里,就是被中国塑料业界公认为"塑料王国"的浙江省余姚市。一个不生产塑料原料的县级市凭借什么成为"塑料王国"?他们如何打造一条塑料产业链条?在经济全球化的今天,"塑料王国"又将何去何从?

中国塑料城创建于 1994 年,位于宁波余姚市区北部,总规划面积 4.6 平方公里,东距国际远洋深水港北仑港 60 余公里、宁波栎社国际机场 40 余公里,西距杭州萧山国际机场80余公里，沪杭甬铁路复线横贯境内，329国道、甬余一级公路和沪杭甬高速公路分别从境内的北部、中部、南部通过，水陆交通十分便利。中国塑料城是一个集塑料原料(配料)、塑料制品、塑料机械的加工、交易及信息交流、展览展销、技术开发于一体的高层次、综合性、多功能、广辐射的全国性塑料专业技术市场，进入“中国商品专业市场竞争力50强”，被国家商务部列为第一批重点联系市场。

把一个路边市场改造成巨型现代化市场——中国塑料城，余姚用了十余年的时间。如今的中国塑料城建筑面积已达18万平方米，总投资6.5亿元，经营企业1438家。目前，市场交易品种6000余种，年成交量达170万吨以上，约占全国塑料原料消费市场的10%左右。2004年，余姚又把塑料原料交易与电子商务相结合，建成了中国第一个“塑料网上交易市场”，以仓单交易、现货竞价交易和现货协商交易等多种方式极大拓展了市场交易空间。截至2007年底，中国塑料城网上交易市场已累计成交塑料616万吨，实现交易总额728亿元，成为全球同类塑料交易市场中品种最全、规模最大的塑料电子交易中心，交易规模超过了英国伦敦LME交易所的塑料交易量。2008年1至9月，浙江塑料城网上交易市场已成交265万吨，成交额达325亿元；2007年的交易额达705亿元，交易量达546万吨，上缴税费2.5亿元，市场历年累计交易总额1525亿元。市场开业四年已累计成交超过1000万吨，成交额超过1200亿元。被评为“中国10强创新市场”、“浙江省重点流通企业”、“浙江省服务业试点示范企业”。“中塑仓单”已经成为塑料电子行业的知名品牌。塑料原料市场的发展，还带动了塑料机械交易的兴旺，塑料机械交易市场化已初步形成。

做“大”的背后是做“专”。多年以来，中国塑料城不断搭建平台，引进了近万种塑料原料品种，使之成为集塑料原料销售、塑料信息发布、塑料展会、塑料机械、塑料模具、塑料制品及其他辅助材料于一体的国内最大的塑料原料市场。

目前，塑料产业已成为余姚最有发展潜力的主导产业之一。截至2006年，余姚市已拥有各类涉塑企业近万家，实现工业总产值达600亿元。依托中国塑料城和国内重要的塑料模具制造业基地——中国轻工模具城，余姚市正在逐步形成集塑料原料、塑料模具、塑料机械、塑料制品加工、塑料产业信息等于一体的完整产业链。塑料产业链的形成，使得各个环节的运转成本大大下降，从而使这里的塑料制品业在全国乃至国际上具有相当的竞争优势。从塑料加工起家，余姚已经形成了小家电、电动工具、制笔、打火机、剃须刀、水暖配件、汽配等10多个社会化分工、自主配套的特色块状经济区，涉塑企业每年获得国家专利近千件，拥有中国驰名商标7项、中国名牌产品4项以及一大批国家、省市名牌产品。众多的涉塑企业奠定了“塑料王国”塑料产业发展的坚实基础。目前，余姚的帅康燃具、富达吸尘器等都已经成为同行中响当当的品牌产品；“大丰”活动看台等42项塑料制品及相关产品的产销一直位于全国同行同类产品前列；有近 30 家企业掌握了行业"话语权"，参与制订了 50 多项国家或行业标准。

由中国石油和化学工业协会、中国石油天然气股份有限公司、中国石油化工股份有限公司、中国中化集团公司、中国轻工业联合会、浙江省余姚市政府联合主办的"中国塑料博览会"已连办十届，规模不断扩大，档次不断提高，人气旺盛、交易兴旺，有力提高了中国塑料城的国内甚至国际知名度，影响力。现有 4.2 万平方米的展览场馆，配有 2000 多个展位。自 2006 年起，每届塑博会定在每年的 11 月 6 日至 9 日召开。时至今日，中国塑料博览会已经成为国内塑料行业及相关行业中规模最大、规格最高的经贸盛会，同时也是"世界上为数不多的专业性博览会"，被评为 2007 年度中国最具影响力的品牌展会、2007 年度中国行业品牌展会金手指奖、全国政府主导型展会 100 强和中国长三角地区优质会展项目，国内塑料行业赞誉中国塑博会为"中国塑料第一展"。第 12 届中国塑料博览会于 2010 年 11 月 6 日至 9 日在浙江省余姚市举办。据悉，本届塑博会突出了绿色环保主题，已知参展品中可降解塑料、环保型塑料和节能机械等节能环保型产品占到了 70%。

依托中国塑料城信息中心，形成了国内规模最大、辐射面积最广、最具权威性的塑料信息服务网络一浙江中塑在线有限公司，能够满足各种消费层次的需求，其发布面已遍布全国，漫游国外；余姚市科恒塑料测试有限公司已通过省质量技术监督局的计量认证(CMA)评审，标志着中国塑料城有了自己的塑料原料专业检测机构。2006 年 11 月，中国塑料城网上市场成功编制并发布了中国首个大宗商品价格指数——中国塑料价格指数(简称"中塑指数")。每日两次通过中塑交易网、中塑资讯网向全球发布。中国塑料价格指数反映了国内的塑料价格走势和行业景气状况。2007 年 7 月起，新华通讯社实时发布中国塑料价格指数，使中塑指数在更高层次、更大范围上发挥作用，被业界称为"塑料行情风向标"。2007 年 11 月份中国塑料城成立了塑料研究院，让中国塑料城从普通、单一的塑料集散市场，跨越成为一个以科学技术为支撑，具有自主创新能力，集科研、开发、生产、信息、检测、展示和销售为一体的新型市场。

2. 整合产业链：雅戈尔案例

雅戈尔集团创建于 1979 年，经 30 多年的发展逐步确立了以纺织服装为主业，房地产、国际贸易为两翼的经营格局，是中国服装行业的龙头企业。纺织服装约占雅戈尔集团业务的 30%，其衬衫和西服品牌双获中国名牌产品称号。雅戈尔国际服装工业城，被中国服装协会认定为国内最大的服装先进制造业基地。

自 2004 年以来，雅戈尔集团开始垂直整合上游业务，一度被引为业界瞩目的焦点。对此，宁波市服装协会秘书长张晓峰称："雅戈尔在产业链上下连通方面是有经验的，就差自己放羊了。"与杉杉集团相反，在杉杉服装努力推进多品牌运营之时，雅戈尔则大规模进军上游产业：与日本晃立合资建设服装水洗厂，涉足印染、水洗领域；兴建纺织城，与日清纺、伊藤忠合资设立日中纺织印染有限公司，介入染纱、织造、印染等业务；兴建宜科辅料工业城，为雅戈尔提供配套辅料产品；与伊藤忠及香港某公司合资成立毛纺织染整有限公司，提供配套毛纺原料等。通过这一系列项目投资，雅戈尔基本上完成了对上游业务的垂直整合。这种“不做产业做行业”的方法，使雅戈尔服饰公司营建了一条包括纺织城、服装城及庞大的直营零售网络在内的超级产业链。通过集团内部交易，雅戈尔服饰公司降低财务费用、交易成本及运输成本，而且掌控上游资源后，企业既可以保证成衣用料质量，还能向其他生产商提供产品，培养新的盈利点。据介绍，雅戈尔甚至到新疆去建立生产线。长绒棉是生产高级精纺的重要原料，而新疆地区所产的长绒棉，无论品质和产量，都在世界上占据重要地位。雅戈尔服饰公司董事长李如刚说，新疆雅戈尔棉纺织有限公司在喀什成立后，雅戈尔就在实际上触及到了产业链建设的最前端。或许，这便是业界用“就差自己放羊了”来形容雅戈尔垂直整合上游业务力度的原因之一。“雅戈尔做上游纺织的目的不是为了赚钱，而是为了省钱。”他说，通过集团内部交易，可以降低财务费用、交易成本及运输成本。而掌控上游既可以保证雅戈尔成衣用料质量，还能向其他生产商提供产品，培养新的赢利点。

2008年初，凭借对上游环节的强势影响，雅戈尔以1.2亿美元的低价收购了其产业链伙伴新马服饰，获得了强大的设计开发能力、国际经营管理能力以及遍布美国的分销网络，形成了纺织服装全产业链能力和跨国经营能力。后者3000万件衬衣的年产量几乎是雅戈尔的两倍，迅速推动了雅戈尔面料纺织业务的内部消耗，同时，雅戈尔通过收购新马服饰还获得了20多个国际品牌的ODM、OEM业务，在将数千万件的订单转移到雅戈尔生产链条上时，也为雅戈尔打开了通往利润更高点的大门。2008年第三季度，新马服饰便贡献收入约6.2亿元，而通过新马服饰集团，雅戈尔还打开了通达美国数百家百货公司的销售渠道，完善了雅戈尔的产业链条在全球市场的布局。2009年雅戈尔集团股份有限公司实现销售收入274.37亿元，出口创汇6.28亿美元，利润总额41.54亿元，上交国家税收16.19亿元。2010年上半年雅戈尔集团业务销售微增长，外贸高增长，但利润负增长，税收高增长，比上年同期增长37%。

在面对国内国际经济环境变化新形势下，雅戈尔集团提出转移、转型、转交和创新为内容的“三转一新”新战略。雅戈尔随着业务迅速发展已经将部分工厂转移到重庆、安徽内地省市，以设计和技术创新为主要内容推动的产品转型与升级，加快新产业、新技术和新产品的创新。同时，把剩余订单转交给其他同行企业去做。雅戈尔集团在直接和间接研发和设计上费用开支大约占到销售收入的3%至5%的水平，不断推出新技术和新设计产品，特别是2006年推出DP免熨精品纯棉衬衫，目前持有14项专利，提升了品牌外延和内涵。2007年与美国Hartmarx公司开展品牌合作。2008年集团公司对色织和针织相关企业进行股权重组，由绝对控股转为相对控股，色织和针织业务以新建立的盛泰公司为主体运作，生产基地也由宁波转移至嵊州，把新疆库尔勒的基地转到阿克苏，并在安徽设纺织厂，由专门研发中心开发和引进电脑设计服装，提高材料利用效率，节约原材料，减少材料耗费，降低成本。

在零售和营销网络方面，雅戈尔采取了重金买店面，超40%产品自营销售的模式。公司董事长李如刚说，雅戈尔总共花了15亿元买店面，主要在华东一带。从上个世纪八九十年代起，雅戈尔就开始购买店面，目前，其产品有40%以上通过这些自有店面销售。这些店面在雅戈尔的销售拉动中发挥了重要的作用。目前，雅戈尔服饰公司拥有直营店近600家，特许经营专卖店近700家，而与大型商场联手的销售终端有1100多家。雅戈尔前任董事长李如成曾经说，目前中国传统的商业开始没落，新的商业趋向还没有形成，利用这个机会壮大自己的渠道是最关键的。时至今日，雅戈尔已呈现出新营销体制的轮廓：在中心城市建起1—2家大型中心旗舰店，再向周边的销售终端提供服务。在这一体系中，旗舰店处于物流配送和信息采集、整理的中心位置，同时也担负了产品销售的主体和店面示范作用。据称，这种以自营旗舰店作为营销网络的龙头，塑造品牌形象中心、顾客凝聚中心、销售中心和信息中心，开拓与国际接轨的营销渠道的模式，推动其服装产品在国内的销量每年以20%以上的速度递增。

在产业链的更上游，李如成又为雅戈尔注入了汉麻面料、细分品牌等新鲜血液，并凭借全产业链优势推出大规模定制等业务，或瞄准面料产品的定价权，或指向更高的利润来源。而向服装控股有限公司增资14亿元的举动，更印证了雅戈尔理顺产业链内部关系的决心。

2009年与解放军总后联合开发的汉麻创新产品取得突破性进展，研制出先进的生物脱胶处理技术，在云南省政府、解放军总后支持下投资3亿元，形成一条从汉麻的种植、纤维加工、织造、产品创意设计到成衣制造的价值上千亿元的绿色产业链，副产品可以综合利用，汉麻产品上市很受欢迎。这个项目的投资成功其中有各级领导人的宣传贡献，但获得国家有关政策支持的效果不明显。这项新材料、新产品、新品牌不仅增添了雅戈尔面料系列、产品系列和品牌系列，而且极大地提高了产品内销和外贸的竞争力，转变了传统外贸依靠数量规模增长的发展模式。目前雅戈尔集团形成Mayor & Youngor、Youngor CEO、GY、HARTMARX、汉麻世家五个品牌，在品牌定位、风格和内涵上建立了鲜明的个性。雅戈尔已经走上了新品、精品和高附加值品牌产品的发展道路，走上了依靠科技创新和品牌提高产品附加值减少要素资源能源耗费的集约化发展道路。

3. 构建农产品安全产业链：浙江农发集团案例

致力做"浙江最大粮商"的浙江农发集团，在"十一五"期间，在发展现代生态农业、构建浙江省农产品安产业链方面积极探索，取得显著成效。

农发集团以构建现代农产品物流产业为抓手，着力打造现代生态农业和安全食品产业链。到目前，现代生态农业和安全食品全产业链的雏形开始形成，形成生态农产品供应基地近50万亩，建成浙江省地方猪种质基因资源保护基地，建立了金华两头乌、江苏太湖猪两个种群。集团下属的农都农副产品批发市场2009年市场交易额突破84亿元。2009年底，萧山新农都物流中心项目开工建设，标志产业链建设将迈上更高水平。

集团充分发挥农粮国企的作用，争做浙江最大粮商。在东北粮食主产区建立了跨省粮食收购、储存和中转基地，建立了镇海、嘉善的粮食仓储中心，积极发展粮油深加工企业，培育"农都"农产品自主品牌。2009年农发集团下属的粮食集团实现销售占全省国有及国有控股粮食企业(不含粮食收储企业)的38%，实现利润占全省86%，经营量居全省第一，被认定为国家级重点粮油产业化龙头企业。集团还坚持走多元发展道路，积极发展房地产、类金融和商贸等第三产业，壮大集团实力，在提高反哺农业发展能力上狠下苦功。2009年末集团资产总额较2004年末增长1.86倍，净资产增长了2.50倍，实现销售收入增长6.83倍，实现利税增长2.3倍。成为中国服务业500强，列同行业第8位。

"十二五"期间，农发集团将牢牢把握省委省政府推进生态文明建设的历史机遇，全力打造从地头到餐桌的安全农产品全产业链，更好地引领浙江现代生态农业发展。

农发集团将坚持做特、做优、做强农粮主业，着力提升集团核心竞争力，构筑"三农"发展大平台。计划到"十二五"期末，集团总资产达到110亿元，完成打造省级农粮百亿大集团目标，争取在"十二五"末位列全国同行业第5位。

一是以"个十百千万"工程为抓手，全面推进"大龙头"建设，着力构建现代农产品物流体系。重点做好新农都物流中心项目的建设运营，投资50亿元，分期开发，滚动建设。同时，农发集团将在全省地级市，投资建设一批二级现代农产品批发交易市场，打造百家农产品配送连锁店，完善区域性农产品流通网络，形成东南沿海地区农产品定价中心。进一步扩大建立紧密、半紧密、松散多种形式的农产品基地，以生产基地带动农户。目前，农都公司已经开发出一套食品质量安全可追溯系统，从技术上解决了食品质量安全生产、加工和流通全过程的有效监管难题，为构建生态安全的食品产业链提供了技术支撑。另外，集团还将依托现有的中国农业网，投资1亿元，加强银企合作，探索虚拟交易和支付模式，打造"大农网"，构建现代农产品物流电子商务体系。

二是以"产加储运贸"全产业链打造工程为抓手，全面推进"大粮商"建设，做浙江最大粮商，为保障我省粮食安全做出更大贡献。计划通过在主要产粮地建立生产基地，提高粮食生产能力；通过新建、收购、控股、参股或联合区域粮油龙头加工企业，提高粮油加工能力；充分发挥三大粮库的作用，拓展经营性和政策性业务，配合政府在东北建立中转仓储基地，实现北粮南运，充分利用三大粮库的铁路专运线以及交通优势，增加中转业务量等措施来提高粮食储运能力；通过针对我省短缺品种、拓展进口自营代理业务，推进“百家放心粮店进社区”等措施来增加提升终端销售能力。

三是以大手笔规划开发现代生态农业示范园区和杭州湾商贸综合体项目为载体，构建现代生态农业和商贸服务等第三产业有机融合的新模式。规划开发上虞园区 12000 亩土地，投资 50 亿元建设生态农业示范园和杭州湾商贸综合体。投资 15 亿元对位于杭州的农都市场搬迁剩余土地进行改造提升，打造集主题酒店、食品卖场、购物娱乐、连锁配送、酒店式公寓等为一体的以“城市厨房”为概念的商贸综合体。

4. 供应链协同：贝发案例

贝发集团股份有限公司，始创于 1994 年的国内文具领军企业，专业从事以笔类为主的文具用品的研发、生产、销售及国际商贸服务，年产能全球前三强，年营收全球前十强，规模、产值、出口额、全球市场占有率连续 10 余年稳居国内第一。贝发集团拥有全球最大的单体制笔厂房，年产书写工具约 20 亿支，占全球总产量的 4%以上，并已成功覆盖学生用品、办公用品、礼品等 10000 余个品种的文具产品。作为业内公认的“技术专家”和“中国笔王”，迄今已获授权专利 1065 项，主导制（修）订“白板笔”、“中性笔”等近 20 余项行业标准，多项新品研发工程被列入国家重点新产品项目、科技部优秀火炬计划项目，是国家重点高新技术企业、国家创新型企业、全国企事业知识产权示范企业，并拥有中国驰名商标、中国名牌产品、中国出口名牌、中国免检产品、中国创新设计红星奖等百余项企业及产品荣誉。凭借自身在国内同行中最早实施“走出去”战略的先发优势，贝发集团 90%以上的产品，销往北美、欧洲、拉美、亚洲、中东和非洲等 150 多个国家和地区，并与 WalL－Mart、Staples、Office Depot、Tesco 等近 30 家“世界 500 强企业”建立了战略贸易关系，形成了全球化、多业态互动的营销网络，目前已成为沈阳托福多家跨国巨头笔类产品采购依存度最高的核心供应商和海外多个国家消费者识别率最高的中国笔类品牌。16 年间，屡获美国 Staples 和 Office Depot 公司颁发的“全球产品创新奖”、Tesco“全球最佳供应商奖”和 Global Sources 的“顶级供应商奖”。贝发集团是 2008 年北京奥运会文具独家供应商、特许经营商、特许零售商，以此为契机，首家倡导“全品类文具一站式采购服务”。在国内，多款贝发笔被选为上海 APEC 会议指定用笔、“鸟巢笔”被选为赠予各国政要的国礼、“‘和谐之旅’火炬接力纪念套装”成为中国博物馆的永久馆藏珍品。

2009 年，贝发集团通过深刻分析市场态势及消费需求，在 OEM 基础上，将文具产品与全系列的服务融合在一起，创造性地提出了新型经营模式——QSP 模式，这是贝发集团战略转型的重要内容之一，真正实现全品类、一站式供应链业务运营商的转变。QSP是贝发集团从制造商向文具供应链运营服务商转型战略的重要组成部分。它是融合国内文具大品类产业优势,以电子商务为平台,发展和有效管理海量客户为目的,通过与产业链的上下游建立互利共赢的战略合作伙伴关系,为客户提供文具全品类、一站式选择的供应链运营服务。以让中国品牌享誉世界为使命,以电子商务为运营平台,以价值的合理分配和资本运作让参与各相关方利益得到快速增值,这是品牌产品现货分销业务模式成功的关键要素,也是与竞争者的区别,它是贝发集团在传统业务基础上进行的改变和创新,其目的是提高经营效率、竞争力、持续经营的能力,真正实现"个性、快速、安全"。

2010年10月31日,商务部、中国对外贸易中心、宁波市等领导与贝发集团总裁邱智铭一道为文具供应链运营商QSP全球招商会揭幕,QSP全球招商会吸引了来自全球的上百家供应商、客户和近万参观者,共同见证贝发集团新型业务模式的开启。贝发集团与来自全球五十多个国家和地区的客商的进行了交流,并与新加坡、印度、荷兰等十余客商现场签订合作意向书。在现场,贝发集团分别与埃彼穆勒环球物流(上海)有限公司签订合作意向协议.

尼日利亚成为贝发集团全球第一个QSP现货分销中心,据了解,在接下来的一年中,贝发集团将在巴基斯坦、法兰克福、迪拜、宁波、广州、东京、圣保罗、孟买、上海等全球范围内设立9个分销中心,计划3年内全球现货分销中心达到30个,初步形成全覆盖、全品类、多功能的产品分销网络。

(二)转变交易方式:义乌案例

1. 内销功能扩大

近年来,义乌依赖商品聚集优势,更加注重开拓庞大的内销市场。义乌很多本地企业和经营户面对外贸市场壁垒增多、出口退税率下调、人民币汇率升值和原材料涨价等不利因素,试图从把销售增长点瞄向了内贸市场。商城集团经过多次考察、反复研究,成立了配送公司,实行代理采购、连锁配送,在市场狭缝中愣是挤出一条新路子来。商城集团配送公司开设了中国小商品城采购配送网站,收录了义乌五大市场所有行业中的近8万种商品信息。外地采购商在该网站查看商品样品、款式、价格等信息后,可直接下单委托配送公司采购和配送商品。这样一来,不仅降低了外地采购商的采购成本,更重要的是拓宽了义乌企业和市场经营户的内销渠道。义乌已跟广东、吉林、重庆等省市的重点贸易城市建立了以义乌商人和义乌商品为主的中国小商品城远程代理采购配送点,并初步形成了覆盖珠三角与东北三省的配送分销网络。

目前,重庆、山东、内蒙古等其他多个地方的专业批发市场也向义乌商城集团配送公司表达了合作意向。在配送公司里,看到正在这里验货的山东采购商陈先生忙着清点刚刚接收各商户集中的货物。他说,过去到义乌采购小商品要跑好几天,一次下来成本并不低,现在有了义乌市场提供委托代理采购和连锁配送业务后，商品采购成本降低了很多。

2. 采用拼单拼柜方式，降低总成本

金融危机情况下，世界主要发达国家购买力下降、需求减弱。但小商品的需求不会改变。义乌市场内的小商品绝大多数是消费周期短、价格低廉的生活必需品。这些小商品需求刚性强、弹性小，对服装等劳动密集型产品由于需求弹性较小因而受金融危机的冲击较轻。义乌与日常生活所必需的纺织原料及纺织制品占全市出口半壁江山。2010 年，纺织原料及纺织制品、杂项制品、塑料及制品、化学工业及相关制品、机电音像设备及零件五大类产品出口占出口总额的比重为 81. 3%。义乌出口的机电产品主要以机电音像设备及零件为主，价格弹性相对不大。尤其义乌出口产品成本竞争优势明显，抗风险能力相对要强一些。

义乌市场具有独特的拼单拼柜组合优势，与工厂相比具有灵活的优势，非常适合接短单、小单。这是因为义乌市场具有强大的信息集聚功能，动态汇集了来自全国乃至世界各地的商品的供给信息、需求信息，市场内的企业能够及时获取市场信息、把握市场机会；义乌市场展贸结合，动态汇集了来自世界各地的采购商和供应商，这种特殊的贸易方式提升了贸易机会、提高了贸易效率；在金融危机下，义乌市场的拼单拼柜优势十分明显，广东、福建等受金融危机冲击较为严重地区的企业要求来义乌设立销售渠道的数量在不断增多。

（三）抱团“取暖”调整市场、应对危机

1. 同行企业“抱团”：绍兴与温州案例

企业通过“抱团”、组建联盟来充分运用和整合市场资源，将不失为一种应对金融危机的好办法。抱团能给企业注入竞争与发展的强大活力，能够创造出新的市场竞争优势，并提升自身的竞争力。近年来，中国企业生存与发展的环境在不断发生变化，竞争越发激烈，给企业带来的压力也与日俱增。面对成本越来越高、利润越来越低、市场逐渐皮软的严峻形势，国内最大的纺织产业基地－－绍兴，采取抱团“取暖”调整市场等措施，积极应对严峻的金融危机。

2008 年 9 月 29 日，浙江华联三鑫石化有限公司由于缺乏资金被迫停产，这个国内著名纺织品上游原材料生产企业的停产，让绍兴上百家纺织企业进入了恐慌，在这种情况下，稳定军心，恢复信心是保住企业的关键。绍兴市政府立即台了一系列应急措施，并帮助企业进行重组。同年 10 月中旬，浙江两家企业分别注资 9 亿元和 6 亿元重组华联三鑫。目前，注资方已派工作组参与华联三鑫的经营管理，已恢复正常生产。

抱团“取暖”战略，保住了多米诺骨牌第一张牌不倒下，企业的“军心”得到了稳定，绍兴市又做出“早应对，早调整”的决定，把纺织品出口市场从欧美转向亚非，他们在非洲设立了两个纺织工业园，为绍兴纺织企业抱团式、产业链式“走出去”提供平台，现在全市已有 70 多家企业，到巴西、泰国、迪拜等国开辟中档纺织品市场。

浙江天龙数码印染有限公司，更是瞄准了越南纺织品进口的政策优惠，投资 8000 万美元在越南办厂。

在开辟国外新市场的同时，绍兴有 30％的纺织出口企业把目光放到了国内。绍兴凤仪集团与香港莎鲨国际集团联手开发国内家纺市场，把出口产品常用的提花、绣花技术改为活性印染技术，降低了产品成本，“亲民”产品一出炉，一下引来了众多青睐者，仅 9 月份的国内经销商加盟店就由原来的 5 家增加到 20 多家。

温州的很多民营中小型企业非凡善于“抱团”。例如，原来的温州阀门业存在着 1000 多家企业，形成了一个很大的产业集群。在完成原始资本积累后，这些企业之间仍然存在着如价格战和质量不够高等诸多问题，加上新《劳动法》的实施、人民币汇率的变化和原材料涨价，阀门企业感到了前所未有的经营压力，规模小的企业更是无力承受。意识到困难之后，越来越多的企业开始自行整合，组合集团或挂靠大集团公司，抱团提升自身的竞争力。抱团除了能帮助企业“取暖过冬”和应对日益严重的经济挑战之外，还能帮助企业顺利地进行异地投资，减少贸易摩擦带来的损失。温州多家外贸企业曾一起赴香港参加时装节，增强与香港时装业的联系，寻求在产品研发等全方位的合作，让温州服装真正“走出去”。此外，为了拓展国内市场，温州一些服装企业还联合起来到国内的二三线城市和农村考察，并预备在天津、湖北等二三线的城市设立服装大卖场，让产品直接由生产厂家进入零售终端，扩大国内销售渠道。

2. 抱团投资与民间商会形式抱团：温州案例

异地投资的风险很大，抱团出去，能够最大化地化解风险，还可以规避部分贸易壁垒。很多温州企业的境外投资大多采取抱团的形式。比如，自 1998 年 7 月 6 日，温州人从首个境外中国商城——巴西圣保罗中国商城之后，还在世界各地建立了无数温州“商品城”，并在俄罗斯、越南、美国建了三个境外工业园区。最近，温州企业家们又开始抱团再辟海外“战场”。另外一个例子是温州阀门民营企业抱团参加荷兰阀门世界博览会，凭借团队力量，参展的温州泵阀企业打响了区域品牌。

温州式民间商会形式抱团。温州民间商会的成员基本上是由民营企业和企业家个体构成的，他们多是因为企业发展过程中出现某些需求后（如维权、人力资本培训、服务等）由一群领导者发起，然后在业内进行动员而组织起来的，并通过一种自主性的协商来解决企业间一些公共问题，同时相互合作来增进彼此的共同利益。在温州，私人产权及其产权保护的概念历来比较牢固，民间资本市场非常活跃，私人借贷十分频繁，而且有非常灵活的融资方式。在资本市场发育滞后的情况下，民间融资对中小企业的发展起到过极大的作用；浙南一带广泛存在着类似于“盟兄弟”、“金兰会”的抱团组织。这种组织既强调互助互利，又强调个性独立和平等，可以看成是日后“商会”的雏形。温州商会企业间合作主要是依靠于一种彼此之间的信任而不是正式的规则，执行的方式也是约定俗成下的一种习惯。

3.“抱团”应诉:温州案例

贸易摩擦在很长一段时间都是个热门话题,关税贸易壁垒的减少使国家自主控制贸易的手段越来越少,因此一些国家开始利用反倾销、反补贴、非凡保障措施和技术壁垒等手段来保护本国的经济利益。中国的很多民营企业都碰到过反倾销诉讼的问题,而抱团参与诉讼就是一种很好的解决问题方式。例如前些年为了反倾销袭击,多家温州眼镜厂商就采取抱团的方式进行了有效反击。中国的大企业可以依靠自身的力量来应对国外的诉讼,但是生产小产品、小商品的企业必须要抱团出击,才能赢得胜算。

(四)积极应诉:宁波企业的应诉案例

1. 宁波企业成功应诉美国反倾销反补贴调查

2009年11月15日,美国国际贸易委员会初裁认定中国输美碳钢紧固件并未对美国国内产业造成损害,因此终止对华紧固件反倾销反补贴合并调查。听到这一消息,宁波众多紧固件企业终于长舒了一口气。这是近年来甬企首个应诉“双反”调查成功的案例,也为今后应对国际贸易保护提供了借鉴。

2009年9月23日,美国纽科紧固件公司向美国国际贸易委员会和美国商务部递交申请书,要求对中国出口碳钢紧固件发起反倾销反补贴调查。10月14日,美国商务部发布公告,决定对中国碳钢紧固件进行反倾销反补贴合并调查。

“‘双反’调查对宁波紧固件行业影响很大。”宁波紧固件工业协会会长樊玉龙介绍说,宁波是国内紧固件的最大产地,出口额占了全国紧固件出口的四分之一。2009年上半年,因受欧盟反倾销调查的影响,宁波众多紧固件企业已被迫退出欧盟市场,销售额和利润均同比下降了约10%。若此时美国市场再度亮起红灯,宁波紧固件企业的出口将全面受挫。据估算,如果美方坚持对中国紧固件实施反倾销,宁波紧固件企业的利润、产量都将被迫压缩四分之一,裁员将超过5000人。

在困难面前,宁波所有紧固件企业一致行动,抱团应对。在宁波市紧固件工业协会协助下,宁波各家紧固件企业都积极搜集证据,准备材料;20多家紧固件骨干企业还联合撰写了一份言辞恳切的抗辩报告,充分表达了宁波紧固件企业的立场和处境,并通过代理律师于10月25日送到了美国商务部。同时,宁波紧固件企业还通过各种渠道积极联系绍兴、嘉兴以及广东、江苏等国内紧固件主要生产地的企业,联手应诉美国的这次“双反”调查。最终,应诉这次美国“双反”调查的中国企业超过了150家。

积极应诉才有出路。专家表示,美方能够作出终止调查的决定,离不开中国政府强有力的抗议,也离不开中国产业界以确凿证据及有效抗辩材料进行的密切配合,这其中宁波紧固件企业功不可没。“宁波紧固件企业成功应诉‘双反’调查,对于频遭贸易保护主义困扰的甬企极具启示意义。”宁波外经贸局有关负责人说。

2. 宁波德泰率先应诉印度炭黑反倾销

宁波德泰化学有限公司于2009年2月23日正式向印度商工部提交了反倾销答卷。这是自2008年底，印度商工部反倾销局发起对原产于中国、澳大利亚、伊朗、马来西亚、俄罗斯和泰国的炭黑进行反倾销调查以来，首家应诉的国内企业。据悉，涉及这次反倾销案的国内企业共有7家，除宁波德泰化学有限公司外，另有4家企业也已决定应诉。

印度是炭黑的主要生产国，由于受资源等条件的影响，该国产品的生产成本较高，相同质量的炭黑，价格比国际市场要高10%左右。我国的炭黑企业凭借其较高的产品质量、合理的价格，正逐渐成为印度轮胎企业的优质供应商。据印度商工部统计，2007年10月至2008年9月，印度从我国进口炭黑1028万美元，占印度炭黑进口额的14.7%。

宁波德泰化学是浙江省最大的炭黑生产企业和全国炭黑行业首家国家高新技术企业。目前，德泰化学的炭黑已基本通过印度轮胎企业的试用周期，进入批量订单。宁波德泰化学有限公司有关负责人认为，该公司不存在低价倾销事实。德泰化学是凭借自身先进的生产设备、科学的生产工艺和方法、优质廉价的原材料供应等综合因素，在合理利润的前提下生产出质优价廉的炭黑，产品售价根本不低于成本价。

印度海关2010年1月28日决定对原产于中国、澳大利亚、伊朗、马来西亚、俄罗斯和泰国的炭黑(Carbon Black used in rubber applications)征收从量反倾销税。征税期为5年(至2014年7月30日止)。其中，中国企业反倾销税率分别为:(单位:美元/公斤):江西黑猫炭黑有限公司0.121;宁波德泰化学有限公司0.143;河北大光明实业集团巨无霸炭黑有限公司0.089;河北龙星化工股份有限公司0.168;宁波市晟安化工有限公司0.101;其他不合作中国企业0.423。

虽然2009年12月，印度对此案做出了肯定性终裁，但是宁波德泰化学率先应对为其他企业做出了榜样。

3. 宁波康大应对美国艺术画布反倾销遭受不公裁决

据了解，美国画布生产商Tara Materials在2005年4月提出了对我画布反倾销立案调查的申请后，美国国际贸易委员会(ITC)次月便认定中国画布存在倾销。随后，美国商务部开始立案调查中国艺术画布生产商及出口商的倾销行为。

此案涉及中国20多家企业。其中，从事绘画材料、办公用品生产和出口贸易的宁波康大是规模最大的一家，也是国内最大的画材出口商，去年销售额达3亿元。其中，画布出口总额800多万元，出口美国的产品涉案值达100万美元。

从涉案金额看，该案调查期内中国输美画布金额600万美元，数目并不是很大，但业内认为，此案的意义非比寻常，若美方最终在此战中胜出，一定程度将鼓舞其业界频频使出“反倾销”这一利器“封杀”中国产品。而由此带来的“连锁效应”，将使欧洲等其他国家争相效仿。

2006 年 3 月 24 日，美国商务部公布艺术画布反倾销终裁报告，宁波康大获惩罚性税率 264.09％，与未应诉企业适用同样税率，而 2005 年 10 月 28 日美国商务部公布的初裁结果宁波康大的初裁税率为 55.78％。

宁波康大进出口有限公司专业从事艺术画布、画框类的生产和贸易，公司年出口约 3000 美元，美国商场比重不大，调查期内出口仅 87 万美元。艺术画布反倾销是 2005 年美国对中国纺织品发起的第一起反倾销调查案，出于行业龙头企业的职责和保护市场的敏感性，宁波康大第一时间聘请美国著名律所积极参加应诉，2005 年 12 月 1 日－16 日，美国商务部官员到康大公司实地核查，康大及下属工厂积极配合，按要求提供财务账簿、销售记录等资料。康大公司在应诉中付出巨大，包括人力、财力、精力，却遭受美国商务部“不配合”并予惩罚性高税率的显失公正裁决。

为此，宁波外经贸局公平贸易处率宁波康大专程赴我商务部公平贸易局汇报案件情况，要求商务部公平贸易局在政府层面与美商务部进行必要的交涉，消除或减轻我出口企业在此案中遭受的不公正对待，以保护企业的合法利益。

同时该案立案时，中美双方尚未就纺织品达成协议，按最新中美纺织品协议，2006 年艺术画布列入 229 类（特种布）纺织品出口配额，中美纺织品协议的数量安排本身已经保护美国内相关产业，对实施配额管理的产品再进行反倾销调查，属于双重救济。宁波康大通过美国进口商了解到，美国本土没有艺术画布产业，主要依赖从中国、印度、墨西哥、加拿大及东南亚国家进口，据此，中国艺术画布对美国产业造成损害也不成立。

四、产业链协同竞争力提升路径

1. 转变竞争观念

（1）树立以顾客为中心的竞争导向

国际市场的竞争归根结底还是对顾客的争夺，企业通过市场竞争形成自己的目标顾客群体，选择竞争策略的出发点是如何比竞争对手更好地满足目标顾客的需求，认识到这一点对于我国外贸企业的竞争策略创新至关重要。我国外贸企业长期以来关心的是创汇，选择竞争策略的出发点是如何扩大出口提高效益，往往忽视了顾客的需求。为此，我国外贸企业应以国际市场顾客需求为中心寻求竞争策略创新：一是向顾客提供不同于竞争对手的产品或服务；另一是选择与竞争对手不同的方式或程序向顾客提供产品或服务。

（2）增创外贸企业的竞争优势

我国外贸企业总是挟持某种竞争优势进入国际市场的，但随着时间的推移和发展阶段的跨越，原有的竞争优势可能逐渐衰减，这就需要创新竞争策略以保持或增创竞争优势。国际市场竞争策略的创新与选择反映了外贸企业发挥资源优势的方向和形式。随着我国外贸体制改革的深化，外贸经营主体趋势于多元化，使得我国外贸企业的资源优势呈现出多样化的趋势，既有市场知识、营销经验、客户关系和企业信誉等无形资产优势，又有生产设施、地理位置、原料来源和分销渠道等有形资产优势，从而在竞争策略创新上有更为广阔的选择：一是建立高效率低成本的运作机制，向顾客提供质量可靠、交货及时、价格低廉的产品或服务，营造经营效率领先的优势；二是通过持续的产品研制与开发，向顾客提供创新的产品或服务，保持产品创新的领先地位；三是加强与顾客的联系与沟通，运用市场知识与营销技能更好地满足顾客的具体需求或特殊偏好，形成与顾客关系密切的优势。

(3)适应国际市场竞争方式的变化

传统的成本领先、产品差异和目标集聚三大竞争策略已难以适应国际市场竞争方式的发展变化，亟须转变竞争观念，创新竞争策略。例如，追求低价的成本领先策略难以适应客户多品种、小批量和快速交货的需求，强调产品差异的标新立异策略难以保证外贸企业在科学技术日新月异的今天还能继续保持领先地位，注重某个特定细分市场的目标集聚战略因国际市场顾客需求的多样性和个性化而难以奏效。为此，我国外贸企业应积极寻求适应国际市场竞争方式变化的策略创新：不仅维持低成本，而且追求高效率；不仅形成产品差异，而且保持产品领先；不仅实施目标营销，而且密切顾客关系。

2. 创新竞争策略

(1)经营高效策略

经营高效策略是指外贸企业通过低成本高效率地向客户提供产品或服务而营造竞争优势的一种策略。与传统的成本领先策略不同，经营高效策略不仅要求外贸企业想方设法降低出口成本，而且特别强调对客户需求的变动快速作出反应，营造速度领先和成本领先的双重优势。经营高效策略不仅更好地满足国际市场顾客“多品种、小批量和快速交货”的要求，而且要有利于外贸企业改变竞争方式，实现从价格竞争向非价格竞争的转变。追求经营高效的企业，注重优化生产流程和分销机制，权建高效率低成本的运作体系，从接受客户订单、组织出口货源、安排货物出运到办理出口手续的整个出口程序中，减少不必要的环节，提高运转速度，廉价快速地向顾客提供质量可靠的产品或服务。

(2)产品创新策略

产品创新策略是指外贸企业通过持续的产品研制和开发而形成产品创新优势的一种策略。与传统的产品差异策略不同，产品创新策略不仅要求外贸企业提供的产品或服务区虽于竞争对手，具有自己的特色，还特别强调通过产品持续创新而保持行业领先地位，营造创新领先的竞争优势。产品创新策略能够更好地适应国际市场消费者需求多样化、个性化和易变性的特点，有利于推动我国外贸企业的竞争方式从规模经济竞争转向适应性创新竞争。选择产品创新策略的企业，强调产品创新意识，捕捉新产品信息，建立促进产品创新的组织结构和运行机制，持续推出新产品，追求产品的创新领先。

(3)顾客联系密切策略

顾客联系密切策略是指外贸企业通过与顾客保持密切的联系与沟通，及时了解顾客的需求变化，想方设法满足顾客需求偏好的一种营造竞争优势的策略。顾客联系密切策略，不仅要求外贸企业了解客户购买产品或服务的目的，掌握顾客对产品或服务的需求或偏好，而且特别强调与客户保持密切联系的重要性，及时根据顾客需求的变化提供相应的产品或服务，努力建立与顾客之间的合作伙伴关系，培育顾客的品牌忠诚。实施顾客联系密切策略，有利于外贸企业树立以顾客为中心的营销观念，努力营造顾客忠诚的竞争优质，也有利于外贸企业转变竞争观念，实现从占有市场份额到拥有忠诚顾客的竞争方式的转换，提高企业竞争优势的持久性。奉行顾客联系密切策略的企业，并不单纯着眼于出售产品或增加销量，也不仅仅考虑某些交易的得失，他们关心的是确认顾客是否得到所需的信息与服务，以保证顾客的满意与忠诚，因为忠诚的顾客往往构成企业利润的主要来源。

3. 提升产业链协同竞争效率

(1)培育知名品牌和产业龙头企业，加速龙头大项目示范带头作用的发挥

知名品牌和龙头企业是地方产业竞争力的最好体现，很多产业集群就是名牌产品带动型或龙头企业带动型产业集群。政府要策划、包装一批具有国内国际影响力的地方名牌企业、名牌产品，加强对地方名牌产品、龙头企业的宣传推介。要鼓励扶持企业实施名牌战略。政府资源适当向名牌产品和龙头企业倾斜。要提高地方的知名度、美誉度，从领导人到市民都要利用各种机会宣传推介，对外树立良好形象，使浙江有名的产品品牌家喻户晓，人人称道。以这些品牌的发展带动各产业整体发展。在此基础上，要围绕打造产业链和壮大产业集群，进一步依托项目建设引进扶持壮大龙头企业，努力改变“一产一核心”的现状，降低链条风险；要进一步围绕龙头企业，加速上下游配套企业的引进与集聚，变政府招商为企业自发招商，给企业自招企业以同样的优惠政策，以商引商，壮大产业集群。

(2)大力发展配套企业，推进产业的近距离全球对接

要继续提升浙江各优势产业的配套性，搞好纺织服装、高端制造、生物医药、电子信息、文化传媒、新材料、旅游优势产业链的发展规划；以上述优势产业链的规划为基础，以“一点一线”为核心，围绕龙头企业的打造，构筑优势产业链高地。例如采用鼓励龙头企业通过并购、参股、参与技术改造等方式，对其上游配套企业进行改造，使其成为关系企业，稳住龙头企业。我省可参照国家有关扶持出口退税的政策办法，对龙头企业产品的国内非本地销售进行适当运费补贴，以弥补因龙头企业远离下游产品市场的成本压力；加大扶持本地企业与龙头产业进行配套的技术开发三项费用的力度；围绕龙头企业进行招商引资。注重引进骨干企业，推动配套厂商跟着骨干企业走等，以增强企业与企业的联系，加强协同合作能力。

第四节 区域产业转移与集群升级的商业模式——以宁波服装产业为例

一、调研设计和基本概况

课题组于2010年6月至8月间对宁波服装产业集群进行了三次大规模问卷发放，收集了包括雅戈尔、杉杉等在内的大中小企业调查问卷170份；期间，也对宁波服装协会进行了调研，并获赠相应的产业发展统计和调研数据；在2010年十月开幕的第十四届宁波国际服装服饰博览会期间，还进行了补充调研，同样获得了大量宝贵的数据，并对宁波服装产业的发展有了很多切身的了解和体会。

宁波是我国首批沿海对外开放城市、计划单列市和副省级城市，地处我国海岸线中段，长江三角洲南翼，陆、海、空立体交通发展迅速，市内交通四通八达。宁波服装业历史悠久，距今七千多年的河姆渡遗址中就有大量的纺织工具出土。在漫长的历史发展中，更是诞生了享誉海内外的“红帮裁缝”，创造中国服装业的很多个“第一”，如开设了第一家西服店，创办了第一家西服工艺职业学校，缝制了中国第一套中山装等。改革开放后，通过承接全球服装产业的国际转移，中国已成为世界上最大的服装纺织品生产国和贸易国，而享有“中国服装之都”的宁波，不论其生产总值、出口数量、还是品牌影响在全国都占有重要的位置。涌现了一批以雅戈尔、杉杉为代表的服装龙头企业。宁波服装业坚持用市场配置资源，大力培育相关市场，在体制方面不断进行创新，在经营模式、分配、用工、产权等方面进行了一系列改革，为服装产业结构调整而带来“先发”优势提供了增长动力。

宁波区域经济的发展可以说是一部以民营经济为主导的混合经济成长史。服装业作为宁波竞争最充分的产业之一，国有资本几乎全部退出，非国有经济十分活跃。民营企业具有精干高效的组织形式和灵活敏捷的经营机制，这使他们能够对服装市场的变化作出快速反应，在组织结构、管理方法、经营谋略等方面进行改革创新，整合业务流程以应对市场变化。而明晰的产权，又使他们具有很强的利润追求。此外，大中小企业合作灵活，大企业依靠综合优势寻找订单，然后分包给中小企业加工。集群内形成了分工明确、合作互惠的经营机制，销售渠道和网络比较健全，特许加盟、自营连锁店、战略联盟等被广泛使用。正是由于民营经济的上述优势，才使得宁波服装业从小规模、分散状态发展成为全方位、系统的产业集群。从2002—2009宁波规模以上服装企业发展情况（见表3-11）看，2003年以后，规模企业数和总产值基本上一直稳步增加，而出口交货值保持高速增长。

表 3-11 2002—2009 宁波规模以上服装企业发展情况

	2002 年	2003 年	2004 年	2005 年	2006 年	2007 年	2008 年	2009 年
规模以上企业数(个)	431	453	310	388	460	567	624	629
工业总产值(亿元)	164.95	194.14	122.75	174.59	211.34	274.49	304.34	324.67
利税额(亿元)	18.58	21.28	14.72	18.46	20.45	26.91	33.6	41.04
出口交货值(亿元)	99.39	133.01	58.91	83.96	115.52	161.43	162.54	187.63

数据来源:2009/2010 宁波纺织服装产业发展报告

随着产业集群的逐渐形成,宁波服装产业的制造能力也日渐增强。据不完全统计,宁波服装产业的年服装生产能力为 14 亿件(套),占全国的 12%。2006 年,在浙江省的服装行业中,宁波的服装产量占 40%以上,其中西服、童装和针织服装分别占 40%、76%和 65%。宁波服装出口占全省的 30%,总资产超过全省的 50%[①]。据宁波统计局公布数据:2006 年在规模以上工业企业中,轻工业总产值达 2069.1 亿元,增长 15.4%。2007 年继续稳步增长,总产值达 2557.35 亿元,增长 18.6%。2008 年受国际金融危机影响,增长幅度有所下降,仅比上年增长 11.8%,但轻工业总产值还是有所上升,达到 2895.8 亿元。集群外向度较高,宁波市服装历年出口额(见表 3-12)保持高位水平。可以说,宁波服装产业在全市经济中占有举足轻重的地位。

表 3-12 宁波市服装历年出口额(1997—2008)

年份	数量(万件)	金额(万美元)	平均单价(美元)
1997	1468.8	9541.1	6.5
1998	1591.5	9066.8	5.7
1999	2196	13910.3	6.3
2000	2992.4	17711.8	5.9
2001	3325.8	21684.5	6.5
2002	4163.2	23145.2	5.6
2003	5601.1	28652.6	5.1
2004	6407	33470.9	5.2
2005	8785.2	49605.6	5.6
2006	10158.2	66110.1	6.5
2007	11440.4	73995.4	6.5
2008	11100.8	84336.6	7.6

数据来源:宁波出入境检验检疫局

① 许继琴:《产业集群与区域创新系统》,经济科学出版社,2006,P242。

宁波服装产业的迅速发展，还有一个重要原因就是政府计划经济体制下的“无为而治”和市场经济体制下的“有为而帮”。前期支持和鼓励民营经济，为服装产业的发展创造了良好氛围。改革开放后，宁波市政府积极主动调整角色，多方面提供优惠政策和开展全方位的服务，成为地方经济发展的政策制定者和引导者，推进服装产业集群渐成规模和进一步发展。全球经济背景下，宁波政府积极制订并有效实施了服装产业发展的《宁波服装业“十五”战略规划》，整合、促进政府职能转变，提高办事效率；改善投资环境，积极引进外资、外来技术和外来人才；搭建区域纺织服装专业电子商务平台，成立纺织服装测试中心；组建服务机构，培育服装文化，推动服装名城建设等。

宁波服装业长期适应外贸出口和对外加工的需要，拥有较好的纺织服装设备，总体技术和加工设备水平在全国居领先地位。服装加工业的兴起还带动了宁波纺织行业的发展，使他们不断加快技术革新，增强了纺织产品的后加工和深加工能力，提高了产品的质量和档次。面辅料生产企业、印染企业也在新一轮产业结构、产品结构调整中取得了很大成效。此外，在服装机械设备领域也有一些配套的企业。至此，宁波服装加工、印染、面辅料制作相互配套的地方服装产业链逐步完善。同时，随着宁波服装产业的发展和以整体效益为中心并体现贸易多元化的格局，各种与服装相关的环节如产品营销、服装展会、时尚环节、服装职业教育等也随之迅速发展，并影响整个产业的发展。在产品营销环节，宁波服装产业在强大的制造能力的基础上，依托民营企业的灵活机制与雄厚财力，建立了庞大的市场营销网络。企业通过设立专卖、专柜、代理商等形式，产品覆盖全国各地。在出口市场上，欧盟、美国、日本、中国香港、东南亚等国家和地区都是宁波服装出口的主要市场。在服装展会环节，宁波国际服装节至今已经连续成功举办十四届，对扩大宁波的对外影响，促进宁波国际经济合作与文化交流起到巨大作用。在人才培训环节上，服装职业教育体系基本形成，设有大中专各类服装院校，能为服装企业提供一线的管理人员、技术人员和操作人员。

作为民企大市、出口大市，宁波的品牌建设经历了初识品牌、借牌、创牌等阶段，目前进入提升品牌、品牌竞争力全面提高的阶段。2005 年，宁波已成功培育了 11 个中国驰名商标、12 个中国 500 个最具价值品牌和 35 个中国名牌产品。同年 11 月，宁波与青岛共同获得“中国品牌之都”的称号，此后连续两届蝉联该荣誉。截至 2007 年，宁波中国名牌产品达 61 个，占全国总量的 4.2%，总数在全国同类城市中名列第三，在浙江省内名列第一。且当年上榜的 27 个产品中，纺织服装业就有 10 个，分别为“雅戈尔”、“罗蒙”、“太平鸟”和“洛兹”衬衫，“爱伊美”羊绒大衣，“雅戈尔”和“巨鹰”T 恤衫，“雅戈尔”裤子面料有 2 种，分别为“维科”装饰面料和“BROS”精梳纱线。至 2008 年 9 月底，宁波企业的中国驰名商标已增至 40 件，其中服装品牌有雅戈尔、杉杉、罗蒙、唐狮、培罗成、洛兹等[①]。此外，宁波服装产业还拥有自己的代理机构——宁波市服装协会。协会由全市服装行业的企事业单位和服装行业工作者组成，现有会员300多家，下设六大专业委员会，在组织上实行条块结合，以专业促进产业发展的模式。协会致力于服装行业管理、产业规划、服装产业市场推广及国际合作促进工作，并通过提供信息、促销、咨询、交流、调研、培训等工作，为企业服务，为政府决策提供参考。服装协会还积极开展与国内外其他服装专业机构之间的合作，分别成立了中国服装协会产业经济研究所、中国服装协会培训中心、宁波服装协会红帮专业技术委员会等，以及自身拥有的《宁波服装》杂志和"蝶尚网"，加强对外合作中的沟通与协调，在交流合作中共同提高。

自20世纪90年代以来，在技术革命的推动下，全球纺织服装业内部结构调整的步伐加快，生产组织方式不断变革，使该行业的国际产业转移出现了一系列新的特征：首先，国际产业转移的领域向纺织服装产业链的上下游环节延伸，为发达国家在发展中国家投资的纺织服装企业及其当地企业提供了更全面的配套，有助于在当地形成产业集群效应，从而完善产业链条，进一步降低生产和销售成本。其次，外包成为纺织服装业国际产业转移的重要方式。在日趋激烈的国际竞争环境下，纺织服装业的外包业务已经不再局限于"代工"和"贴牌生产"，其范围从成品加工逐步扩展到纺织原料和纺机研发、产品设计、展示、营销等更多领域。宁波服装业集群如何在这种新的趋势下继续书写辉煌，值得深入研究。

二、描述统计和典型企业

宁波作为国内最强和国际知名的服装产业基地，既有红帮裁缝发源地深厚的服装历史积淀，又具有市场经济下较强的国际竞争力，经过多年积累，初步形成了以西服、衬衫生产为龙头，集针织服装、羊毛羊绒服装、童装、皮革服装、休闲装等配套发展的庞大产业集群。从地域分布上看，宁波市纺织、服装企业有两种类型，一是成片分布且以西服、衬衫为主的区域，主要集中在从鄞州的东钱湖至石碶镇的鄞县大道一线和石碶镇至奉化江口镇的宁奉路一线，长约15公里的"L"行走廊。这里集聚了几十家具有相当规模和品牌效应的知名服装企业，这些企业的总产量占宁波服装总产量的60%以上，代表了宁波市服装业的主体。二是分散在象山、北仑、慈溪的以针织服装为主的服装企业，它们随着外资、外贸的发展而壮大，是一种建立在外向型经济基础上的服装产业集群，如宁波象山爵溪街道的针织产业集群，95%以上产品出口。我们的调研就以这个长约15公里的"L"行走廊为核心展开，分三次选取了较有代表性的170家企业，做了问卷调查和访谈。170个样本企业

---

① 此处数据来自中国质量新闻网：http://www.cqn.com.cnnewszljd/zhjsh/171239.html

的分工类型较为丰富，具体可见表3-13。另外，我们通过调研体会到产业链的真正含义，一条完整的服装产业链包括上游的面料、辅料，加工设备、设计开发和人力资源，中间的服装生产，下游的服装贸易、产品营销、服装展会等环节。企业间的协作和分工(见图3-11)极为细密，又整合为一体，这正是集群竞争力的来源。

表3-13 宁波服装集群调研样本企业规模结构分布

分工类型	不同分工类型的企业数分布	比例
成衣制造商	111	65.29%
印绣花厂	10	5.88%
织布纱布经营商	14	8.24%
服装印染(印刷)公司	4	2.35%
各种面辅料经营企业	22	12.94%
服装机械企业	5	2.95%
服装服务业	4	2.35%

资料来源：课题组调查。

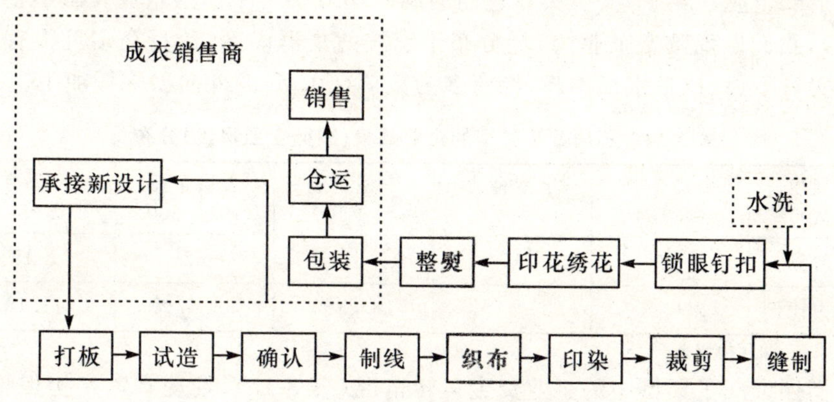

图3-11 成衣制作流程示意图

资料来源：课题组调查。

根据我们在宁波的调研，发现雅戈尔等典型企业在产品研发、品牌建设、市场控制等方面已经深耕数年，近期在金融危机的倒逼机制下，产业升级的步伐加快①。在雅戈尔的"三转"战略之中，首当其冲的是转型，其次就是转移。雅戈尔是推进转型和转移的成功例子。例如该企业研制的DP纯棉免烫精品衬衫如丝绸般光滑，打破了"穿棉要穿皱"的"定律"，将时尚与高科技成功地融为一体。用最新工

① 雅戈尔老总李如成认为："制造业是一个永恒的产业，对中国13亿人口的大国而言，制造业只有不断的升级、提升的要求，而没有淘汰的必要。"摘自内部材料：《中国制造之雅戈尔解读》

艺进行免烫处理，不仅能达到 4 级免烫效果，而且增加了衬衣的色泽亮度和饱和度；它具有良好的抗皱耐久性，在水洗 30 次后，成衣的免烫抗皱能力基本不受影响。DP 衬衫经过处理后，在面料上不留任何树脂，经专家委员会鉴定，在健康环保等综合性能上处于国内领先、国际先进水平，是对人体无害的绿色产品，其环保参数明显优于国家标准。在市场开拓和产业链构建上，雅戈尔从上游的棉花种植开始，到纺纱、织造、成衣生产，下游的营销渠道的建立，雅戈尔收购、投资了一系列相关企业，达成了全产业的控制。“雅戈尔产业链”的每一个环节，紧密相扣，并各自进入行业的中高端市场：日中纺是中国三大纺织面料生产基地之一，除了供应雅戈尔自身的面料需求外，还大量供应日本、欧洲和美国客户；雅戈尔服装城是中国最大的服装先进制造基地，雅戈尔品牌被评为最受消费者欢迎的品牌之一，定位于国内中高端客户；下游由 300 家连锁店 1000 多家商业网点构成完整的营销体系，牢牢占据了国内市场。2008 年，雅戈尔出资 1.2 亿美元收购了美国 Kellwood 公司旗下的新马集团，标志着中国纺织服装企业品牌国际化进程有了实质性的进展。并购完成后，雅戈尔集团得到了分布在斯里兰卡、菲律宾等地的 14 家生产基地。雅戈尔成为国内外拥有近 5 万名员工，年生产加工能力超过 8000 万件的世界最大的服装生产企业。除了“大块头”，我们的调研还分析了中小型企业及微型企业（见表 3-14），我们发现微型企业[①]广泛分布于宁波的集群内部，数量众多且很有活力，但资金实力不强，技术水平不高，经营多为接单（OEM）的外向型委托加工。

表 3-14 不同分工类型的企业规模（按照企业员工）分布

员工规模（人数）	微型企业（≤10）	小型企业（11—50）	中型企业（51—100）	大型企业（101—500）	巨型企业（≥501）
企业数量	13	45	31	62	19
企业所占比例	7.65%	26.47%	18.24%	36.47%	11.18%

资料来源：课题组调查。

我们还询问了集群中的企业资金运转情况（表 3-15），发现有资产担保情况下的企业获得银行贷款的可能性大大增强。可以看出，集群内企业家向亲朋好友借款解决资金融通问题占到大多数（62.50%），说明社会资本对集群的发展至关重要。在陌生地区社会资本的匮乏也是为什么很多企业不选择产业转移的原因，尤其是小企业，他们如果在当地没有亲戚朋友，基本不会选择过去投资，因为企业规模“个头较小”使得他们在中西部承接产业转移的政府眼里往往“排不上号”。这说明产业承接地政府偏好大企业和著名企业。从理性角度看，这往往可以带来一大串企业落户，直接带动某个产业链的整体发展。

---

① 微型企业目前没有统一的界定，本文结合服装产业的特点，界定为少于 10 人的法人实体及个体户等。

表 3-15 不同分工类型企业的资金运转情况

解决资金途径	企业数	比例
向亲朋好友借	106	62.50%
银行贷款	21	12.50%
民营金融机构	16	9.38%
自己积累	5	3.13%
其他情况	21	12.50%

资料来源：课题组调查。

对于劳动力（表 3-16）的状况，我们发现在宁波的外省员工比例很高，达到 82.39%，外省来源的前四名为江西、安徽、四川和湖南。员工的平均工资已经突破 2000 元，达到了 2013 元，调研中很多企业家说员工们拿到 3000 元以上工资的不在少数。工资的形式以计件为主，占到近 60%，而固定工资的比例仅有 4%左右。这一方面说明工资水平的确已经较高了，很多企业家抱怨吃不消，但由于劳动合同法的保护，员工就是干一天就走了，过几天再来要钱，一般为避免打官司最后还是会吃亏的情况都直接进行支付工资。这印证了劳动力成本上升的事实。调研中我们发现很多中小企业的处境很不乐观，很多企业家担心很有可能出现"转移转不走，升级升不了，工资付不起"的尴尬情况，所以不少企业家选择别的行业去投资了，如炒房地产或炒股等。长期看，这不利于实业型产业集群的可持续发展。

表 3-16 不同分工类型企业的劳动力情况

外省员工比例	82.39%	数量	比例
员工来源前 4 省份	江西、安徽、四川、湖南		
平均工资	2013 元		
企业普通员工主要工资形式	固定工资	6	3.53%
	固定工资＋计件工资（提成）	63	37.06%
	计件	101	59.41%

资料来源：课题组调查。

在宁波服装产业集群中，已经有很多企业进行产业转移，典型的如雅戈尔在重庆等投资设立生产基地，杉杉一度把企业总部搬迁到上海等等。但据我们的调研，选择转移的比例并不太高（表 3-17，3-18），实施转移的约有 15%，而有转移意愿的大约占 19.4%，而 80.59%的企业并没有产业转移的意愿。其中主要是中小企业，尤其是微型企业他们的老板经常会反问说，"干吗要跑到那边去，这边多好?!"，这印证了集群效应的存在，尤其是对中小企业有较大的吸引力。在进行产业转移的区位选择中，令我们意外的是选择在东部就近转移的最多，达到了三分之一，而到中部的约有28%，还有到西部(20%)和境外(17%)设立企业的很多选择。这四个数加起来超过了100%，是因为有的企业对外转移的分支机构超过一家，比如雅戈尔，不但在西部重庆有分厂，在海外也有生产基地，还有在省内嵊州设立的新工厂①，及在香港有营销中心等。

表3-17 宁波服装集群的产业转移倾向

类型	没有打算产业转移的企业数	有产业转移意愿(含已转移)企业数	已经有产业转移企业数
数量	137	33	25
比例	80.59%	19.41%	14.71%

资料来源：课题组调查。

表3-18 宁波服装集群的产业转移区位选择

产业转移目的地	企业数	比例
东部	15	33.33%
中部	13	28.89%
西部	9	20%
境外	8	17.78%

资料来源：课题组调查。

产业转移的形式(表3-19)非常多样化，包括最简单的设立办事处，同当地企业建立伙伴进行联合生产，设立生产基地或研发中心等，最多的还是设销售中心或专卖店，因为服装是一个劳动密集型的产业，同时也是时尚产业。这个产业位于低端产品空间的往往是供大于求的常态，销路的顺畅与否成为企业的核心竞争力所在，正所谓“得渠道者得天下”，而产品空间的高端区间则属于引领潮流的时尚产业，这就需要采取专卖店的销售形式以提升身价并大力进行推广。这也印证了很多企业进行产业转移的一大目的是市场扩张。另外，设立生产基地的比例接近30%，说明成本节约是企业进行产业转移的第二大动力。值得注意的是研发中心的设立已经占到一定比例，这说明宁波服装业进行升级的步伐也是很快的，已经加大了对研发的投入。而产业转移的动因(表3-20)与其采取的产业转移形式密切相关，同样的最大比重是在开拓市场方面，而生产成本的节约和政府优惠政策的利用也占到较大的比重。但交通便利的重要性却没有得到体现，仅占约6%。

① 东方财富网：雅戈尔男装30亿打造嵊州新兴产业科技园，http://guba.eastmoney.com/look,002036,4006373851.html。

表 3-19 宁波服装集群的产业转移形式

已经产业转移的形式	企业数量	比例
设立办事处	5	11.9%
设生产基地或分公司	12	28.6%
设销售中心或专卖店	21	50%
只设研发中心	3	7.1%
同当地建立合作伙伴	1	2.4%

资料来源：课题组调查。

表 3-20 宁波服装集群的产业转移动因

产业转移的原因	企业数量	比例
开拓市场，扩大品牌知名度	17	51.52%
区位和劳动力等降低了生产成本，获取生产优势，或产业链的完善	5	15.15%
当地优惠政策	5	15.15%
当地资源优势，交通便利	2	6.06%
获取技术	2	6.06%
其他	2	6.06%

资料来源：课题组调查。

三、相关启示

继"用工荒"之后，宁波服装企业又面临着新的人才瓶颈——中高级综合性的品牌设计、运营人才十分紧缺。这种紧缺已影响到宁波服装产业集群的转型升级，亟待政府、行业协会和企业共同研究解决。宁波虽是"中国服装名城"，但目前宁波服装业的人才结构不合理，人才资源不丰富。我们在调研中发现，在产品的高端，宁波服装企业主要缺少的是产品设计师、品牌总监、总助、渠道总监等中高级人才。宁波服装业发展要突破目前的设计的瓶颈，除了设计人才的培养外，更重要的是一种源自于区域文化底蕴的时尚氛围，而这恰恰是宁波最为欠缺的。宁波自古以商业闻名，文化气息相对不浓。现在的服装企业大多由乡镇企业发展而来，虽然随着企业规模的扩大，很多企业已开始注重企业文化的塑造，但与世界知名品牌所历经的百年历程相比，现代服饰文化内涵还相当浅薄。相比上海、杭州等有着雄厚文化基础的城市，宁波的城市时尚文化程度也相对落后。长期以来，宁波服装企业所用的高档面料等主要是向外采购，通过多年的运作，已经形成稳固的采购链：高档面料大部分从意大利、日本、韩国等进口，另一部分来自国内各知名品牌面料；普通面料主要来源于江苏、山东、广东等地。事实上，最具增值功能的是服装设计环节，而这恰是宁波服装产业链中最为薄弱的一环，也是宁波服装产业提升档次的核心重点。

我们采用企业集群竞争力评价的新拓展理论——GEM 模型（见图 3-12）分析了宁波服装的竞争力概况，发现宁波服装业发展仍存在基础不牢固、企业竞争力不强和市场开拓欠缺的问题，亟待战略升级。具体来讲，人才结构不合理，人才资源不丰富，而作为文化、时尚产业，宁波的服饰文化底蕴不足，面料、辅料产业面临高档面料短缺，自主研发能力欠缺的问题，最为薄弱的是服装设计领域，没有大师级的设计人员和相关团队。另外，女装品牌缺少知名度，男装品牌亟待升级，在当前形势下还面临比较优势减弱、贸易壁垒增加的风险。

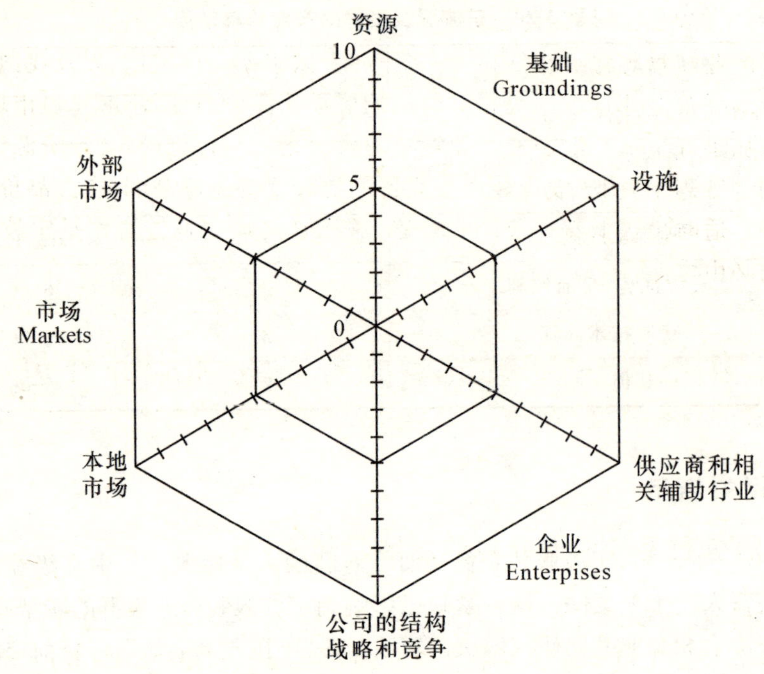

图 3-12 评价集群竞争力的 GEM 模型

资料来源：杨静，杨建梅. 企业集群竞争力 GEM 模型与钻石模型的对比研究. 科技进步与对策，2003(10).

宁波大部分服装制造业企业涵括价值链上中下游的诸多经营管理过程，包括生产性服务，而宁波现代服务业跟不上经济的整体发展速度。生产性服务业发展的障碍主要在于由于现代服务业的产业特性和对国民经济系统的重要性而造成的各种行业壁垒。其行业壁垒直接影响当前的市场准入，包括规模要求、行业技术特征和服务业政策。其中政策因素尤为重要。对现代生产服务业的行政垄断，是阻碍宁波目前和今后很长时期中现代服务业发展的根本原因。只有打破这些服务业的行政垄断，才能迎来生产性服务业的大发展。后金融危机时代，正是贴牌企业摆脱出口依赖，拓展内需市场的契机。许多实力较弱的外贸企业期盼通过开拓国内市场来摆脱困境，但苦于找不到合适的内销渠道和经营模式。就此象山针织业联合打品牌的方式值得借鉴。据了解，象山针织协会已申请注册“象之恋”商标，利用象山针织名城的名气，打造成象山的区域品牌，为鼓励和支持企业打出这个品牌，前两年不收取任何费用。这种联合作战的方式大大减少了中小企业的风险和成本。比起更注重设计的女装，宁波男装虽然凭借其品牌优势在国内市场拥有较高的市场占有率，但随着我国国内市场对外开放程度的提高，国外品牌不断涌入中国市场以及其它国内品牌的崛起，宁波男装受到巨大的冲击。宁波服装业过去走的是价格竞争和以量取胜的竞争道路，还缺少品牌提升的能量以及创造世界一流品牌的条件，宁波服装区域品牌亟待整合。

随着产业转移趋势日益明显，许多发展中国家如印度、越南以及我国中西部地区纷纷介入服装产业这个门槛相对较低的劳动密集型行业，不断抢占市场份额，对宁波很多从事外贸加工的服装产业造成较大冲击。与此同时，土地资源约束、劳动力成本上升等因素，使宁波服装产业集群的比较优势逐渐减弱，在产品价格上已经不占优势。适时推进低端环节产业转移，进行跨区域产业链协作是宁波服装产业的发展的必由之路。

第五节 宁波发展服务贸易和服务外包的特点与经验总结

一、服务贸易和服务外包的发展趋势

二战后，技术革命引发了全球产业结构的重大调整，以美国为首的发达国家相继出现经济服务化趋势。随着信息技术的发展和全球新一轮服务产业转移的加强，服务外包和服务贸易的大发展正成为趋势。20 世纪 90 年代以来，服务领域的国际直接投资(FDI)在全球直接投资总额中一直占据一半以上的份额。新世纪以来，服务外包的发展成为服务业 FDI 新的亮点。有数据显示，相较于制造业 5%至10%的增值幅度来说，服务外包的增值幅度高达 100%。而从收益来看，统计分析显示服务外包对中国经济贡献是来料加工制造业的 20 倍，但服务外包业的万元 GDP 能耗却只有制造业的 20%。伴随着全球服务型经济格局的形成，服务业国际投资和服务贸易飞速发展，服务业和服务贸易的发展水平已经成为衡量一个国家或地区国际竞争力的一项重要标准。随着生产的社会化分工不断加强和深化，原来在企业内部的许多服务性机构逐步分离出来进入社会，成为专业性服务公司。国际服务贸易就是服务的国际交换。随着国际产业转移的重心由制造业转向服务

业，国际服务贸易逐渐成为对外经济中增长最快、发展空间和发展潜力巨大的领域。服务贸易的增长速度持续超过商品贸易，服务业、服务贸易与服务业国际投资的良性互动带动经济迅速增长已是不争的事实。经济发展的需求及居民消费水平的提高都极大地刺激了服务贸易的发展。

进入新世纪，宁波经济快速发展，已接近城市GDP“4000亿俱乐部”，城市综合竞争力连续三年跻身全国十强。2008年世界集装箱港口吞吐量排名中，宁波港以年吞吐1084.6万标准箱的优异成绩，跻身世界前十强，位居第8位。改革开放以来，宁波作为一个沿海开放城市，服务业利用外资取得了很大发展。随着入世承诺的逐步履行，服务业自由化进程加速已成为外商直接投资新增长点。但作为长三角南翼经济中心，宁波的服务业和服务贸易在“长三角”经济圈中的优势并不明显，本节在其他学者研究成果的基础上，从服务业产业特性出发，分析服务业FDI对服务贸易的影响效应，通过实证对宁波服务业FDI与服务贸易相关性进行分析，看到底是替代效应还是互补效应，然后结合宁波服务业和服务贸易的发展现状和特征，提出比较有实用价值的可操作的政策框架，并推动外商直接投资的贸易效应理论研究的深化，丰富服务贸易理论的研究内容。

同时，宁波作为经济发达的贸易强市，其国际服务贸易整体上仍处于发展初级阶段，总体规模小、附加值水平低，对经济发展的促进作用弱，国际竞争力也较弱，与国际货物贸易发展相比，国际服务贸易发展严重滞后。面对新一轮的国际分工和竞争下的挑战，如何发挥宁波服务贸易的比较优势，并主动利用全球服务业转移的契机，则是新时期宁波对外开放面临的一个新课题。

二、服务贸易相关理论

服务贸易的实际发展速度虽然迅猛，但其理论研究仍较为滞后，迄今尚未形成统一的理论分析框架。经典的比较优势理论假定贸易商品向消费者移动，由于服务贸易也属于国际贸易的一种形式，目前国内外学术界比较认可的观点是，国际贸易理论可以适用于服务贸易，但是在运用时必须进行修正。因为服务贸易的比较优势是由自然禀赋、资本禀赋、人力资本、产业组织结构和文化、政治等非经济因素在内的诸多因素共同决定的。除自然资源的比较优势是静态的，其他因素均是动态发展的。所以，影响服务贸易比较优势的因素较之商品贸易更加复杂。自20世纪70年代中期开始，国外理论界关注服务贸易领域，包括针对国际服务贸易的基本概念、内涵等进行认真的研究，到20世纪80年代中期，服务贸易理论研究的重点转向，从不同的角度分析影响服务贸易比较优势的决定因素；而从90年代中期至今，全球服务贸易呈现出逐渐自由化的趋势，学者们转向对服务业竞争力的研究。

我国学者对于服务贸易竞争力研究是近10年才开始的，仍处于起步阶段。陈宪(2000)把服务贸易定义为非要素服务贸易，国际服务贸易便是各国服务的总出口。随着全球服务业的发展，我国服务业市场也逐步开放。总体上看，国内服务业企业大多还停留在服务产品生产的阶段，而竞争的手段主要是价格竞争，品牌竞争较弱(雷文轲，2007)。国内学者对服务贸易一般从三方面进行研究：一是从理论角度出来，分析服务贸易竞争力现状。该类研究方向大多借鉴于传统的国际贸易理论，有服务概念的探讨，也有传统比较优势理论对我国服务贸易的重要意义，如李怀政(2003)、杨松华和杨春(2004)等；二是专门研究特定类型服务贸易行业的竞争力，如董小麟、庞小霞(2007)对旅游服务的竞争力分析等。这类研究方向性强，但应用范围过窄；三是关于影响服务贸易发展的因素分析，我国学者李静萍(2002)认为，服务的供给和需求决定了服务贸易的发展，所以对服务贸易的宏观分析就是识别影响服务贸易的供给和需求的宏观变量。郑吉昌、夏晴(2004)认为影响服务贸易国际竞争力的因素有服务企业形象、专业素质优势、经营管理优势、研究开发、管理和人员培训、劳动力素质、人力资本、行业经营实力和水平及目标市场的同行业开发状况等。蔡茂森、谭荣(2005)则提出新的影响因素，有服务贸易的开放度、服务业发展水平和外商直接投资的规模。贺卫等(2005)借鉴回归分析，认为城市化、人力资本和外商直接投资对我国服务贸易产生影响，其结论是人力资本因素对服务贸易出口的影响最大。

综上所述，一直以来中外学者们集中研究的是对于服务贸易概念、服务贸易的发展、服务贸易能否适用基于商品贸易的比较优势说以及对服务贸易国际竞争力各指标的分析。相比之下，专门针对服务贸易比较优势的定量研究甚少。本文以宁波为例，定量探讨分析服务贸易的比较优势问题，并解决如何提升服务贸易国际竞争力的问题。

三、比较优势测度指标

(一)显示性比较优势指数

显示性比较优势指数(Revealed Comparative Advantage Index)，即 RCA 指数，是美国经济学家贝拉・巴拉萨(Balassa Bela)于 1965 年测算部分国际贸易比较优势时采用的一种方法，可以衡量一个国家(地区)某一产业贸易的比较优势。它通过该产业在该国出口中所占的份额与世界贸易中该产业占世界贸易总额的份额之比来表示，由于剔除了国家总量波动和世界总量波动的影响，可以较好地反映一个国家某一产业的出口与世界平均出口水平比较来看的相对优势。如果 RCA 指数大于 2.5，则表明该国该产业具有极强的竞争优势；如果 RCA 指数在 1.25 和 2.5 之间，表明该国该产业具有较强的竞争优势；如果 RCA 指数在 0.8 和 1.25 之间，该行业具有较平均的竞争优势；如果 RCA 指数小于 0.8，则具有较弱优势；其数值越是接近于 0，比较劣势越明显。

(二)比较优势指数

比较优势指数(Comparative Advantage Index)即CA指数,指的是一个国家进出口贸易的差额占进出口贸易总额的比重。它是由沃尔拉斯等于1988年提出,通过在出口的比较优势中减去该产业进口的比较优势,得到该国该产业的真正竞争优势。事实上,一个产业内是既有出口又有进口的,而RCA指数却只考虑了一个产业出口的影响,忽略了该产业进口的影响。如果一国CA指数大于0,说明该国服务贸易具有比较优势,若CA指数小于0,则说明该国服务贸易不具有比较优势;该指数越高,该国服务贸易国际竞争力越强;反之,该指数越低,该国服务贸易国际竞争力越弱(杨娟,2008)。

(三)净出口显示性比较优势指数

净出口显示性比较优势指数(Net Export Revealed Comparative Advantage Index)即NRCA指数。为了更好地反映进口对出口竞争力的影响,贝拉·巴拉萨于1989年又提出了一个改进的显示性比较优势指数,用一国某一产业出口在总出口中的比例与该国该产业进口在总进口中的比例之差来表示该产业的贸易竞争优势。NRCA指数大于0表示存在竞争优势,NRCA指数小于0表示存在竞争劣势,NRCA指数等于0则表示贸易自我平衡(杨娟,2008)。NRCA指数的优点在于它剔除了产业内贸易或分工的影响,兼顾了进口和出口两个方面的影响,因此用该指数判断产业国际竞争力要比其他指数更能真实反映进出口情况。该指数值越高,国际竞争力越强;反之,国际竞争力越弱。

以上三种方法是我们测度一国某行业比较优势的常用指标体系,虽然比较优势理论是对于商品贸易而言的,但我们前面已经说过,此理论也可适用于服务贸易的研究,在此我们借用来测算宁波的服务贸易比较优势。

四、数据说明与处理结果分析

目前,世界上大部分经济体均按BOP统计口径和项目分类编制本国(地区)的国际收支平衡表,宁波市对国际服务贸易统计主要也是采用BOP统计方法。宁波市国际服务贸易BOP统计主要是针对外币形式的支出和收入,分别对运输、保险服务、旅游服务、金融服务、通讯服务、建筑服务、计算机和信息服务、专有权利使用费和特许费、其他商业服务、个人与文化和娱乐服务,以及别处未提及的政府服务等11大类进行统计。2008年12月,宁波市外经贸局、国家外汇管理局宁波市分局、宁波市统计局三家单位共同编制的《2008宁波国际服务贸易统计报告》正式发布,据此可看出宁波服务贸易发展的迅猛势头。

(一)宁波服务贸易的描述性统计特征

从近五年数据来看,在2003年宁波市国际服务贸易进出口收支总额只有

8.61亿美元，而到2007年，宁波市国际服务贸易(不含政府服务)进出口收支总量达35.50亿美元，年均增长26.4%，保持了较快的发展，规模进一步扩大。短短5年时间里面服务贸易的进出口收支总额增长了3.12倍。2005年首次实现顺差0.29亿美元，2006年扩大到5.19亿美元。2007年，由于全市国际服务贸易进口明显快于出口，导致顺差减少为1.48亿美元，比上年下降71.5%，减少了3.71亿美元。从行业结构上看，运输和其它商业服务占较大比重，两项合计占比一直稳定在90%以上，2007年宁波市运输业占全年服务贸易总额的44.6%；个别新兴服务行业比重虽略有提高，整体发展结构不平均。从贸易的差额来看，最大顺差的市场为美国，2007年一年顺差高达1.45亿美元，远高于其他国家和地区，而新加坡、韩国、日本等市场是主要逆差来源。从服务贸易的市场分布来看，中国香港、美国、新加坡、英国、韩国仍然为宁波的国际服务贸易的重要合作伙伴，全年在五大市场的服务贸易进出口额高达29.04亿美元，占总额的81.9%，其中，与中国香港的进出口贸易额为20.22亿美元，占所有市场份额的57.0%，居各市场首位。从服务贸易进出口企业的属性来分析，2007年，其他主体项的国际服务贸易进出口总额28.63亿美元，占全市总额的80.6%，其中服务贸易出口15.68亿美元，服务贸易进口12.77亿美元，全年实现顺差3.09亿美元。不难看出，除了其他主体项外，外资企业在宁波的服务贸易中起主体作用。

总的来看，当前宁波市服务贸易发展很大程度上局限于传统领域，层级较低。新兴领域中虽个别行业发展势头较好，增长快速，但在宁波，对于全球而言增长最快的金融、邮电、通讯等知识与技术密集行业仍处于初级发展阶段。过高的市场集中度，容易导致对某些市场的过度依赖。

(二)宁波服务贸易比较优势的定量分析

利用上述的测算方法在获得的数据的基础上(见表3-21)计算了宁波2002—2006年的RCA、CA和NRCA指数(见表3-22)。

表3-21 2002—2006年宁波对外贸易情况

年份	服务贸易额(亿美元)		货物贸易额(亿美元)	
	出口	进口	进口	出口
2002	1.21	3.29	41.10	81.63
2003	2.48	6.13	67.36	120.74
2004	6.05	9.82	94.23	166.90
2005	11.31	11.02	112.61	222.33
2006	16.64	11.45	134.41	287.71

资料来源：根据《2008宁波国际服务贸易》统计和宁波统计局网站整理。

表 3-22　2002—2006 年宁波服务贸易比较优势指数

指数＼年份	2002	2003	2004	2005	2006
RCA 指数	0.1353	0.2100	0.3696	0.5475	0.6353
CA 指数	－0.4622	－0.4239	－0.2376	0.0130	0.1848
NRCA 指数	－0.0595	－0.0633	－0.0594	－0.0407	－0.0238

资料来源：根据《2008 宁波国际服务贸易统计》、历年《宁波统计年鉴、历年中国收支平衡表》等相关数据计算。

从计算结果可以得出宁波服务贸易 2002—2006 年这 5 年间有如下变化趋势。第一，RCA 指数呈上升趋势但一直小于 0.8，这说明宁波的服务贸易缺乏比较优势；第二，CA 指数一直呈上升趋势，在 2005 年 CA 指数达到 0.0130，并在 2006 年上升至 0.1848，从近五年数据来分说，说明宁波的服务贸易已由不具备比较优势，向具备比较优势转化，并且国际竞争力在不断提高。由于 RCA 指数只考虑了服务贸易出口所占的相对比例，并没有考虑服务贸易进口的影响，而 CA 指数是从出口的比较优势中减去该产业进口的比较优势，得到该产业真正的比较优势，所以宁波服务贸易的比较优势受服务业进口的影响比较小，主要受服务贸易出口情况的影响；第三，NRCA 指数一直处于小于 0 的状态，在－0.6—0.2 之间波动。虽然从 2003 年开始略有回升，总体依然小于 0，说明宁波的服务贸易处于比较劣势，在国际市场上具有较弱的竞争力。

（三）宁波服务贸易竞争力较弱的原因分析

首先是服务业发展滞后，尤其是生产性服务业发展落后。因为服务业和服务贸易是相互依存的关系。国内服务业的发展是国际服务贸易发展的基础和潜力。服务业的滞后必然会影响服务贸易的发展。尤其是生产性服务业作为现代服务业的核心，具有产业关联性强、资本和技术密集度高和对生产过程依附性强等特点，是知识资本、人力资本和技术资本进入生产过程的桥梁，是产品价值增值的主要源泉，也是形成产品差异性的重要手段。生产性服务业的这些特点对提升制造业竞争力具有重要意义，有利于降低制造业单位产品的生产成本，有利于提高制造业的整体效率。宁波市作为我国经济发达地区，产业结构中的工业所占比重较大，而服务业所占比重则相对较低，严重滞后于工业的发展。2007 年宁波第三产业增加值为 1149.1 亿元，增长 15.9%，但是与其他产业相比，却是第二产业增幅最大，第三产业占国内生产总值的比例仍然偏低，明显低于同等发展水平的国家和地区。正是由于宁波第三产业的滞后，影响到宁波服务贸易的发展。

整体品牌意识的缺失。品牌意识不强是包括宁波服务行业在内的全国的共性问题。缺失品牌意识导致企业长期被动。企业品牌是企业无形资产价值的重要表现。宁波虽是我国是外贸依存度最高的城市之一，民营经济发达，但是宁波企业的整体品牌意识缺失，自主创新能力不高，自有品牌的运营能力相对较弱。在服务贸易行业中，仅有“北仑港”等服务名片在世界上有较高的知名度，这与很多服务企业长期无品牌意识和被动的经营模式是分不开的。

五、宁波服务贸易的竞争战略

由上面的分析可知，宁波的服务贸易发展迅速，但服务贸易质量不高，从整体上看国际竞争力还很薄弱。如何将有限的比较优势发展成为竞争优势，挖掘潜在优势是今后宁波服务贸易发展的重中之重。提高宁波服务贸易的国际竞争力可以采取以下措施。

(一)大力发展生产性现代服务业

服务业的大发展是服务贸易的潜力和基础，所以发展现代生产性服务业是增强宁波国际竞争力的关键，是推进宁波国际服务贸易的首要战略举措。伴随着世界经济信息化加深，高新技术与服务贸易联系更加紧密，生产性服务业已经成为国际服务贸易中最主要的一类服务，以劳动密集为特征的传统服务贸易地位逐渐下降，以资本密集、技术密集和知识密集为特征的新兴服务贸易逐渐发展壮大。目前宁波制造业已具备一定的规模，对于支持制造业的生产性服务业需求越来越大，如物流、咨询、广告、信息服务、金融等相关服务业，应顺应产业发展趋势，加快生产性服务业发展。为此要一方面积极承接发达国家的服务外包，也要适时建立服务外包产业基地。打造现代服务业集聚区，创造良好的软硬件环境，不仅使宁波能积极承接国际现代服务业，而且能培养出一批具有自主知识产权、自主品牌、高附加生产能力的服务企业，使集聚区企业达到最优的聚集效应。

(二)注重服务业品牌建设，实施“走出去”战略

品牌化是高附加值的体现。在发展服务贸易上，需加大企业的集约化经营，并将企业推向品牌化、专业化、规模化的经营。宁波长期以来的服务贸易依靠的是货物贸易带来的交通运输等相关服务的出口，导致它会随货物贸易的波动而波动。应大力发展新型服务贸易的行业如金融与保险、国际通讯、国际咨询等这些全球需求量较大的行业。另外，“走出去”是我国服务企业参与国际市场竞争的重要条件。实施“走出去”战略是对外开放新阶段的重大举措。当前，无论从提升国际竞争力、分享全球市场、利用全球资源、优化产业结构，还是突破各国的贸易保护壁垒，“走出去”都是一种必然选择，也是中国对外开放提高到一个新水平的重要标志，更是宁波发展服务贸易的必经之路。

(三)建立服务贸易发展促进机制

目前发展服务贸易的相关政策措施尚待制订，有效促进国际服务贸易的平台也处于探索期，应建立一个有效的部门整体协调机制。因为服务贸易涉及的政府

部门多，不同情况处理方式也不同，所以需要建立由外经贸、教育、信息、旅游、文化、金融等相关部门协调合作的机制，使各部门达成统一，共同促进服务贸易的发展；第二，加大对发展服务贸易的资金投入以刺激和扶持服务贸易的发展。如提供专项研发基金，鼓励企业开拓国际市场，资助宁波企业参加国际展览、研讨会等；第三，为了保证服务的质量，应把发展服务贸易工作纳入政府考核的重要内容，分类考核不同类别和特点的服务工作，建立一套完善的服务贸易目标评价体系。

第六节　宁波服务业FDI对服务贸易的影响分析

一、服务业FDI相关理论

诺贝尔经济学奖获得者、美国经济学家蒙代尔(1957)在两国、两产品和两要素的标准贸易模型研究基础上，提出了著名的贸易与投资替代模型，从而打破了国际直接投资理论与国际贸易理论长期处于独立发展的状态。而弗农的产品生命周期是第一个试图对跨国投资行为解释动态化的理论。20世纪70年代末，日本经济学家小岛清教授提出贸易与投资互补模型理论。然而，上述理论大都以制造业FDI为研究对象，其中为数很少的对服务业FDI的研究也是以制造业外商直接投资理论为分析框架的。邓宁(1989)进一步讨论了服务业的跨国公司对外投资中三种优势的具体表现形式和特点。西方一些学者如萨皮尔(1981,1982,1985,1986)试图用传统货物贸易理论如比较优势理论解释服务贸易。还有一些学者探讨了不完全竞争和规模经济条件下服务贸易模式是如何决定的。马库森 和斯文森(1985)利用要素比例模型阐述了要素流动和商品贸易之间的相互作用，指出他们之间表现为替代性还是互补性，依赖于贸易和非贸易要素之间是“合作的”还是“非合作的”。马库森(1989,1996)认为，生产者服务业的两个主要特点是以知识为基础和差异性。琼斯等(1988)提出和运用“服务链”的观念来解释规模经济条件下的服务贸易。由于比较优势的存在，服务链可以促进生产的国际化，从而大大促进货物贸易。弗兰克斯(1990)强调了服务在协调和连接各专业化中间生产过程中的外部集聚作用，他建立了一个具有张伯伦垄断竞争特征的产品差异模型，讨论了生产者服务与由于专业化而实现的报酬递增之间的关系，以及生产者服务贸易对货物生产的影响。

目前国内关于贸易与投资关系的理论与实证研究较多，大致可以分为互补关系、替代关系及两种关系兼而有之这三类。服务业国际直接投资与服务贸易关系密切，贺卫等(2005) 利用我国服务贸易出口数据与FDI等因素进行了回归分析，发现FDI与我国服务贸易出口呈正相关关系，两者的相关系数为0.95；但采用线性回归极易产生伪回归现象。朱廷(2006)研究了FDI影响东道国贸易数量、结构及利益分配的因素和机理，阐明了FDI影响贸易替代和创造效应的因素，并借助经典理论模型，采用横截面数据，分阶段分析了中国省区出口贸易与FDI流量的关系，探讨了FDI在国家层次和地区层次上促进贸易增长的原因。周海蓉(2008)认为与有形商品贸易不同，服务贸易高度依赖于服务业对外直接投资，这是由服务产品的特性决定的。通过采用1983—2005年的经济数据，对二者的关系进行了协整检验和格兰杰检验。结果发现，服务业吸引外商直接投资和服务贸易之间存在稳定的相关关系。孙华平(2009)分析了生产性服务业的空间集聚及演化趋势，认为各地应结合区域资源禀赋承接发达国家的外包服务，促进生产性服务集群发展。徐松等(2009)考察了中国服务业FDI流量与服务贸易之间的关系。结果表明FDI是服务出口贸易变化的原因。并据此提出了进一步优化利用外资以提升中国服务贸易竞争力的战略构想。

总体上看，目前关于FDI的贸易效应的定量与定性研究大多集中于货物贸易领域，而服务业和服务贸易具有自身的特点且服务业的相关统计资料不全，所以具体到服务业FDI对服务贸易的相关研究较少，且多数的实证研究着眼于宏观层面，而结合区域经济层面分产业的深入研究成果更少，其FDI和服务贸易之间的关系还需要进一步的检验。

二、服务业产业特性分析

服务业FDI对服务贸易的影响比较复杂，这在很大程度上是由于服务业的产业特性导致的。总体来看，服务业的产业特性可以总结为以下几个方面：

1. 服务业产出在最初形态上具有难以储存的性质，其生产和消费几乎同时发生，并且具有难以运输等特点，所以服务业的消费和生产环节通常是联系在一起的，某一个地区消费的服务多倾向于在区域内或周边生产和购买。从产业性质看，服务产品具有无形性及经验性而非搜寻性商品的特征；专业化生产性服务如电信、交通运输以及金融等具有报酬递增的规模经济性，即生产规模越大，单位产品的成本就越小。所以生产性服务的辐射半径比一般制造业要大，这种产业特性决定了跨国直接投资对服务业国际化扩张的重要性。另外，服务业是典型的人力资本密集型和制度密集型产业，对制度条件和政府政策的敏感度极高。发达国家的发展经验表明：政府加快放松管制的市场化改革，能促进现代服务业的迅猛发展。

2. 服务业内容庞杂，门类众多。随着经济的发展与技术的进步，社会分工越来越细化，新兴服务业的不断涌现，服务业的多样化和差异性非常明显。总体上看，服务产业替代性较差，产业竞争呈现出垄断竞争的特征。其中生产性服务业是相对于制造业而言的中间性投入服务，它们的发展动力来自于工业生产的中间需求，主要为工业生产和工业文明“服务”，这类服务业产业关联性高，产业带动效果强，主要包括金融、交通、通讯、研发设计和商业，此外还有法律服务、行政性服务等。在当今发达国家服务业增加值中生产性服务占70%左右。以生产者服务为主体的现代服务业越来越成为促进经济增长的主导性力量。

3. 服务业呈现明显的阶段性产业集聚现象，这种特点要比制造业更加明显和突出。在服务的流通上，相比于国际货物贸易，服务贸易更多地依赖于要素的移动和服务机构的商业存在。与制造业相比，服务业由于生产和消费在时间和空间上的不可分割性、非实物化、难以储存性等特点，导致其比工业更依赖于本地市场的容量，并且有更强的空间聚集效应。一般而言，在发展初期，服务业比制造业更加分散。但随着其集聚力的不断加强，服务业的集聚程度会超过制造业。由于服务业的特殊性，不同行业的集聚程度可能有所差别。知识密集水平越高的服务行业集聚程度越高。在各国的中心城市中，生产性服务业已成为集聚程度最高的产业。

三、数据来源和实证分析

1. 样本数据的选取

本文用于分析的数据全部来自相关各期的《宁波统计年鉴》和宁波外经贸局发布的《2008 宁波国际服务贸易统计》，由于 1999 年之前的服务贸易的数据缺失，仅有 FDI 分行业数据，为统一起见，把样本数据界定在 1999—2007 年年度数据。另外，建筑业一般被划分在第二产业，故没加在服务业实际利用外资的项目中。1999—2007 年，宁波服务业外商直接投资和服务贸易进出口贸易额一直处于上升趋势。由于宁波商业发达，又是典型的港口物流城市，所以从统计描述看，宁波国际服务贸易中运输和其他商业服务这两项生产性服务贸易的总额占比较高，一直在 95%左右。因此除了进口 IM、出口 EX 和进出口总额 EM 以外，我们把二者之和作为生产性服务贸易 PS 的度量一同来看它和服务业 FDI 的实证关系。单位统一为千美元(数据如下表 3-23，3-24，3-25)，在此不进行汇率的换算。

表 3-23 宁波各年度实际利用外资额

1999 年	2000 年	2001 年	2002 年	2003 年	2004 年	2005 年	2006 年	2007 年
123740	200440	167570	191740	163300	252380	337790	423300	474520

表 3-24 1999—2007 年宁波国际服务贸易出口分项目表

项目	1999	2000	2001	2002	2003	2004	2005	2006	2007
	金额	金额	金额	金额	金额	金额	金额	金额	金额
总计	459153	172677	77902	121395	248158	605481	1131065	1664475	1848531
运输	35916	44312	56666	101449	172382	304598	416699	410034	664734
其他商业服务	418134	119043	17007	16281	65339	286487	681591	1221693	1108680

数据来源：国家外汇管理局宁波分局，剔除了其中的政府服务

表 3-25 1999—2007 年宁波国际服务贸易进口分项目表

项目	1999	2000	2001	2002	2003	2004	2005	2006	2007
	金额	金额	金额	金额	金额	金额	金额	金额	金额
总计	141406	188060	223635	329052	612666	982361	1102142	1145491	1701132
运输	81038	120604	130386	204116	417412	729153	776764	731080	919512
其他商业服务	45050	54693	74926	92856	133166	175768	215481	277870	559235

数据来源：国家外汇管理局宁波分局，剔除了其中的政府服务

2. 时间序列的平稳性 ADF 检验

由于采用时间序列数据进行分析，带有随机趋势的非平稳的时间序列变量之间经常发生伪回归现象而造成所得结论失效的不佳结果。因此在分析之前，首先要进行单位根检验。在此，对序列平稳性采用 ADF 检验。为消除 FDI、EX、IM、PS 序列的异方差性需要对数据进行对数化处理。考虑到对各时序数据取对数之后不会改变原序列的性质和相互关系，且所得到的数据容易得到平稳序列，所有变量取对数形式，具体表示如下：LNFDI 为每年服务业实际利用外商直接投资变量序列；LNEX 表示服务贸易中的出口总额变量序列；LNIM 表示服务贸易中的进口总额变量序列；LNPS 表示生产性服务贸易的进口总额变量序列。序列平稳性 ADF 检验的结果如表 3-26，结果表明：LNFDI 在 5%的显著性水平下都没有通过平稳性检验，而其它变量都通过了平稳性检验。因此可以进一步检验两变量之间的协整关系，但这需要对残差进行进一步的 ADF 检验。

表 3-26 各变量的 ADF 检验结果

变量	检验类型	ADF 检验值	显示性水平 5% 的 ADF 临界值	平稳性决策
LNFDI	(c,t,2)	-2.543247	-4.5810	不平稳
△(LNFDI)	(c,t,0)	-4.404819	-4.3535	平稳
LNEX	(c,n,2)	-14.52918	-3.5507	平稳
LNIM	(c,n,2)	-6.245468	-3.5507	平稳
LNEM	(c,t,1)	-14.12777	-4.3535	平稳
LNPS	(c,n,2)	-4.970614	-3.5507	平稳

说明：(1) △表示变量的一阶差分；(2) 检验类型括号中的 C 表示检验平稳性时估计方程中的常数项，为 0 表示不含常数项；第二项表示时间趋势项，为 0 表示不含时间趋势；最后一项表示自回归滞后的阶数；(3)统计软件 EViews3.1(下同)。

3. 协整检验

根据协整理论，如果两个序列满足协整关系，则这两个序列之间就存在长期稳定的关系，从而可以有效避免伪回归问题。通过协整检验可以得出各序列间的协整关系。本文采用 Engle(恩格尔) 和 Granger(格兰杰)于 1987 年提出的两步检

验方法，称为EG检验。其步骤如下：第一步是对LNFDI、LNEX、LNIM和LNPS进行单位根检验，这一检验在前面已经做出。第二步是对LNFDI和其他三个变量间进行普通最小二乘回归，然后对回归结果中的残差序列e(e=resid)再进行单位根检验。如果估计残差序列e为平稳序列，则表明LNFDI和其他三个变量之间存在协整关系。对e进行单位根检验的结果如表3-27所示。

表3-27 序列resid的ADF检验结果

变量	检验类型	ADF检验值	ADF临界值5%	平稳性决策
e1	(0,0,1)	−3.117777	−1.9962	平稳
e2	(0,0,1)	−2.305432	−1.9962	平稳
e3	(0,0,1)	−2.441367	−1.9962	平稳
e4	(0,0,1)	−2.398679	−1.9962	平稳

由表3-27的检验结果可以看出，检验统计值均小于显著性水平5%时的临界值，即不存在单位根，可以认为估计残差序列e为平稳序列。因此上述变量在5%的显著水平下存在一个协整关系，即它们之间长期均衡变量之间的协整方程为：

$$LNEX=-11.29928+1.959922\ LNFDI \qquad (1) \qquad R2=0.613167$$

$$LNIM=-8.157097+1.722642\ LNFDI \qquad (2) \qquad R2=0.756579$$

$$LNEM=-7.525935+1.724343\ LNFDI \qquad (3) \qquad R2=0.730621$$

$$LNPS=-11.78774+2.071623\ LNFDI \qquad (4) \qquad R2=0.790108$$

上述协整方程表示宁波的外商直接投资和服务贸易的进口、出口及进出口总额和生产性服务贸易的这种长期均衡关系中，服务业FDI的变化对宁波的服务贸易额的扩大确实有着积极的影响，而且对生产性服务贸易的影响最大。

4. 格兰杰检验

以上计量分析的结果只是说明了一个经济变量对另一经济变量的依存性，但我们还并不确切两个变量之间的因果关系是怎样的，格兰杰(Granger)检验旨在探讨各变量间长期和短期的因果关系。格兰杰因果关系检验的基本思想是“过去可以预测未来”。其基本原理是，在做Y对其他变量(包括自身的历史值)的回归时，如果把X的滞后值包括进来能显著地改进对Y的预测，我们就说X是Y的格兰杰原因；类似地定义Y是X的格兰杰原因。此处利用此种检验方法就宁波的FDI和服务贸易的进口、出口及进出口总额和生产性服务贸易之间的因果关系进行检验。由于格兰杰的检验结果对滞后长度的变化比较敏感，即滞后长度选择的不同可能会得到不一致的结果。因此，在检验的过程中应选取多个不同的滞后期，若检验的结果一致，则得出的结论较为可信。此处由于时间数据的年度不足够多，故只检验选取了1和2个滞后期，检验结果如表3-28所示。

由表 3-28 的检验结果可以看出，出口是服务业 FDI 的格兰杰原因，即出口导致了服务业 FDI 的增长，而不是相反。滞后两期时，二者的因果关系就难以确定。另外，进口带动了服务业 FDI，但比较勉强，因为 P 值为 0.10199，非常接近 0.1；同样的，滞后两期时，二者的因果关系就难以确定。滞后一期时，进出口导致了服务业 FDI 的增长，但滞后两期时，二者是双向因果关系，说明二者的互补关系明显。最后，生产性服务贸易是服务业 FDI 的格兰杰原因，也就是说，生产性服务贸易导致了更多的服务业 FDI，但此结论不是很稳健，因为滞后两期时，二者的因果关系就难以确定。

表 3-28 宁波 LNFDI、LNEX、LNIM 和 LNPS 的 Granger 双向因果关系检验结果

变量	滞后阶数	Null Hypothesis	F－Statistic	Probability
LNFDI 和 LNEX	1	LNFDI does not Granger Cause LNEX	1.23956	0.31620
		LNEX does not Granger Cause LNFDI	8.09706	0.03601
	2	LNFDI does not Granger Cause LNEX	3.06001	0.24631
		LNEX does not Granger Cause LNFDI	4.25241	0.19039
LNFDI 和 LNIM	1	LNFDI does not Granger Cause LNIM	0.25012	0.63822
		LNIM does not Granger Cause LNFDI	3.99846	0.10199
	2	LNFDI does not Granger Cause LNIM	3.74889	0.21058
		LNIM does not Granger Cause LNFDI	4.03254	0.19871
LNEM 和 LNFDI	1	LNFDI does not Granger Cause LNEM	0.34616	0.58187
		LNEM does not Granger Cause LNFDI	25.1318	0.00406
	2	LNFDI does not Granger Cause LNEM	359.150	0.00278
		LNEM does not Granger Cause LNFDI	9.99919	0.09092
LNPS 和 LNFDI	1	LNPS does not Granger Cause LNFDI	17.1222	0.00902
		LNFDI does not Granger Cause LNPS	0.72901	0.43220
	2	LNPS does not Granger Cause LNFDI	3.32136	0.23141
		LNFDI does not Granger Cause LNPS	1.44643	0.40876

四、政策启示与对策

通过上文的实证检验，可以得出如下结论：宁波服务业 FDI 与服务贸易存在微弱的互补关系，服务业的进口和出口尤其是生产性服务贸易导致了更多 FDI 的流入，而服务业 FDI 对服务贸易的带动效应不明显。这可能与宁波长期以来较重视 FDI 领域的工业大项目，而不重视服务业的外资引进有关。另外，服务业相对于制造业而言，存在过多的市场进入限制，同时服务业内部不同行业之间市场开放程度也不相同，加剧了宁波产业结构和服务业结构的不合理偏差。在全球经济贸易结构不断调整和区域经济一体化进程加快的大背景下，服务业引资政策调整和制度变革势在必行。

首先，要加大服务业的对外和对内开放力度。服务业日益成为产业进步的标志，服务贸易的增长速度已超过货物贸易的增长速度，成为当今国际贸易中发展最为迅速的领域。我们应制定完备的、与国际惯例接轨的区域服务业发展法规，加强服务部门利用外资的法制建设。但同时也应处理好服务业开放与合理保护的关系，在吸引服务业FDI时，要与当地的产业政策相结合，调整服务贸易和利用外资的结构，大力发展生产性服务外包如现代物流和金融等，积极承接外资向资本、技术密集型的现代服务部门转移。

其次，要努力改善投资软环境。对服务业而言，特别要创造一个良好的制度环境，尤其要做好知识产权的保护工作。宁波服务贸易和引资结构并不合理，服务贸易优势部门主要集中在海运、商业等比较传统的领域，服务业原来的引资主要集中在传统服务行业上，对于新兴服务行业和专业服务行业如金融、保险、计算机信息服务、技术咨询、专有权利和特许、广告宣传和设计创意产业等高附加值服务产业的引资力度还十分有限，比重仍然很低。前已述及，现代服务业往往是人力资本密集型和制度密集型产业，对制度条件要求极高。因而如果没有一定的法律法规加以保护，投资者的投资安全就得不到保证，势必挫伤他们的投资积极性。随着宏观开放政策的调整，宁波应该利用副省级城市的政策优势，积极鼓励现代服务业企业做品牌，创名牌，提高服务产品的国际竞争力。

第七节　宁波实行品牌强贸战略的经验

随着市场竞争剧烈程度的加深，品牌在竞争中的重要作用充分显现。当顾客对品牌的忠诚度达到一定程度后品牌与产品实体分离，并开始独立于产品或服务等具体实体而存在。此时的品牌已经超出了品牌原有的单一“标识”特性和“与竞争对手相区别”的简单功能，也不再局限于“作为企业的外化形象”的功能，而是作为独立于产品或经营者等竞争实体而存在的竞争主体，即品牌是某种标志所标识的产品、服务或相应的企业在买方及其相关消费群体心目中的总体印象。

一、宁波实施品牌强贸战略的背景

(一)发展出口品牌是应对产品成本上升压力的必然选择

贴牌生产、R&D(研究与发展)投入过少成为宁波企业出口品牌发展的阻碍。采取贴牌生产(OEM)方式是当前企业在竞争加剧的情况下，降低成本的一条有效途径，宁波大部分出口企业靠贴牌生产的方式出口，贴牌生产使得宁波出现品牌数量较多，但真正自主品牌较少的状况。其不利影响有以下几个方面：无法通过贴牌生产获得核心技术，从而丧失了核心竞争力；贴牌企业利润微薄，不利于企业长期发展;使企业丧失自主品牌的建设;一味依赖贴牌生产会出现“三明治效应”。

(二)发展出口品牌是应对人民币升值压力的必然选择

人民币升值对出口导向型行业最直接的影响就是出口价格的相对提高,导致的边际负面效应扩大。这意味着中国产品在国外价格竞争力的下降,而价格优势正是中国制造的真正生命力。此外,出口企业还会遭受出口收入转化成人民币时的汇兑损失,以及由于出口量减少造成的损失。

(三)发展出口品牌是应对贸易摩擦的必然要求

1. 发展出口品牌是应对“两反一保”的必然要求

“两反一保”指反倾销、反补贴和特定产品过渡性保障机制条款,这些条款使外国对中国出口商品的歧视在一定时期内“合法化”,而 WTO 其他成员方有可能采用所谓的“市场扰乱”等偏离世界贸易组织原则的条款,限制中国传统出口商品的出口。由于我国本土企业不断采取价格竞争策略,我国出口的产品已经成为国外反倾销的主要对象之一。这对宁波传统的纺织服装等劳动密集型产品出口极为不利。如果宁波本土企业仍然不做品牌只做生产,则贸易摩擦必然更加严重。

2. 发展出口品牌是应对绿色壁垒的必然要求

发达国家的绿色壁垒,对宁波传统大宗出口商品的出口特别是对纺织品和服装的出口也将产生越来越大的影响。目前技术性贸易壁垒占世界贸易壁垒的80%,已成为我国出口贸易发展的最大障碍。这些技术壁垒主要是来自欧盟、美国、日本等国,这些市场恰好也是宁波出口的主要国际市场。从各国的实践来看,“绿色壁垒”所涉及的内容非常广泛。从对环境产生影响的角度看,其内容可从商品的生产、加工方法、包装材料、销售方式、消费方式以及商品废弃后的处理等诸多方面加以限制,无疑对宁波大宗传统出口商品造成极严重的影响。

3. 发展出口品牌是应对知识产权纠纷的必然要求

知识产权纠纷也使出口企业受到很大影响。由于品牌管理水平低,目前发达国家跨国公司在我国已编制了一个严密的知识产权保护网,例如在半导体制造、电视零件和电视系统三个领域,近年来外国申请的发明专利数量占我国整个发明专利申请量的比重均超过85%。由于一种产品技术发展路径的有限性,我国不论是采取模仿还是自主开发一项技术,都可能涉及侵犯知识产权问题。

二、宁波实施品牌强贸战略的现状与特点

(一)现状

宁波市从1993年开始全面实施品牌战略,近20年来已取得丰硕成果。截至目前已成功培育了11个中国驰名商标、12个中国500具有价值品牌和35个中国名牌产品,另有150个浙江名牌、134个浙江著名商标、331个宁波品牌,157个宁

波知名商标。如今宁波已经形成了以雅戈尔、奥克斯、罗蒙、方太、波导、大红鹰、维科、帅康、吉德等为代表的一大批强大品牌企业，行业覆盖了纺织、服装、家电、文具等领域。在商务部公布的“2005－2006 年度重点培育和发展的出口名牌”中，宁波有 20 个品牌入围，占品牌总数的 11%，是国内拥有国家级出口品牌最多的城市，成为了宁波南翼重要的先进制造业基地。宁波“品牌兴市”已较成功的走出了一条“品牌产品－品牌企业－品牌产业－品牌经济－品牌城市”的发展之路，并呈现出鲜明的宁波特色。

作为“中国品牌之都”，宁波拥有众多的企业品牌。自 2001 年我国开始实行中国名牌产品评定以来，宁波累计已有 23 个中国名牌产业，在计划单列市中名牌企业排名第一，产品总数排名第二。据宁波市经委统计，2007 年全市新增中国名牌产品 17 个，浙江名牌产品 44 个和宁波名牌产品 137 个，累计分别达到 61 个、210 个和 471 个；新增中国驰名商标 100 余件，省著名商标 44 件，市知名商标 154 件，累计分别达到 140 余件、258 件和 599 件，各项指标在全国、全省处于领先位置。

目前全市自主品牌商品出口已达 10%以上，在境外注册商标累计 1906 件，境外注册国家和地区近百个，居全国同类城市前列。有 20 个品牌被评为“商务部重点培育和发展的出口名牌”，位居全国同类城市第一。一些品牌的单项出口额，如一根“敦煌”线、一支“贝发”笔、一把“长城”尺、一节“双鹿”电池、一只“韵升”八音琴、一台“海天”塑机，均居全国首位。同时，据该市工商部门统计，目前已至少有 16 家企业正少努力申报中国驰名商标，这些企业包括贝发、奇迪、得力、广博、维科等。特别是 2011 年年初，宁波市政府出台的《关于推进“品牌之都”建设的若干意见》规定，今后被认定为中国驰名商标和中国名牌的企业，政府将奖励 20 万元。而实际上，该市一些县、市给出的奖励额度更高。如宁波保税区上半年出台政策，对被认定为中国驰名商标或“中国名牌”产品、省级著名商标或“浙江名牌”产品、市级知名商标或“宁波名牌”产品的企业，保税区管委会分别一次性给予奖励 100 万元、50 万元、5 万元。而慈溪市对于新获中国驰名商标的三 A 和方太两企业予以 80 万元重奖，三 A 公司还获得周巷镇政府 20 万元的奖励。总之，有当地政府政策的支持，更主要的还是企业自身品牌建设需求。

宁波企业品牌建设也存在一些问题。根据 2008 年世界品牌实验室发布的《中国 500 最具价值品牌排行榜》，宁波有雅戈尔、维科、大红鹰、帅康、方太、罗蒙、培罗成、博洋、双鹿等 9 个品牌入选。从品牌价值来看，宁波入选平均品牌价值为 44.38 亿元，不仅远低于全国入选品牌 69.85 亿元的平均价值，而且仅有雅戈尔一个品牌以 79.32 亿元的品牌价值居于全国平均水平之上。从品牌所在行业来看，入选品牌主要集中在纺织服装（5 个）、家电（2 个）、烟草（1 个）等传统的以劳动密集型为特征的制造行业，技术含量相对偏低。从品牌影响力来看，宁波入选企业的品牌影响力均局限于国内，目前尚无有较强国际影响力的知名品牌。从品牌成长性来看，宁波入选品牌的个数呈逐年下降趋势，从 2004 年的 12 个到 2006 年和 2007 年的 10 个再到 2008 年的 9 个，整体名次情况也略有下降。

表 3-29 2006—2008 年宁波入选《中国 500 最具价值品牌排行榜》情况一览表

品牌名称	品牌拥有机构	主营行业	上市与否	品牌影响	2008 年品牌价值（亿元）	2007 年品牌价值（亿元）	2006 年品牌价值（亿元）	2008 年排行	2007 年排行	2006 年排行
雅戈尔	雅戈尔集团股份有限公司	纺织服装	是	中国	79.32	92.11	91.81	76	66	52
维科	维科控股集团有限公司	服装纺织	是	中国	69.71	70.87	/	100	86	/
大红鹰	宁波大红鹰实业投资股份有限公司	烟草	是	中国	46.32	39.43	38.32	161	168	163
帅康	帅康集团有限公司	家电	否	中国	45.25	22.58	21.82	168	283	274
方太	宁波方太厨具有限公司	家电	否	中国						
罗蒙	罗蒙集团股份有限公司	纺织服装	否	中国	38.17	36.30	34.57	201	181	176
培罗成	宁波培罗成集团有限公司	纺织服装	否	中国	34.47	33.19	31.70	218	204	199
博洋	宁波博洋纺织有限公司	纺织服装	否	中国	33.24	32.34	30.89	224	210	207
双鹿	中银（宁波）电池有限公司	电池	否	中国	9.25	8.03	7.77	481	475	462
唐狮	宁波博洋纺织有限公司	纺织服装	否	中国	/	31.92	/	/	216	/
波导	宁波波导股份有限公司	通讯电子	是	中国	/	/	64.66	/	/	84
洛兹	宁波洛兹集团有限公司	纺织服装	否	中国	/	/	5.68	/	/	494

(二)宁波实施品牌强贸战略的主要特点

宁波品牌企业扎根于本地,致力于开拓国际市场,经历了无牌贴牌到有品牌再到国家知名品牌的艰辛之路。宁波品牌经济保持了每年30%以上的高增速,综合实力和品牌价值也普遍得到快速上升,成为支撑宁波制造业发展的强劲动力。突出表现为“四高一齐”:

1. 高原创性。宁波经济的最大“活力”来源于发达的民营经济,正是这些面大量广的“草根企业”构成了宁波创牌的主体和源泉,并决定宁波品牌大都具有浓厚的内生性,极少属于外生式的舶来品。它们深深植根于宁波的土地上,生于斯、长于斯,经历了无数的艰辛与蜕变,最终才茁壮成长起来。以宁波现有国家级品牌为例,它们的成长模式虽然不尽相同,有的是从无牌贴牌到有牌再到知名品牌一步步成长起来的(如雅戈尔、杉杉),有的是在当时国内市场已趋饱和的情势下强势介入,凭借独到的品牌经营理念获得成功的(如方太、奥克斯),有的是在高品质的基础上运用全新的品牌经营模式迅速成长起来的(如唐狮),还有的是先打国外市场再拓展国内市场(如贝发),但无一不是土生土长的原创性品牌。

2. 高集群性。民营经济的一个最大特点是有着浓郁的自发性、鲜明的区域性和极大的带动性,往往凭借一家或几家企业的带动和溢出效应,就能够催生出一个产业集群。宁波的服装、家电、塑机、模具、文具、灯具等主要产业集群的形成基本如此。据初步统计,目前宁波年产值上亿元的产业集群有140多个。这就从先天上注定了宁波品牌形成的高集群性。如,宁波的服装行业仅中国名牌就有15个、中国驰名商标3件,家电行业有中国名牌7个、中国驰名商标5件。

3. 高成长性。近年来,宁波品牌经济始终保持在30%以上的高增速,品牌企业的综合实力和品牌价值也普遍呈现出持续快速上升的良好态势,成为支撑宁波制造业发展的强劲动力。以2009年入围中国500最具价值品牌排行榜的12个品牌为例,不但90%以上的品牌价值及排名有了不同程度的上升,而且品牌价值增幅最高的达50%以上、排名上升最快的达67位。此外,宁波还有13家企业成功跻身中国制造业500强,其中前200强5家。

4. 高开放性。致力于拓展国际市场,是宁波品牌企业的共性。长期以来,凭借对外开放先发优势、港口优势和海外“宁波帮”等诸多优势,宁波有许多企业从一开始就热衷于作外贸出口,致力于打造出口品牌,如贝发、爱伊美、燎原灯具等。目前,全市现有1.5万名外销员,每5个宁波人中就有1个从事与外贸行业有关的工作。长期闯荡国际市场所经受的千锤百炼,最终催生了一大批知名出口品牌的诞生。近年来,在国家商务部公布的“重点培育和发展的出口名牌”名单中,宁波往往是入围品牌名单最多的一个城市。在2010年国家商务部公布的名单中,宁波又有20个品牌入围。此外,宁波品牌企业共计已在100多个国家和地区注册了商标,其中贝发集团一家企业就在境外70多个国家注册了商标,申请了400多项专利。

5. 百花齐放。民营企业的一个最大特点是“草根式”,机制灵活、市场适应能力强,由于民营企业先天不具备国有企业的政府资源优势,大多依靠自身积累,逐步做大做强。因此,宁波的品牌企业虽然没有像青岛海尔、深圳华为和中兴一样的“航母式”巨型企业,但有一大批规模适度、核心竞争能力强、市场占有率高、经济效益好的“小巨人”式全国“单打冠军”,如雅戈尔、奥克斯、维科、方太、双鹿、贝发、海天、韵声、三A等。与国内同类城市相比,尽管宁波中国名牌个数不是最多,但中国名牌产品生产企业家数却是第一。目前,宁波有近700家销售规模上亿元的潜力型企业、40多家超十亿元的“小巨人”型企业,以及200只左右产销量位列全国同行三甲的潜力型产品,其中114只产品位居第一。

三、影响宁波企业品牌竞争力的“三个因素”

品牌竞争力是指企业的品牌拥有区别或领先于其他竞争对手的独特能力,能够在市场竞争中显示品牌内在的品质、技术、性能和完善服务,可引起消费者的品牌联想并促进其购买行为。我们以为,品牌竞争力来源于品牌内部环境、品牌外部环境和品牌竞争过程三个因素。品牌内部环境包括企业规模、企业制度、人力资本、技术水准、营销组合等:品牌外部环境是指品牌所处的外部环境,包括产业、政策、文化和教育体系、品牌联合等;即企业将品牌内部环境和品牌外部环境转化为品牌竞争力的整合过程。从创新的视角,即创造优异的顾客价值获取品牌竞争优势的角度来看,包括企业制度创新、营销创新、技术创新和企业文化变革等,这是一个动态的维持过程。以此为基点,课题组对影响宁波市企业品牌竞争力的成因进行了问卷调查和深度访谈。调查结果显示:

宁波企业品牌内部环境对品牌竞争力有一定的贡献程度,但仍有较大的提升空间。大多数受访企业(71.2%)认为,随着企业实力和规模的不断扩大,对于品牌塑造的投入也同步增长,企业规模效应对于品牌竞争力的培育越来越起到积极的作用;与此不同,相当部分企业(46.7%)认为,企业制度建设和管理规范对品牌竞争力的贡献度不够大。一般认为,良好的管理制度不仅有利于企业制定合适的品牌战略,而且能优化企业组织机构和流程,提高企业品牌投入资源的配置效率。此项调查结果反映出以民营企业为主的宁波企业在品牌战略的制定、组织实施上所存在的软肋。对于人力资源的品牌贡献程度,超半数受访者(57.6%)认为有一定的贡献度,但也有部分受访者(42.4%)认为不大或者没有。这体现出宁波现有的以企业高管、核心技术人员和市场营销人才为核心的人力资源分布不够均衡。此外,绝大部分受访者(74.8%)不同程度地相信品牌竞争力来源于企业技术。随着技术水准的提升,企业在持续的新产品开发和产品质量保障上取得进步,从而强化企业品牌个性,提升品牌竞争力。受“客户导向”的现代整合营销观点的影响,超过70%的受访者认为品牌竞争力受到企业营销模式的影响。在网络时代的背景下,企业从产品设计、销售渠道、销售方式到品牌传播等各个层面创新了营销模式，调查结果体现了宁波企业在这方面所做的努力和取得的效果，但与创建一流品牌的标准仍有相当距离。

宁波企业总体上认可外部环境对品牌竞争力的正面贡献，但仍需不断塑造良好的发展环境。大多数受访者(77%)不同程度地认可政府的相关政策对于品牌竞争力形成的积极作用，但是也认为政府与企业之间仍缺乏协同和合力；较多受访者(68%)总体认为企业所处的产业对于品牌竞争力的形成有一定作用，特别是宁波纺织服装、模具、五金、文具、家电产业对于企业品牌竞争力的贡献是比较显著的；大多数受访者(72.5%)基本认可宁波本地文化和教育水平对塑造企业品牌竞争力的作用，这在一定程度上体现了宁波服务型教育体系建设初现成效，教育服务地方经济能力有效提高；值得关注的是，有相当部分的受访者(73.5%)并不十分认可品牌联合和区域品牌是宁波企业品牌竞争力的来源之一。这说明宁波大多数企业尚未意识到品牌联合所能创造的价值，而更倾向于独立自主品牌的培育和发展。当前，个别大企业已经开始实施品牌联合的战略，如雅戈尔集团跨境并购新马集团，杉杉出让28%的股权给日本伊藤忠商社。在区域品牌方面，除服装行业外，宁波地区还未能形成如“义乌小商品”、“嵊州领带”等具有较大影响力的区域品牌。

宁波企业品牌竞争过程中的文化变革作用逐渐显现，但对于企业制度创新的贡献度认识不够。将近70%的受访者比较认可企业营销创新和技术创新对品牌竞争力的贡献度，尤其是在全球金融危机导致外需市场萎缩的背景下，不少企业将眼光瞄准了营销网络的创新和产品技术的升级；企业文化变革对品牌竞争力的贡献度也得到较多的认可，具体表现为大部分企业由原先重视企业内部价值和能力转变为重视“以客户为中心”、“从客户利益出发”的企业外部资源能力，由重视企业与员工、员工与员工之间的关系转变为重视企业与客户、客户与员工之间的关系，由强调企业文化的一贯性转变为企业文化与不断变化的外部环境相适应性等；调查显示的突出问题是，超过一半的受访者(51%)认为企业制度创新对品牌竞争力的贡献不大。这表明民营企业“家族式管理模式”的落后与弊端日益显露，正成为制约企业发展和品牌竞争力提升的瓶颈。此外，宁波企业在品牌建设方面比较注重外部表现方式，缺乏从全局视角来看待品牌竞争问题，也缺乏对品牌竞争机制的全面了解，对于持续提升品牌竞争力的工作缺乏动力，品牌建设的手段趋于简单，甚至有急功近利的表现。

四、发挥政府在提升宁波企业品牌竞争力中的作用

在市场经济条件下，政府在促进企业品牌发展中的作用体现在宏观为企业创造良好的外部环境。构建品牌竞争力的政策支持体系，从而促进区域品牌竞争力的提高。

首先，要充分发挥政府在培育品牌成长阶段的引导作用。一方面，政府应加速市场化改革，积极推进区域合作，打破和消除地方保护主义，塑造开放、公平、规范的市场竞争秩序；另一方面，加强对品牌的认定与保护，注重对品牌企业、品牌产品的市场名誉和地位的维护。当前可考虑建立跨行业优势品牌企业协会；培育或引进品牌评估中介机构，建立完善的品牌评估制度；加大宣传和辅导力度，培育宁波企业的品牌保护意识等。

其次，要充分发挥政府在推进区域品牌形成中的构建性作用。依托产业集群，利用群体效应的区域品牌，是助推区域经济发展的有效手段。而在区域品牌的形成过程中，政府构建性明显大于市场生成性。地方政府创建区域品牌的主观偏好与政策导向很大程度上主导了区域品牌演进的方向、速度及可持续发展水平。当前，可以考虑选择一些块状经济特色明显的地区开展区域品牌创建的试点，并健全区域品牌建设的内在机制。应逐步引导社会资源向名牌企业集聚，提高名牌企业的核心竞争力，并通过名牌企业的凝聚力、向心力，吸引更多的企业为其配套生产，促进块状经济向产业集群转变。要充分发挥行业协会的指导和服务作用，积极组织企业参加国内外大型博览会、展示会等会展活动，提升区域品牌的认知度和美誉度。

再者，要充分发挥政府在构建品牌政策体系中的主导性作用。金融政策方面，政府应鼓励品牌企业通过股票市场、债券市场融资，扩大品牌的市场占有率，并在贷款资源上给予拥有较高品牌资产价值的企业一定倾斜。财税政策方面，应给予品牌企业在财政、税收等方面的倾斜和支持，政府采购也应有意识地向宁波品牌企业倾斜。人才政策方面，要继续深化教育服务地方经济工作，保障有充足的人才为宁波企业品牌建设的发展服务。在信息政策方面，要加快互联网、公共媒体和数字化图书馆等信息基础设施的建设，为宁波品牌的培育和发展提供良好的软环境。

五、发挥企业提升自身品牌竞争力的作用

面向全球化和网络信息化，制定品牌竞争战略，是宁波企业提高竞争力的必然选择。在经济全球化的背景下，多元化的文化冲击和竞争空前激烈，使企业传统的价值观念受到挑战。新的市场营销和品牌化的挑战使得企业品牌的再定位和二次品牌化策略成为必然。许多国内企业已经完成了建立品牌知名度和单一品牌成长的过渡阶段，如联想、海尔、TCL、科龙、海信、美的等。基于单一产品结构成长起来的品牌已经延伸到多元化的产业结构中，形成以母品牌为主题的品牌架构，原有的品牌识别体系和管理体系都发生了相应的变革。每个企业都在努力寻求一种适合自己的管理模式，重新建立和督管一套新的企业品牌架构体系，包括改变企业的品牌观念，依据企业未来的发展战略界定企业和专业品牌、事业品牌和产品品牌以及产品品牌之间的关系，从而在整合企业资源的基础上，实现品牌资产价值的最

大化。

加快完善企业治理机制，组建专业科学的决策和管理团队，是宁波企业品牌战略决策准确制定和实施的有力保证。宁波企业实施品牌战略是要通过品牌把市场、企业经营、企业管理三者统一起来，其目标是提高品牌竞争力。现代企业制度的构建将有利于企业品牌战略的高度稳定性、权威性和统一性，并把企业整体的战略水平推到一个崭新的阶段。同时。宁波企业必须以更加鲜明有力的方式塑造自身的企业文化，充分发挥企业文化管理的凝聚、激励、导向、渗透功能，使企业全体员工拥有共同的极具亲和力的文化纽带，企业管理亦从传统的外在行业为控制模式上升为以品牌号召力为中心的文化管理模式，以顺应时代的需要。

依托优势产业集群，实施品牌联合与合作，是宁波民营中小企业合力构筑企业品牌形象的重要途径。以民营中小企业为主体的产业集群数量和规模持续增大，其地理集中性是打造区域品牌的支撑条件和基础。一方面，同一产业集群内宁波企业之间的品牌联合可促使消费者增加对品牌的感知、增加顾客价值，使企业能力得到互补，从而打造具有地域特色的区域品牌，增加宁波企业的品牌竞争力；另一方面，宁波企业应拓展视野。积极寻找商机，与国际著名品牌开展合作，通过与外部品牌的联合建立与某个市场的相关性，建立新的利益市场，从而扩大宁波企业品牌的市场渗透力量，提升宁波企业的品牌竞争力。

第四章 其他部分发达地区的经验

第一节 义乌转变外贸发展方式的经验

一、义乌成为全国首个县级市国际贸易综合改革试验区

2011 年 3 月 4 日，国务院发文批复同意实施《义乌市国际贸易综合改革试点总体方案》。这是继国家设立 9 个综合配套改革试验区之后，经国务院批准设立的又一个综合改革试点区，是浙江省第一个国家级综合改革试点，也是全国首个由国务院批准的县级市综合改革试点。

《方案》明确义乌试点的目标：到 2015 年，基本形成有利于科学发展的新型贸易体制框架；到 2020 年，率先实现贸易发展方式转变，提升义乌在国际贸易中的战略地位，使义乌成为转变外贸发展方式示范区、带动产业转型升级的重要基地、世界领先的国际小商品贸易中心和宜商宜居宜游的国际商贸名城。

《方案》提出建立新型贸易方式、优化出口商品结构、加强义乌市场建设、探索现代流通新方式、推动产业转型升级、开拓国际市场、加快“走出去”步伐、推动内外贸一体化发展、应对国际贸易摩擦等方面的主要试点任务，并进一步提出优化国际贸易发展环境、健全金融机构体系、提升金融服务能力、改善金融生态环境、构筑区域合作优势和新型公共服务体系等保障措施。

批复要求，省政府要根据《方案》研究制定相关专项改革方案，对具有突破性的改革试点实行项目化管理；对综合改革试点中出现的新情况新问题，要及时统筹研究，妥善处理。国务院有关部门要积极支持义乌市开展相关专项改革，先行试验一些重大改革开放措施。特别是拟推出的与国际贸易相关的改革事项，要优先放在义乌市先行试验。

二、义乌转变外贸发展方式主要目标

浙江是市场大省、外贸大省和民营经济大省，义乌是其中的典型代表。如今的义乌已经成为我国最大的小商品出口基地和重要的国际贸易窗口。据了解，每年来义乌采购的境外客商超过 40 万人次，境外企业在义乌设立代表机构采购的境外

客商超过 40 万人次，常住义乌的境外客商达 1.3 万名，全年出口商品 55 万以上标箱，辐射到 200 多个国家和地区。全国 20 多万家中小企业为义乌市场直接供货，带动产业工人就业超过 1000 万。

据义乌市工商局最新公布的数据，2011 年一季度，义乌中国小商品城成交额达 90.41 亿元，同比增长 8.2%。与往年同期相比，这一数据创下了历史最好水平。

然而，随着国际国内经济形势的深刻变化和调整，义乌对外贸易中长期存在的出口产品低端、交易方式传统、管理体制制约、支撑体系薄弱等一系列深层次矛盾和问题日趋突出，比较集中地反映了当前全国外贸发展的特点，迫切需要通过体制创新，促进外贸发展方式转变，进一步提高对外开放水平。

义乌外贸发展方式转变要达到三个目标：在国家层面，成为转变外贸发展方式的示范区；在区域层面，成为带动产业转型升级的重要基地；在义乌层面，成为世界领先的国际小商品贸易中心和宜商宜游宜居的国际商贸名城。围绕以上三个目标，今后三年的主要任务是：确立 1 种贸易方式、制定 5 项配套监管服务政策、打造 9 大发展平台、完善 7 方面服务体系，简称为"1597"。

确立 1 种贸易方式。即量身定制"市场采购"新型贸易方式。该贸易方式要适应小商品市场商品贸易多品种、多批次、少批量，满足定向采购和即兴采购相结合的一站式服务需求，公司户和个体户并存三个特点，顺应出口与进口转口贸易联动发展、有形市场与无形市场联动发展、生活性消费资料市场与生产性消费资料市场联动发展、现代服务业与先进制造业联动发展、传统市场优势与现代信息技术联动发展五大趋势，实现市场行为规范、经营状况明晰、产品质量保障和知识产权保护可追溯这一目标。

制定 5 项配套监管服务政策。就是制定实施与"市场采购"新型贸易方式相适应的海关、检验检疫、税务、外汇、工商等监管服务办法。

打造 9 大发展平台。积极构筑有利于实施"市场采购"新型贸易方式的重要载体，即建设义乌商贸服务业集聚区、加快建设国家级小商品国际贸易区、着力打造重要的国家级会展平台、创办中国义乌（坦桑尼亚）经贸合作区、设立保税物流中心（B 型）和综合保税区、建设国家级经济技术开发区、加快建设具有"始发港"和"目的港"功能的"义乌港"、建设全国性物流节点城市和综合交通运输平台、加快实现航空口岸开放。

完善 7 方面服务体系。创新有利于实施"市场采购"新型贸易方式的体制机制，即创新电子商务发展管理模式；构建市场综合服务体系；提升市场商品质量，深入推进质量立市、标准化和名牌带动战略，推动出口产品质量实质性提升；构筑优势互补的区域协作体系；加快构建现代金融服务体系；建立与国际贸易相适应的行政管理体制；加快完善城市综合服务体系。

三、义乌转变外贸发展方式的主要经验

(一)内外贸并举

与以前过度依赖外贸出口不同,如今义乌市场内的许多经营户已是“内外贸并举”。一位经营户认为,前两年的国际金融危机,给义乌市场带来了深刻的教训,单纯依靠外贸,降低了市场抵御危机风险的能力,而通过义乌政府部门组织的市场开拓活动,为义乌市场开拓了视野、拓宽了渠道。现在,不少经营户的内贸订单已经占订单总数的五成,甚至更多,对南美、非洲等境外新兴市场的出口增速也在加快。与此同时,在顺利获批国家外贸综合改革试验区的背景下,义乌市场外贸出口的快速发展势头不减。据有关部门的统计数据,仅 2011 年 1—2 月份,除超过 1.3 万名的常驻外商外,还有 4 万多名境外客商来到义乌采购小商品,同期义乌全市自营出口额也增长约一成。

(二)创新出口企业检验监管模式

义乌不断创新出口企业检验监管模式,提高通关速度和效率。大力推进出口免检工作,继续推行分类管理和检验监管新模式,加大检验检疫业务流程改革力度,大力推行出口货物直通放行制度。

(三)为本地外贸公司提供扶持政策

第一,扶持本地外贸公司,促进市场商品对外贸易规范发展。对符合条件的义乌本地外贸公司实行分类管理,享受低频次抽检检测、快速验放等优惠政策;对产品质量稳定的市场商位实行备案管理;对义乌本地自营进出口的外贸公司降低检验、查验和稽查频次;最大限度降低收费;在报检大厅为义乌本地外贸公司设立专窗,全程办理报检和签证手续。

第二,扶优扶强,提升优秀企业综合竞争力。重点扶持符合国家宏观经济政策、具有良好发展前景的优秀出口生产企业,加大对重点企业和重点项目的服务力度。

第三,采取多种帮扶手段,帮助企业快速发展。帮助企业用足、用好普惠制政策和区域性优惠政策;对所有需要行政许可审批的企业,坚持做到“履行职责,服务先行”;引导企业建立质量管理、标准和检测体系,帮助企业建立并完善产品质量追溯体系、自检自控体系、不合格品召回制度;帮助有条件企业加强实验室建设;组织技术专家服务队深入企业开展节能降耗服务;扩大检测项目,提高义乌出口产品质量水平。

第四,积极推行各项优惠措施,为企业提供优质便利服务。继续推行“大通关”便利措施。对信誉好的企业在报检、计费、放行和产地证签证时提供便利。

第五,加强部门协作,密切沟通,共同促进外向型经济发展。做好检验检疫业

务统计分析，定期向政府及有关部门报告和通报。加强与海关、工商、质监等部门的合作沟通。

(四)强化源头管理，扩大农产品出口

义乌特别注重源头管理，扩大食品、农产品出口。加强出口农产品基地建设，全面推行出口农产品原料基地备案制度；对出口农产品全面实施检验检疫注册登记管理，严格出口食品卫生注册登记制度；加大推荐对外注册工作力度，帮助企业拓展国际市场。

(五)为企业提供及时有效的信息

义乌不断加强信息技术服务，帮助企业有效应对国外技术壁垒；加强国内外技术法规和标准的收集工作；加大对国外技术性贸易壁垒的研究力度，帮助企业有效破解国外技术壁垒。

第二节 广州市转变外贸发展方式的经验

一、广州市正由外贸大市迈向外贸强市

2010年，广州进出口总额突破1000亿美元！从改革开放起，广州外贸迈上100亿美元台阶用了17年，从100亿到500亿用了10年，从500亿到1000亿只用了5年，年均增长13%；这五年里，200多家企业走出去投资兴业，是“十五”期间的3.7倍。

在对外贸易实现历史性突破的同时，广州“引进来”和“走出去”也有突出表现：“十一五”期间，全市累计吸收外商直接投资项目4799个，合同外资261亿美元，实际使用外资175亿美元，为“十五”时期的1.4倍，年均增速达到9%。对外投资累计16亿美元，是“十五”期间的15倍；对外经济业务合同额19.6亿美元，完成营业额15.8亿美元，是“十五”期间的2.7倍。

“十一五”时期，广州外贸实施“外贸增效”战略，以加快推动外贸发展方式转变为主线，外贸总量适度增长、外贸质量效益明显提高为目标的转型升级显著加快。然而，这场转型之战遭遇到国际金融危机的“阻击”：2008年下半年和2009年全年，外需不振、订单减少、出口下滑、企业难以为继……面对这种形势，在市委、市政府的统一部署下，市外经贸局通过建立危机倒逼机制，果断发起“保增长”、“调结构”两场攻坚战，一系列举措和改革就此铺开。

危机伊始，广州在全国率先出台扶持外向型企业发展的十三条措施，突出重点市场、重点企业和重点产品，大力帮助企业开拓市场、抢抓订单，仅在2009年一年

里就举办了45场外经贸扶持政策宣讲会，向5710家企业宣传介绍扶持政策和措施，帮助400多家企业从境内外金融机构共获得724亿元的贸易融资及贷款，解决了一系列困扰企业发展的难题和困难。在“保增长”的同时，广州外贸“调结构”的决心没有动摇，步伐不断加快，推动外贸转型升级取得突破性进展。

“双线”作战最终让广州收获了“量增”、“质升”两场胜利：对外贸易在2010年初开始复苏，并很快实现实质性增长，大大超过金融危机前的水平，全年进出口总量达到1038亿美元。“十一五”期间实现了年均百亿美元的增长，年均增速为13%；贸易质量进一步提升，全市机电产品出口额是“十五”时期的2倍，出口比重由50%提高到54%；高新技术产品出口年均增长10%，占全市出口的二成左右。加工贸易转型升级成效明显，企业自主创新能力明显提升，有600多家外商投资企业拥有自主商标，共设立各类研发机构133个，创造出加工贸易转型升级广州做法和经验。服务贸易年均增长22.0%，总额实现翻番，从2005年的54亿美元到2010年超120亿美元。2010年服务外包合同额和执行额分别达18.8亿美元和11.8亿美元，同比分别增长173.1%和191.3%，两项指标均为全省第一，在全国服务外包示范城市中位居前列。对外贸易主体结构优化取得新进展，民营企业呈现强劲势头，进出口总额年均增长20%，高于全市平均增长水平，占全市比重持续攀升，从2005年的12.9%上升到2010年的20%。

“十一五”期间，广州各类型园区和出口载体建设成效明显：2010年增城工业园区成功升级为国家级经济技术开发区，成为广州第三个国家级开发区，为加快推动增城乃至全市科学发展增添了新的动力；广州保税物流园区、南沙保税港区、广州白云机场综合保税区先后获批，门类较为齐全、功能较为完善的保税物流体系基本成型，为打造亚洲物流中心奠定了良好基础；先后成为“国家软件出口创新基地”、“国家汽车及零部件出口基地”、“中国服务外包示范城市”，进一步增强了建设“外贸强市”的底气。

2010年4月28日，《中共广东省委广东省人民政府关于加快外经贸战略转型提升国际竞争力的决定》(以下简称《决定》)发布实施。提出广东省外经贸转型的三大战略：产品竞争力战略，市场多元化战略，企业国际化战略。《决定》提出，广东外贸要从“引进来”为主，向“引进来”、“走出去”并重转型，广东外贸发展方式转型升级逐步深入。

二、广州市转变外贸发展方式的主要经验

(一)注重国际服务贸易，延伸出口导向战略

广州市从优化产业结构和促进外贸增长方式转变的高度来重视发展服务贸易，抓住广州被授予中国服务外包基地城市和全球知识型服务外包兴起的契机，突

出发展服务外包，以服务外包带动服务贸易发展。充分发挥了广州现有的人才、技术和已有一定基础的优势，创造有利条件吸引世界著名跨国公司将其服务外包业务转移到广州，不仅要承接数据输入、文件管理等低端服务转移，还要有超前意识，主动承接风险管理、金融分析、研发等技术含量高、附加值大的外包业务。要不遗余力地发展出口导向服务业，扶持出口导向型服务业企业发展，谋求具有比较优势的服务产业扩大出口，进而实现服务贸易进出口平衡发展。出台《广州市促进服务外包发展若干意见》和《关于加快发展服务贸易若干意见》，落实政策，做好相关配套，在园区建设、资金支持、人才培育、行业规范、知识产权保护等方面形成有效的促进体系，力争通过服务外包基地城市的建设带动服务贸易实现更高水平的发展。

（二）注重适应政策调整，推动加工贸易转型升级

广州市抓住新一轮全球生产要素优化重组和产业转移以及跨国公司开始将内部服务业和研发中心向外转移的新机遇，着力吸引跨国公司把更高技术水平、更大增值含量的加工制造环节和研发机构向广州转移，引导加工贸易转型升级。一是主动顺应加工贸易产业规划引导，根据国家加工贸易产业政策和广州市产业规划，制定加工贸易产业指导意见，指导企业调整产业结构。二是加快高耗能、高污染、低效益行业或企业的转型升级和转移。加快推进限制类工艺技术、装备，生产限制类产品的加工贸易企业的转型升级，加快技术改造，有针对性地从来料加工转型为进料加工，实现内涵的转变。对部分不能适应转型要求的企业，根据国家政策调整的导向和市场的需求，鼓励向市外其他地区转移。三是延伸产业链条，完善了产业配套。由产业的中游向上下游延伸扩展，向上游的研发、设计领域延伸。加工层次向高端环节推进，向深加工、精加工渗透。四是发挥各类开发园区对转型升级的载体功能和带动作用，使其成为宁波加工贸易规模的主体和产业进步的龙头。五是加快物流产业的发展，为地区经济发展提供配套服务。充分发挥广州大空港、大海港、快速路网以及区域枢纽的优势，形成区域物流中心和国际保税物流中心。充分发挥进口保税仓和出口监管仓作用，为重点企业提供个性化便利。加快大通关和物流信息平台的建设，实现实物流、单证流和信息流的同步运转。

（三）立足于转变外贸增长方式，优化外贸出口企业体制和产业结构

近年来，国家为缓解外贸顺差过大的矛盾，促进国民经济由偏快向稳健发展转变，不断调整外贸出口政策。从 2007 年 7 月 1 日开始，国家实行新的出口退税政策，涉及 2831 项商品，约占海关税则中全部商品总数的 37%，具体来说就是取消了 553 项“高耗能、高污染、资源性”产品的出口退税，降低了 2268 项容易引起贸易摩擦的商品的出口退税率，将 10 项商品的出口退税改为出口免税政策。这样的调整对广州市外贸出口企业和产业有一定影响。为适应这种调整，继续保持广州外贸出口快速健康发展的势头，广州市加大了产品结构的调整力度。一是调整产品

出口结构,加快培育新的出口大宗商品;二是加大企业的研究开发水平,提高产品的市场竞争力;三是鼓励企业加强合作,成立企业协会,从而增强广州企业在国际市场上的议价能力,拓宽利润空间。

(四)注重政策引导和资金扶持,推动企业国际化经营水平有新提高

鼓励企业走出去,更好地利用"两个市场、两种资源",更加主动地参与国际产业分工。鼓励有实力的企业到海外市场去发展,规避贸易保护壁垒,力争在竞争激烈的国际贸易中扩大自己的市场空间。各级外经贸部门、贸促会和商会继续为企业提供信息服务,帮助企业更好地了解"走出去"东道国的政治、经济和社会发展情况。

(1)提升"外延扩大"为"内涵提高",推动货物贸易逐步从价值低端向价值高端发展。建立和完善出口品牌培育体系,指导和支持企业做到"两个延伸":在向自主研发、技术创新等上游环节延伸的同时,向建立灵活多样的海外营销渠道等下游环节延伸。出台广州市促进自主出口品牌建设指导意见,引导企业创立和培育自主出口品牌。制定自主出口品牌培育计划,拟确立100家自主出口品牌重点培育企业予以扶持,品牌的重点培育方向是高新技术、机电产品、生物医药、贸易和服务外包等。通过各级品牌专项资金、广交会摊位分配、外展组织安排和业务培训等多管齐下,促进企业进一步优化出口商品结构,提升产品附加值,引导企业树立争创"世界名牌"的观念,促进质量效益型、品牌型和自主知识产权型产品出口。

(2)提升"广州制造"为"广州服务",推动货物贸易与服务贸易协调发展。加快服务贸易发展,制定服务贸易发展规划;建立广州市服务贸易统计管理、发布和运行分析体系;成立服务贸易主管工作机构,强化对全市国际服务贸易的组织领导;确定服务外包、国际运输、跨境旅游、文化出口等重点行业,采取措施加快发展;组织重点区域申报国家服务贸易示范区。紧紧围绕"中国服务外包基地城市"建设,出台广州市促进服务外包发展若干意见;设立广州市服务外包专项资金,引导和推动广州服务外包加快发展。大力培育服务外包主体,培育具有一定规模和行业影响力的服务外包龙头企业。协助服务类企业"走出去",在欧美等发达国家设立子公司或借助港澳中介平台直接承接国际外包业务,实现"离岸外包"的全球服务外包模式。加快服务外包园区建设,推动广州开发区、南沙开发区、天河软件园和黄花岗科技园创建服务外包示范区,加快服务外包集聚发展。积极推进珠江——新城金融服务区、荔湾广州设计港、越秀广州创意产业园、从化网游动漫产业园建设,及早达到国家服务外包基地示范园区要求。加快广州软件(英国、美国)合作中心筹建工作,开展产业推介和外包接单工作。加快引进和培养服务外包人才,积极吸引港澳中高级服务外包专业人员和留学回国人员来广州创业。拓宽穗港服务外包合作,建立政府、行业协会、企业多层次合作交流机制,在积极承接香港服务外包业务的同时,联合组团赴欧洲开展承接服务外包市场拓展活动。

(3)提升“出口创汇”为“贸易平衡”,推动出口导向向动态平衡转型。积极扩大进口贸易,充分利用国外先进技术、设备和资源推动广州产业升级。充分发挥广州口岸城市和广交会东道主的地域优势,组织国家急需的能源、新材料、关键设备和关键零部件进口。大力培育进口主体,促进一批专业化进口队伍的形成。坚持并完善广州鼓励进口的七项举措,扩大技术设备进口,引导企业把设备进口的重点放在引进再创新环节上。加强国际高新技术和先进适用技术的引进消化吸收和再创新,做好技术引进的统筹和引导,着力构建完整高效的国际技术转移促进体系,建立广州国际技术转移平台,打造广州地区国际技术交流服务载体,牵头制定广州关于鼓励技术引进和创新,促进外贸增长方式转变的若干意见。充分利用内地与香港、澳门更紧密经贸关系优惠关税安排的零关税政策,进口原产港澳地区的技术设备、原材料和消费品,扩大与港澳地区的贸易往来。

(4)提升“简单装配”为“核心加工”,推动加工贸易转型升级。主动顺应加工贸易产业规划引导,提高加工贸易产业档次。加强对加工贸易进出口运行的动态监测,密切关注第二批加工贸易限制类商品目录出台以及国货复进口、深加工结转等政策的调整,继续做好影响评估、调查研究和情况反映的工作,并提出切合广州实际、可行性强的加工贸易转型升级和提高外资营运质量的途径、方法和措施。发挥政策调整的杠杆作用,促使企业转型升级。深入贯彻商务部关于加强出口企业环境监管的有关规定,提高加工贸易准入门槛,扶持先进产业,淘汰落后产业。积极稳妥扩大加工贸易内销,缓解进料加工出口退税率下调的压力。

(5)提升“被动应对”为“主动预警”,提高防范国际贸易风险的能力和应对贸易摩擦的水平。在把握发展机遇的同时,积极做好贸易摩擦应对工作,营造和谐的贸易环境。完善预警机制,根据形势发展的需要,及时调整进出口贸易预警监测的对象,推进重点行业、重点商品的监测调研。加强区域间的合作,发挥中心城市的带头作用,充分利用各地资源,共同开展公平贸易区域联动工作,协同合作应对贸易纠纷,提高应对效果。探索建立贸易摩擦信息通报机制,共同扩大进出口预警工作的影响和实际作用。

第五章 “十二五”时期宁波外经贸发展趋势

第一节 “十二五”时期宁波外贸面临的外部形势

一、国际形势

(一)全球经济复苏基础不稳,内外部环境压力较大

“十二五”期间,我国对外贸易仍将面临国际国内经济发展双重调整的压力。从外部环境来看,2009年以来,世界经济虽已呈现缓慢复苏态势,但增长动力主要来自宽松的货币财政刺激政策,缺乏内生的经济增长动能,尤其是发达国家失业率居高不下,美欧等地区金融系统问题频出,刺激政策和通胀风险的两难选择,大国博弈的日益凸显,使得复苏基础仍不稳固,复苏进程仍将面临多重矛盾。经济发展的疲弱必将导致外需市场的萎缩,美国坚持量化宽松的货币政策必将导致全球市场产生众多新的矛盾,至少流动性过剩将会使大宗商品价格持续上涨,从而使我国的出口与进口面临较大的挑战与压力。从内部环境来看,“十二五”期间,我国经济将继续保持平稳较快发展,但结构失衡、收入失衡、增长的质量和效益问题仍将是制约我国经济又好又快发展的主要矛盾。此外,土地、原材料、劳动力等各种要素成本上升,环境资源约束增大,产业结构调整和劳动力供给的结构性矛盾突显,我国经济有可能再次面临保增长和调结构的两难选择,这些都将给我国转变对外贸易发展方式,实现对外贸易转型升级带来新的压力。

(二)新兴经济体迅速崛起,世界经济格局处于调整期

长期以来,以美、欧、日为代表的发达经济体在世界经济中居支配和主导地位,而数量众多的发展中国家则居次要和附属地位。金融危机使发达国家经济受到重创,而发展中国家普遍受金融危机影响较小,新兴经济体快速崛起,在国际经济中的地位日趋增强。“十二五”期间,中国同主要发达国家的矛盾和利益冲突将日益上升,欧美发达国家将凭借其经济优势持续对我国施压,对于中国外贸来说,在扩大与新兴经济体的贸易合作的同时,也要看到我们的发展仍难以摆脱对欧美市场的依赖,更准确地说,应该是在巩固欧美市场的同时,加大对新兴市场的开拓力度。

(三)贸易保护主义加剧,市场竞争更趋激烈

金融危机以来,全球贸易保护主义呈上升之势,贸易争端不断增多。贸易保护主义是贸易摩擦激化的根本原因,而由于 WTO 某些规则的模糊性,当发达国家经济不景气时,这种保护倾向尤为严重。随着我国贸易规模扩大和在国际经济中影响力的增强,一些国家对中国的疑虑加重。可以预见,"十二五"期间,美欧等经济体将进一步通过贸易救济措施,强化对绿色、新能源产业和电子信息产品的贸易保护,贸易摩擦会不断增加。同时,金融危机爆发后,美欧等经济体发展战略有所改变,开始更加注意通过增加出口来提振自身经济,美国的出口振兴计划在难以实现的情况下,一方面将加大对中国产品的限制,另一方向将会继续对人民币施压以缓解困境。此外,在国际市场需求增长乏力,越来越多发展中国家融入全球经济、参与国际分工的大背景下,"十二五"期间,各国争夺国际市场的竞争将更加激烈。

二、国内形势

(一)结构调整战略落实力度加大

"十二五"规划明确提出,加快转变经济发展方式必须贯穿经济社会发展全过程和各领域,坚持把经济结构战略性调整作为转变经济发展方式的主攻方向。在这一方针的指导下,需求结构调整方面,将更加注重内需尤其是消费需求;产业结构调整方面,节能环保、生物等七个战略性新兴产业发展规划已全面启动;要素投入结构方面,节能增效和生态保护将作为经济结构调整的重要抓手。在此背景下,宁波出口额占 GDP 的比重以及出口产品结构亦将相应调整。

(二)人民币汇率升值趋势长期存在

2010 年年初,美国提出"国家出口倡议",把增加出口作为促进美经济复苏的措施之一,"未来 5 年使美国出口增长一倍、为美创造 200 万个就业岗位"。按此计划,到 2014 年美国货物和服务贸易出口需从 2009 年的 1.55 万亿美元(其中货物贸易出口 1.05 万亿美元)提高到 3.1 万亿美元,年均增长 14.9%。据高盛经济学家测算,要实现此目标,必须保证未来 5 年世界实际生产总值年均增长 4.5%,同时美元贬值 30%。如果美国在短期内无法通过提高产业竞争力带动出口快速增长,可能会采取美元贬值和压我国人民币升值等手段实现。2010 年 6 月份,我国宣布进一步推进人民币汇率形成机制改革,增强人民币汇率弹性。到 11 月 11 日,人民币对美元汇率中间价报 6.6242,创下汇改以来的新高,比 2009 年 6 月升值了 3.11%,比 2005 年汇改时升值 22.43%。同时人民币对欧元、英镑也比年初分别升值了 6.56%和 2.98%。2011 年 9 月,人民币对美元汇率中间报价又突破 6.4 元,且升值势头不减。人民币升值过快会影响到我国出口产品竞争力,也会影响到外资企业的经营收益,不利于出口贸易稳步增长。

(三)生产要素成本持续上升

随着经济快速发展和经济总量的扩大,我国已成为世界资源消耗大国,土地、水等资源短缺矛盾日益突出,重要战略资源的外贸依存度显著提高,生产要素成本逐步上升。从劳动力要素成本看,“十二五”期间,随着国民收入分配改革的不断推进,收入分配格局将不断向有利于居民、劳动者的方向调整,劳动者工资上涨将成为必然。从资源能源要素成本看,“十二五”规划建议提出将深化资源型产品价格和要素市场改革,目前部分地区已率先试点。预计 2011 年资源、能源价格改革步伐加快,出口企业面临的资源环境成本存在上升压力。从资金要素成本看,目前央行已启动加息程序,两次上调金融机构一年期人民币存贷款基准利率,资金成本正在进入上升通道。以资源、劳动力、资金为代表的生产要素成本增加将降低企业出口利润。

三、宁波面临的形势

(一)国际环境复杂多变

全球经济复苏进程曲折、增长模式面临深度调整,世界经济、贸易、投资增速明显放缓,以国际产业转移带动制造业大发展所形成的发展动力,正随着需求结构的加速调整而逐渐趋弱,使外向度很高的宁波开放型经济发展面临更加严峻复杂的国际环境。

(二)外贸急需转型升级

国际市场竞争更加激烈,发达国家推行再工业化,我国与发达国家、新兴国家、多数发展中国家之间的竞争和冲突日益频繁,人民币面临长期升值压力,而宁波出口多为劳动密集型产品,处于产业链较低端、利润空间较薄,“十二五”时期宁波外贸转型升级面临较大压力。

(三)贸易摩擦将常态化

国际贸易摩擦步入高发期,世界范围内的制造业产能严重过剩、各国失业率居高不下,美欧等发达国家主导绿色新政,制造低碳壁垒,宁波出口产品数量大、类别多,总体看还处于数量和价格竞争阶段,遭受贸易摩擦将呈常态化,国际贸易摩擦应付任务艰巨。

(四)节能减排调控严厉

我国宏观政策调整和改变,将节能减排目标作为约束性指标纳入国民经济和社会发展的中长期规划,加快淘汰落后产能,加大房地产调控力度,将给“十二五”时期宁波开放型经济发展带来较多不确定性。

(五)政策优惠倾斜内陆

国家引导外资向中西部地区转移和增加投资,东部地区传统劳动密集型产业向外转移,长三角及省内城市在资源开发、港口建设、腹地延伸、市场拓展、人才等领域的竞争日趋激烈,宁波在政策等资源争夺中处于相对不利局面,对人才等资源集聚的吸引力有所下降。

(六)资源承载能力受限

宁波可供工业用地紧缺,劳动力等生产资料价格上涨较快,资源环境承载力十分有限,对经济发展形成制约,客观上对宁波改变粗放型开放型经济发展模式形成倒逼机制。商务成本上升,为企业"走出去"提供了机遇,但近年来内外资对工业投入不够,产业基础有所弱化,加紧发展总部经济等新业态的任务十分紧迫。

(七)区域经济竞争加剧

同类城市发展较快,对宁波形成较大的竞争压力。省内宁波与杭州在利用外资规模上的差距呈扩大趋势,邻省如江苏一些城市招商引资政策非常优惠,中西部同类城市近几年来开放型经济发展势头强劲、增速远超宁波。

第二节 "十二五"时期宁波外贸发展趋势

一、宁波将成为多元化国际贸易中心

未来五年,宁波对外贸易将通过建设新兴外贸促进体系,优化市场结构、主体结构、产品结构和贸易方式,把宁波打造成为亚太地区重要的国际门户、区域性国际贸易中心。

预计到 2015 年,经过努力,以年均增长 10%左右计,宁波全市年进出口总额将达 1100 亿美元.在稳定出口的基础上,预计宁波将着力扩大进口比例,将其提升到全市进出口比重的四成。按此测算,则至 2015 年,宁波市出口额将达 650 亿美元,进口额将达 450 亿美元。

(一)打造多元化的国际贸易中心

发挥宁波口岸优势和外贸基础优势,把产品进口与国内腹地市场需求连接起来,把产品出口与为腹地城市出口服务联系起来,建设连接国内腹地市场的进出口营销体系。

鼓励企业通过设立销售子公司、配送中心、品牌专卖店、品牌加盟店、生产装配维修服务点和代理店等方式,构建内外一体化营销网络,巩固提升市场占有率,鼓

励在产业集群内联合组建特色产品大型贸易物流企业，为中小企业开拓境内外市场提供服务，加快境外营销网点建设。

巩固传统出口市场，开拓新兴国家市场，通过搭建信息服务平台，与新兴市场驻外机构、商会协会建立战略协作关系，深入宣传自由贸易区政策，积极推进与跨国采购机构业务合作等方式，分类指导企业开发多元化市场，积极应对贸易摩擦，进一步推进国际贸易摩擦预警示范点建设，深入推进国际市场多元化。

建立和完善网上市场营销和交易系统，扩大网上交易规模，拓展智能化通道，搭建智能化平台。主动对接上海国际航运中心和国际贸易中心建设。

(二)从"千军万马"到"精兵强将"

持续推进千军万马战略，重点培育一批实力型外贸集团、拥有较强自主创新能力和自主出口品牌的外贸企业，一批参与国际标准的制定、获得国际标准认可的外贸企业。预计到 2015 年，全市有外贸实绩企业超过 1.3 万家，年进出口额超亿美元超过 150 家，力争 20 家以上企业进入全国进出口企业 500 强。建成年出口规模 10 亿美元以上的市级重点产品出口基地 5 个。

引进和培育研发、会展、金融、营销、市场经营、物流等外贸企业和服务机构，积极培育专业型外贸企业。引导宁波外贸企业逐步将营销、研发、投资和财务等核心业务环节留在宁波。把一般加工制造环节向外转移，发展"宁波总部+市内外制造基地"模式，积极推行外贸公司"无车间工厂"经营模式。加快培育引进大型外贸物流企业集团，积极引导宁波国际货代企业向现代贸易物流企业转型，大力发展总部型外贸企业。

鼓励境内外企业来甬从事进出口业务，鼓励本地企业到外地开展出口揽货和进口促销活动，积极引进境内外企业营销总部，采购总部、订单中心和结算中心等来宁波落户，开展进出口业务，大力开展招商引资。

(三)"宁波智造"推动研发创新

以科技创新为核心，以提升产品附加值为方向，积极推进外贸发展方式转变。

支持生产企业建设产品研发创新体系，支持外贸企业引进、设立研发机构，支持以企业为主体开展产学研合作和研发创新，鼓励企业建立多层次的外贸研发平台，加大外贸研发投入，提高创新能力和绩效，增强出口产品竞争力。

加快外贸研发检测公共服务平台建设，打造为外贸产业研发创新服务的公共服务平台，带动中小外贸企业研发创新工作，降低创新成本，促进外贸企业创新能力和竞争力的提高。

大力实施知识产权战略，加大专利、商标、技术标准等自主知识产权政策扶持的力度，支持外贸企业申请各项专利，申报各类科技项目，参与国际，国家标准的制定。积极争取设立国家设计贸易促进中心。

加快推进重点出口教育基地。扎实推进科技兴贸出口创新基地建设，加快传统外贸制造业转型升级，扶持新兴产业和现代服务业发展，加快出口块状经济向产业集群发展。突出绿色、低碳、节能、环保等高新技术外贸产品研发，扩大新材料，新装备，新能源，节能环保等产品出口，提升区域和企业出口竞争力。

深入实施自主品牌战略，全面提升自主出口品牌创造，运用，管理，保护和服务能力。促进自主出口品牌运用，鼓励企业使用自主品牌参与国际经济竞争，鼓励企业走出去收购境外知名品牌，鼓励以出口为龙头培育区域品牌，推动块状经济从数量经济向品牌经济转型。

加强自主出口品牌管理，完善国际、国家、省、市、县五级出口品牌推进体系，形成梯级上升，联动发展的出口品牌促进服务体系。强化自主出口品牌保护，完善知识产权行政执法和司法保护机制，提高对出口品牌的知识产权保护和市场监管力度，加强重点区域，重点产业，重点展会的知识产权保护。

（四）做大做强进口贸易

鼓励和引导企业做大进口贸易，实现进出口协调平衡发展，充分发挥宁波港以及保税区功能优势，鼓励进口要素性、原料性产品，鼓励进口与区域产业相关联的零部件、先进设备和专利、技术许可等软技术，培育大宗货物交易市场，推进化工、金属、塑料、红酒、水果、医疗器械等进口专业国内市场建设，力争到 2015 年建设成 10 个以上在国内外有影响的进口市场。

建立和完善符合国际规范的进口管理体制，在检验检疫，海关通关等方面进一步改善环境，提高进口便利化水平，建立和完善进口公共信息服务体系，积极研究运用各种金融，税收等手段支持扩大进口，在举办的交易会中扩大进口商品展览的规模，为扩大进口搭建平台。构建宁波进口商品分销体系，拓展宁波进口商品内销渠道。

（五）实现贸易方式优化

推动贸易增长由规模速度型向质量效益型转变，由外源型向内生型转变，促进一般贸易与加工贸易等协调发展，推动加工贸易产业链向上游研发设计，中游集约发展，下游营销服务延伸，提高宁波产业在国际价值链中的地位，严格控制低层次加工贸易发展规模。

重点发展保税贸易，充分发挥宁波保税区，宁波保税物流园区，宁波空港保税物流中心的政策优势，鼓励宁波企业开展保税项下贸易，建设集保税展示、交易和贸易服务为一体的保税贸易平台，积极争取在保税贸易出口退税政策上取得新突破，并重点发展转口贸易，依托宁波保税区、梅山保税港区，加大区域内的贸易，金融，航运开放力度，形成转口贸易国际中转，水水中转，离岸金融，离岸服务，离岸生产制造的城市和区域产业链。

二、打造优质外资成本洼地和投资高地

“十二五”时期，宁波外资工作将围绕固本强基，拓展领域，创新方法，优化环境，等方面发力，力争将宁波打造成为优质外资集聚区，成为世界知名公司的成本洼地和投资高地。

（一）提升引资质量

“十二五”时期，宁波将坚持先进制造业和现代服务业并重的引资方向，促进引进资金，设备，技术，管理与人才紧密结合，不断提高利用外资的溢出效应。

在制造方面，利用外资主要抓产业升级和技术创新。重点引进石化，能源，造船等临港大工业项目，电子电器，汽车及零部件，高档纺织服装，新材料，新能源，新光源，电子信息，生物医药，数控设备，节能环保设备，精密仪器，医疗及保健设备等先进制造业和战略性环新兴产业，强调带动力强，溢出效果好，环境影响小等评价指标。

在服务业方面，利用外资主要抓领域拓展和结构优化，重点引进服务外包，现代物流，检测，金融，保险，咨询，法律服务等现代服务业项目，引进知名跨国公司和行业龙头企业在宁波设立地区总部和职能型总部。同时，积极拓展利用外资领域，抢抓城市化利用外资机遇，大力发展总部经济和楼宇经济，发展金融，物流，服务外包，城市综合体利用外资项目，突破基础设施引资瓶颈，努力促进基地建设设施项目与国际资本嫁接，大力引进观光旅游和现代农业项目。

（二）紧盯两个重点引外资

宁波市引进外资将着力在两个方面开拓，一是对重点引资市场的招商，二是紧盯重点企业的招商，更加注重招商的范围和带动作用。

在重点引资市场方面，利用 CEPA 和 ECFA 实施的有利机遇，进一步加大甬港、甬台投资合作力度，积极拓展欧盟，美国，日本等引资市场。其中重点是加强对德国、美国、法国、日本以及我国台湾制造业招商引资力度，着力扩大对我国香港和新加坡服务业招商引资。在保持香港，台湾等招商份额的基础上，逐步提高欧美发达国家引资比重。

在针对重点企业招商方面，根据宁波利用外资产业规划导向，加强对世界 500 强，行业龙头企业和成长型企业的信息收集工作，潜心研究跨国公司全球投资战略，从其战略布局，投资动向，贸易趋向，发展重点，产品特征等各个层面寻找与宁波的切合点，从中选择一批企业作为重点目标，有计划，有针对性地开展招商推介活动。

（三）招商不断推出新招数

深化产业链招商，是宁波未来五年招商的基本思路。如加强重大产业项目招

商,有意识地进行上下游产业链的开发,延伸和配套,按照产业集群要求实现外资项目的集中,集合和集聚,引进一个,带动一片,最大限度地发挥项目的溢出和带动效应。此外,加强小分队对外招商,发展中介和代理招商,加强平台招商,推进市县联动招商,推动存量招商等等新办法,将成为宁波外经贸招商的最新武器。

(四)优化环境构筑引资高地

宁波千方百计降低外资企业综合商务成本,大力发展金融,法律,会计,物流等中介服务业,加快信用宁波建设,努力打造成本洼地,引资高地,切实为外资企业营造公平,稳定,透明,可预见,有竞争力的商务环境。同时,加快宁波城市建设,文化建设和生态文明建设进程,努力改善城市生态环境和人文环境,解决外商在就医,就学,居住和保健等方面的后顾之忧,进一步营造亲商,重商,安商,富商的良好氛围。

三、宁波企业"走出去"步伐将更稳更快

"十一五"期间宁波出台了国内首份外经工作便利化规程,着力于加快宁波企业走出去步伐。"十一五"期间已经提速的对外经济合作,将在下一个五年里有新的发展。

(一)境外营销网将铺得更广

"十二五"时期,宁波将抓紧布局境外营销网点,整合境外营销资源,建立自主性的国际营销网络和售后服务体系,引导、支持中小企业联合开辟海外营销基地,构建多层次多渠道的营销网络。预计到 2015 年,将拥有境内外区域营销总部和贸易中心 4 个,境外营销网点 1200 家,市级境外经贸合作区 1 家。

"十二五"期间,贝宁、巴西等贸易中心将扩大影响,政府还将积极扶持有实力的宁波企业到境外设立地区性营销中心、贸易中心或商品城,为更多的宁波企业"走出去"搭建境外营销公共服务平台。

相关政策也将加大优惠力度,支持宁波拥有自主品牌的企业在全球各地设立品牌专卖店、专柜、和连锁店,从单纯的供应商向品牌所有人转变,为企业的长远发展打下基础。

鼓励宁波企业与国际著名跨国公司或采购代理商签订采购协议,与境外拥有成熟销售网络的企业进行战略合作等,实现设计、生产、销售本地化。与境外公司的战略合作,将成为"十二五"期间的重头戏。

(二)境外投资创业更加主动

近年来,不少宁波企业受劳动成本上升、贸易壁垒压力逼迫而赴境外投资办厂,取得一些成就,发现很多商机。今后五年宁波企业赴境外投资创业将更加主动。

特别是在宁波块状特色经济中，如纺织、服装、家电、轻工、机械、电子、汽配、海水养殖、远洋捕捞等行业，已经具备产业向外扩展，到境外投资办厂的实力，宁波将鼓励有实力的企业到境外建立经贸合作区或境外商品场，逐步实现传统优势产业的“原产地多元化”，主动规避国际贸易摩擦，扩展境外市场。

结合宁波自然资源不足以及宁波企业的需求，今后五年，宁波企业境外投资将有很大部分集中在开发利用境外资源。比如以东盟、中亚、俄罗斯等周边国家，北欧、非洲和拉美国家，以及澳大利亚、加拿大等资源富集国为重点方向，以矿产资源，林业资源和渔业资源为重点产业，选择在资源丰富，政局相对稳定、与我国关系友好的国家和地区开发利用境外资源。

低调务实的宁波企业追求稳健，因此防范境外投资风险也将成为未来五年“走出去”工作的重中之重，境外安全风险预警，信息通报和应急处置工作等境外安全风险防范，将成为宁波最迫切的需求，相关工作也将得到完善。

宁波一些龙头企业，还将通过收购，兼并，参股等方式，与境外成熟企业合作，以收购兼并方式获取品牌、技术水平和产品档次。此类收购、兼并、参股等高层次境外投资，今后五年将成为宁波市政府部门重点支持对象。

（三）境外承包工程越发注重效益

壮大工程承包队伍、提高工程承包水平是未来五年宁波对外承包工程劳务合作的主要工作。同时，把援外和企业“走出去”尤其是境外工程承包相结合，引导有条件企业抓紧申报援外经营资格，指导已获权企业积极参与投标，进一步扩大援外培训规模。

预计到 2015 年宁波对外承包工程劳务合作额将超过 15 亿美元。在数量规模之外，未来五年还将从优化外派劳务从业结构着手，推动技术型、智能型、贸易型、管理型等劳务输出，规范、有序地对外开展劳务合作和对外承包工程项下外派劳务业务，推进对外劳务平台建设步伐，竖起宁波境外工程项目的品牌。

四、宁波将成为中国服务外包示范城市

“十二五”期间宁波将以争创中国服务外包示范城市为切入点，结合宁波传统产业优势，推动物流外包，工业设计，软件运营服务、嵌入式软件研发、行业解决方案、呼叫中心和动漫研发等业务发展，明确服务外包发展重点，促进宁波服务外包产业快速发展。“引进一批国内外大型外包企业，培育一批具有自主知识产权和自主品牌的本地服务外包骨干企业，打造一批产业集聚、特色鲜明的服务外包示范区”，将成为未来五年宁波服务外包工作的重中之重。同时离岸外包业务在宁波，将得到较优惠的政策扶持。

预计今后一段时间，服务外包人才将在宁波如鱼得水，并可享受到政府有关部

门提供的补助和免费培训等福利;同时会受到优待的,还包括涉外服务型机构以及国内外知名服务企业。如国际物流、国际配送、国际采购、转口贸易及金融保险、科技、信息、现代会展、休闲旅游等涉外服务型机构,国内外知名服务企业、跨国公司,民营企业、来甬设立企业总部、区域性或功能性结构,将是各级政府部门最乐见的。而专业培训,技术检测和进出口相关的中介机构,各类机构和服务主体的集聚和快速成长,也将受到热捧。

预计"十二五"期间,全市累计服务外包合同将超过 20 亿美元,年均增长 25%。市级服务外包示范园区将达到 5 个以上,服务外包人才培训基地将达到 10 个以上,预计有一万以上人次接受服务外包人才培训。

第六章　转变外贸发展方式的政策措施[①]

转变外贸发展方式的内涵丰富，其中包括：发展目标从主要注重规模和速度的增长，到更加注重质量和效益提升的转变；从主要依靠低价竞争向全面提升综合竞争力的转变；从以低端要素投入为主到以高端要素投入为主的产业结构升级转型；从主要鼓励外贸出口，向外贸进出口均衡发展的转变；从主要依靠传统市场，向注重开拓“多元化”新兴市场的转变；从主要依靠外生动力的增长到内生动力增长的转变；从拓展国际市场广度到拓展市场深度的转变等多方面内容。

总体来看，外贸发展方式的转变至少体现以下几个方面：第一，提高我国从对外贸易中获取经济利益的能力。即：向国际价值链的高端转移，向“微笑曲线”的两端升级。第二，转变参与国际经济竞争的方式。包括：经营方式由粗放型向集约型转变，由外贸企业单打独斗向联合竞争的转变，以各种生产性服务连接起来的供应链来降低对外贸易成本等。第三，提高我国外向型企业的自主创新能力，以及技术引进、消化吸收和再创新能力。这包括了产品创新、技术创新、市场创新、资源配置创新、组织创新等五个方面。第四，转变资源利用方式，走长期可持续的外贸发展之路，优化出口商品结构，减少出口产品的碳含量，大力发展服务贸易，缓解资源、环境和生态压力。本章内容主要从中央政府相关管理部门的角度，提出如何加快我国外贸发展方式转变的政策措施和建议。

第一节　发展服务贸易 承接服务外包

大力发展服务贸易是我国优化对外贸易结构、加快转变外贸发展方式的重要战略。当前服务贸易已经成为各国新一轮国际竞争的焦点。服务贸易对货物贸易具有促进作用、对现代服务业具有引领作用，有助于提升产业的国际竞争力。我国政府外经贸主管部门应把发展服务贸易作为转变外贸发展方式的重要抓手，从以下几个方面进一步完善政策，加大扶持力度。

---

① 本章内容主要从中央政府相关管理部门的角度，提出加快我国外贸发展方式转变的政策措施和建议。

一、完善服务贸易法规政策体系，促进服务贸易便利化

商务部应加强与有关部门沟通协调，尽快制定和出台《服务贸易促进条例》，为服务贸易的管理和促进工作提供法制和制度保障。完善与服务贸易特点相适应的口岸通关管理模式，促进服务贸易便利化。积极推进服务贸易领域财税、金融扶持政策的完善与落实。我国相关政府部门应积极参与国际服务贸易规则的制定，积极参与服务贸易领域的区域性合作，为我国服务企业走出国门创造良好的外部环境。

二、大力推动我国重点领域、行业的服务出口

商务部、国家发改委等政府部门应拟定相关规划，大力推动我国重点领域、行业的服务出口，如：软件和服务外包、高新技术、文化、中医药、会计服务、医疗服务等重点领域的服务出口，在一些有增长潜力和比较优势的领域争取突破性进展，并积极研究开拓服务贸易出口新领域，带动我国服务贸易整体发展。具体来讲：第一，要深度挖掘运输、旅游等传统优势服务贸易潜力，提高出口效益和附加值。第二，大力扶持通信、保险、金融、特许和专利权使用服务、动漫、咨询、音像、软件和信息服务等新型服务出口。第三，发挥我国劳动力资源优势，制定劳务输出人才培养规划，培育优势领域国际劳务品牌。第四，开拓对外文化贸易，加大文化出口的相关扶持政策力度和资金规模，更新修订我国《文化产品和服务出口指导目录》，积极拓展文化创意等领域的服务贸易发展空间。第五，完善促进软件出口的政策措施，以国务院刚出台《鼓励软件产业和集成电路产业发展的若干政策》为契机，围绕全国软件出口创新基地工作评价体系，加强对软件出口基地能力建设的扶持。

三、推进技术贸易的管理完善和快速发展

商务部、科技部等相关部委应共同研究完善技术进出口管理制度和促进体系，进一步细化和修订《关于鼓励技术出口的若干意见》、《技术进出口管理条例》等，完善技术出口贴息项目申报和管理制度，逐步简化技术出口贴息审核，大力促进我国成熟的产业化技术出口。鼓励企业开展技术引进消化吸收和再创新，完善技术引进消化吸收再创新统计体系，积极推进技术进出口交易平台建设，促进国内外技术交流与合作。

四、完善相关政策和服务，为企业承接国际服务外包提供更大便利

政府相关管理部门应尽快废除服务业中仍存在的政策障碍和体制障碍，在更宽领域开放服务业市场，提升我国服务业市场的竞争力。充分发挥我国人力资源

丰富的优势，培育一批具备国际水平的服务供应商，提高服务企业的接单能力。更好地发挥我国在信息技术外包业务领域的优势，特别注重培养承接管理流程外包业务的能力，积极承接计算中心、呼叫中心、数据处理、技术研发、财会核算、售后服务等国际服务业转移，特别是逐步拓展一些有技术含量的高端业务。

五、大力推进服务贸易促进体系和平台建设

商务部应认真研究服务贸易新型交易形式，积极推进服务贸易交易平台建设，拓展并充分利用境内外服务贸易支持网络，鼓励和支持国内服务企业开拓国际市场。具体来讲，第一，要充分利用我国已有的各类服务贸易国际展会平台，办好我国自主举办的国际服务贸易洽谈会、国际文化产业博览交易会、国际软件和信息服务交易会等，提升实效、扩大影响力。第二，政府相关部门应牵头组织国内服务企业积极参加各类境外服务贸易促进活动。组织服务贸易促进团，开展创意、设计、广告等领域的国际交流交易活动；组织国内服务出口重点企业、软件出口创新基地等参加各类国外有影响力的交易会，如美国 Gartner 服务外包峰会、日本东京国际电玩展等。第三，应加强服务贸易中介组织建设，充分发挥其作用，健全公共信息服务体系，加强交流与合作，促进服务贸易协会、各行业协会、商会的作用有效发挥。

第二节　推动加工贸易转型升级

加工贸易转型升级是转变外贸发展方式的重要内容。从国际产业分工趋势和我国外贸发展水平来看，加工贸易在相当长的时期内在我国仍有发展空间，因此要进一步促进加工贸易转型升级。要抓住加工贸易发展的重点环节，推动其从单纯的代加工向有自主知识产权的核心技术和具有广泛知名度的自主品牌转变，从单一工序向延长加工链条转变，从外资企业为主体向内资企业为主转变。从根本上推动加工贸易从组装加工为主的低端，向研发、设计、核心器件制造以及物流等中高端方向升级，提高附加值；从劳动密集型向技术密集型、从资源密集型向资源节约型转变，并积极鼓励和推动加工贸易向中西部转移。具体政策措施包括以下几个方面。

一、建立统一的法规政策管理体系和部门协调机制

要完善加工贸易立法，建立统一的法规政策管理体系和部门协调机制，从而为进一步规范加工贸易管理提供较为完善的法律依据。我国加工贸易监管涉及商

务、海关、国税、外汇管理等多元主体，但由于多元主体的责任没有法律界定，各部门都从自身角度出发，制订公共政策、提供公共服务、实施市场监管，客观上造成不少政策、管理办法只是涉及整个加工贸易监管中的某个局部、某个环节，缺少对接，在执行上难免出现顾此失彼、职能相互交叉、缺位、错位的现象。所以要完善加工贸易立法，建立统一的法规政策管理体系和部门协调机制。

二、调整、细化加工贸易的产业指导目录、商品及企业分类目录

更好地体现“有保有压”，有些国内配套能力已经很强的产业、商品，就不应保留在鼓励的目录内，或者将其限制在出口加工区、保税区内实行“封闭式”管理。

三、帮助加工贸易企业解决缺少关键零部件生产技术以及技术创新能力不足等具体困难

应专门设立国家级的“加工贸易深加工研究开发中心”，有条件的地方成立“中小企业技术辅导中心”。要通过设立国家研发基金，建立加工贸易产品供求信息库，对企业开展研发活动给予重点扶持，加强产学研、科工贸的有机结合等手段，尽快培育一批具有自主知识产权和核心技术的加工企业。

四、根据地区条件建立保税物流园，满足加工贸易企业国际配送和国际采购的需要

不具备成立物流园区条件的，在同一地区应改革分库监管的现有模式，使两库货物实现转移、提取方便化，并可进行不超过海关规定增值率的简单加工和增值服务。

五、探索加工贸易企业信誉管理新模式，推广电子联网年检和联网监管

制定相应标准，对信誉良好的加工贸易企业实现一体化的报关模式。在实现有关管理部门之间互联互通和信息共享的基础上，在所有加工贸易企业中大力推广电子联网年检和联网监管，实现监管信息化、规范化和便利化，进一步降低加工贸易企业交易成本，方便企业开展业务。

六、根据产业发展实际取消对海关难以监管但有利于深加工结转的项目的限制

如：加工原材料调拨只要能够解决调入地海关监管到位的问题，应允许放开不

同企业之间的料件结转;对集成电路设计和软件开发等难以审核控制的项目,可通过先试点、后推广的办法,适当放宽海关监管。

第三节 完善进口促进政策体系

进口对国民经济发挥着越来越重要的作用,扩大进口有利于推动我国产业结构的升级、保证国家能源供给,促进我国与其他国家之间的贸易平衡。当前,完善进口促进政策,积极扩大进口,是转变外贸发展方式的重要内容之一。在具体措施方面,建议从以下几方面入手。

一、完善进口促进手段,提高进口贸易便利化程度

加大对进口贴息、进口信贷、进口信用保险等政策的实施力度。加大政策性进口信贷的支持力度,重点支持能源、资源和先进技术设备进口,扩大服务民生的医药产品和消费品、促进节能环保的产品进口。利用自贸区、零关税优惠、贸易投资促进等平台等,提高从重点国家的进口规模。提升广交会、中国—东盟博览会等展会进口功能,在各类重要的展会上配套增加进口展,进一步支持先进技术设备进口的常年展,在重要的中心城市提供海外产品的展示中心,加大优质展会的推介宣传和咨询信息服务等。

二、扩大先进设备和关键技术的进口

敦促美国、欧盟等放宽贸易管制。加强与美、欧等发达国家的谈判交涉,敦促其放宽对华高科技产品出口的不合理限制。积极推动技术引进、消化吸收、再创新工作,加强关键技术、共性技术、重大项目、重点领域的引进、消化吸收、再创新工作。研究制定符合国际通行规则和我国国情的技术引进、消化吸收、再创新的财税金融政策,建立技术引进消化吸收再创新评估体系。

三、保障国内能源、资源、原材料等大宗商品进口,设立大宗战略性商品价格调节基金

组织国内紧缺商品进口,发挥进口保障供应和稳定市场的作用,促进国内市场所需要的重要原材料、能源、资源供求的平衡。加强大宗商品进口协调,推动重要商品进口企业与国外生产商建立战略合作关系,签订长期合同,并完善重要商品联合谈判机制。由国家设立大宗战略性商品价格调节基金,用于平抑大宗商品进口价格的过快增长,弥补市场机制的缺陷。这一手段须由国家结合战略储备来运作,

一手握有基金，一手握有储备物资，不以盈利为目的，而以平抑市场为宗旨。

四、优化进口国别结构和商品结构

应更加重视扩大自美国、欧盟等顺差主要来源地的进口，减少由于产业结构分工导致的对这些国家的贸易顺差，努力扩大从自贸区成员以及最不发达国家的进口。应进一步降低关键技术设备、节能环保设备和原料性商品的进口关税或暂定税率；适当降低部分轻工产品、家用电器等日用消费品的进口关税税率，优化零部件和整机关税税率结构；进一步扩大对来自非洲等最不发达国家部分商品进口零关税待遇。在优化进口商品结构方面，应特别注意加大进口与我国的资源、环境相关的产品和技术，包括原材料、节能环保技术和产品、医疗设备等。

第四节　提升企业自主创新能力

自主创新是转变外贸发展方式的中心环节之一，只有大力实施自主创新战略，紧紧依靠科技进步推动产业结构优化升级，才能不断加快我国外贸发展方式的转变。当前，政府管理部门应着重推进国家创新体系建设，完善激励企业自主创新的政策，加速推进自主知识产权成果的产业转化。具体来讲，包括以下几个方面。

一、加大政府财政投入，形成国家、金融机构与民间资本三位一体鼓励自主创新的投资机制

政府应当积极介入基础研究，与私人部门研究相补充。针对集成电路、飞机制造等重要的战略性产业以及生物技术、新能源、汽车等具有重大应用前景的关键高技术，建立国家重大创新工程，逐步摆脱重要战略产业落后于发达国家的局面。加大财政对企业自主创新的投入，还需进一步合理安排国家财政的预算支出结构，设立企业自主创新财政专项资金，支持大型骨干企业建设国际先进水平的技术创新基础设施，建设企业技术中心、国家工程实验室等。设立引进技术消化吸收再创新财政专项资金，支持重大装备和重大引进技术的消化吸收和再创新。另外，还要完善支持和发展自主知识产权的政策，鼓励社会金融机构给予自主知识产权企业以支持，引导民间资本向自主知识产权领域流动，通过国家、社会金融机构与民间资本三位一体的投资结构，推进自主知识产权的发展。加快发展创业风险投资，研究设立创业投资引导基金，激发民间资本和外资参与创业投资的积极性；加快完善相关措施，鼓励政策性银行对符合国家产业政策的企业在技术研发、产业化和技术引进消化吸收项目等提供优惠利率贷款。

二、进一步完善激励企业自主创新的相关政策

政府可以参考扶持中小企业国际市场开拓资金的做法，建立中小企业自主创新的研发经费凭专利部分报销的制度，根据专利实际情况给予适当额度研发费用补偿。设立自主知识产权开发与运用成果奖，对开发和运用自主知识产权成果好的企业，予以奖励和税收优惠政策。鼓励企业对专利发明人给予物质奖励，所发放的奖金，企业可以计入成本，事业单位可以从事业经费中列支。对于知识产权预警产品及企业给予重点支持。

三、加快建立以企业为主体的技术创新体系

政府要推动以企业为主体、市场为导向、产学研相结合的技术创新体系的建立。一是要采取政策措施，加速创新资源（人才、资金、技术等）向企业转移。二是建立开放的自主创新体系，支持有条件的国内企业到境外建立研发中心，鼓励外资企业研发活动本地化。三是财政设立专项资金，鼓励企业积极参与国际标准制定，并支持企业自主知识产权的技术、产品和服务在国内外申请专利和实施有效保护。四是要采取措施，鼓励企业建立产业技术联盟，防止国外跨国公司滥用知识产权保护对中国企业的技术创新活动进行打压。

四、加速自主知识产权成果的产业转化

一是建立国家的自主知识产权成果中试基地，支持地方建设自主知识产权成果中试基地，加速自主知识产权成果的转化。二是在信息、生物、航空航天、新材料、新能源、海洋科技等一些战略高技术产业领域，组织实施一批高技术产业化专项，大力支持重大产业技术研发与重大技术装备研制。三是对科研成果的评奖和专利的申报，应以是否具有国际水平和适应市场需求为标准，以成果和专利能否实现规模化生产、产品能否商品化、商品能否国际化为评价的重要依据，并设置量化的经济效益指标。四是促进知识产权密集型产品出口。利用综合性的财政、税收、金融等政策手段，大力促进具有自主知识产权密集型产品的生产和出口，促进经济和贸易增长方式转变。

第五节 为“转方式”提供有力的金融支撑

目前我国支持外贸发展的外汇管理与汇率政策、涉外金融政策与工具等，与我国建设贸易强国的要求存在一定差距。如：人民币区域化和国际化程度低、资本项

目仍未完全开放、人民币汇率形成机制市场化不足、贸易融资支持力度仍较小、贸易融资成本有待进一步降低、对进口的金融支持与出口相比力度明显不足、贸易融资效率有待提升等。从中长期看，我国外汇管理与汇率政策应进一步调整，以适应转变外贸发展方式和建设贸易强国的需要。

一、加快推进人民币区域化、国际化进程

将人民币在边境贸易、自由行、货币互换等领域的使用进一步扩展到大宗贸易跨境结算、跨境投资、贸易融资及相关金融服务领域。在东南亚及我国周边地区推行人民结算，扩大同其他国家的货币金融合作，增强人民币作为国际结算货币、计价货币、储备货币的地位，进一步增强我国金融机构在国际金融市场的影响力。实现以上目标就需要审慎推进资本项目开放，提高人民币汇率形成机制的弹性和灵活性。

二、稳妥推进资本项目完全可自由兑换

在长期资本流动方面，可先放宽直接投资的汇兑限制，然后逐步放松对证券投资和银行贷款的汇兑限制。在短期资本流动方面，对贸易融资可以较快地解除限制，在解除短期资本交易限制方面，步伐可以放慢一些。针对不同的交易主体，可先放宽对自然人和企业的资本交易汇兑限制，最后解除对银行、投资基金用于贷款和投资的汇兑限制。我国中央银行、外管局等应尽快拟定人民币完全自由兑换明确的时间表，给市场和企业明确的未来预期。

三、推进人民币汇率形成机制的市场化改革

完善人民币汇率形成机制改革，应进一步加快外汇市场建设，扩大外汇交易主体，丰富外汇交易工具，加强外汇管理电子化建设，推动我国外汇市场与国际外汇市场接轨，加快人民币汇率的市场化进程。随着国内外形势变化，尤其是劳动生产率和国际竞争力的提升，动态调整人民币汇率，打破人民币升值的单向预期。

四、将政策性优惠融资与商业性贸易融资紧密配合，并逐渐扩大对进口的金融支持

进一步发挥政策性金融服务的带动作用，将政策性融资与商业融资更紧密结合起来，通过政策性贸易融资，引导商业性贸易融资。通过政策性出口信用保险带动商业机构扩大进出口信用保险业务。在政策性金融机构和商业金融机构的共同推动下，不断丰富金融机构对进出口贸易的金融工具，满足进出口企业对金融服务日益增长的需求。在此过程中尤其要重视对进口企业的融资支持，因为转变外贸

发展方式，必须坚持扩大进口规模和完善进口结构，而以前我国普遍存在对进口的支持力度与出口相比明显不足的状况。

五、发挥金融服务对贸易结构的导向作用，以期货市场的大发展，增强对重要能源资源和原材料的定价权

贸易融资要与转变外贸发展方式结合起来，加大对“三自三高”（即：自主品牌、自主知识产权、自主营销渠道，高技术、高质量、高效益）、资源节约、环境友好型产品，以及服务的出口融资支持力度。同时，应大力推进国内期货市场的发展，增强对国际期货市场的影响力，通过期货市场操作化解国际大宗商品价格波动风险，增强对重要能源资源和原材料的定价权。

第六节　多方位支持企业“走出去”

多方位支持我国企业“走出去”，发展海外投资，开展国际化经营，有利于促进我国外贸发展方式的转变。这是因为：第一，海外投资具有贸易创造和带动作用，海外投资可以带动出口商品结构的改善，并带动服务贸易出口。第二，通过在资源、能源领域海外投资，可以保障国内能源、资源供给，同时促进进口增长和贸易平衡。第三，通过海外投资，可以规避国外贸易壁垒，突破“两反两保”等贸易保护措施。第四，通过海外投资并购国外高技术企业，获取国外先进技术，可以使我国企业在国际价值链中获取更大利益份额，促进外贸发展方式由单纯依赖数量增长向质量、效益的全面提升转变。总之，积极发展海外投资，可以从多方面促进外贸发展方式的转变。当前，政府主管部门应鼓励有实力的企业开展对外工程承包、投资办厂、稳步推进境外经贸合作区建设，积极推动海外资源开发合作。在具体措施方面：

一、加强对企业“走出去”金融方面的支持力度

国家外管局、进出口银行等对“走出去”的企业在贷款、保险、担保、用汇、退税等方面尽可能提供支持，提高用汇和汇出的便利化程度；对重大境外投资项目以及资源风险勘探项目应适当给予贷款贴息、优惠贷款和提高财政注资比例；加快外汇市场产品开发，方便跨国企业规避汇率、利率等风险；鼓励国内金融机构设立和发展境外机构，充分利用区域性金融平台，为我国企业跨国经营提供便利的金融服务。对重点海外投资项目，允许企业使用政府境外投资专项贷款的比例应进一步提高。鼓励国内商业银行与大型海外投资企业在境外投资开发上进行更紧密的合

作，推进海外投资企业通过债券、上市等多元化方式融资手段，为海外投资提供更宽阔的资金来源。

二、加大对能源、资源型海外投资的支持力度

首先，应扩大海外能源、矿产勘探基金的规模并完善管理，分担企业风险。国家应扩大和完善海外能源、矿产资源勘探基金的规模与管理体制，由国家承担前期风险程度最高的勘探风险，分担和减轻企业风险。具体来说，对于资源开发前期的勘查工作，经费由政府全额承担；选点后进行矿床勘探时，政府对企业进行补贴。风险勘探沉没的资金，由国家风险基金核销，风险勘探成功后从企业收益中及时返还。风险基金既可针对前期项目的调研、可行性研究、投标等准备工作，也可以针对项目启动之后运营中的不测。

其次，应完善能源、资源开发类海外投资的税收政策。在税收优惠方面，对境外资源开发的能源、资源公司以实物作价投资的国产机械、设备及零配件等应视为出口，给予出口退税。在增值税方面，对企业海外石油开发的初加工成品实行增值税减免。对海外勘探开发收入，已在资源国缴纳所得税的，可不再按国内税制重新核定、补缴差额。另外，还应抓紧与有关资源国家签订避免双重征税、投资保护、司法协助等政府间双边协定。目前我国已经与86个国家签订了避免双重征税协定，财政部门应尽快完成与所有石油输出国签订相关协议。

三、建立跨部门的领导协调机制，推进对外投资合作便利化

应成立由国家领导人牵头的领导协调机制，完善各部委之间的联系机制，全面规划和指导对外投资工作。商务部和国家发改委等应积极推动尽早制定国家的《境外投资促进法》，将企业“走出去”纳入法律框架之下。充分发挥商会、协会的作用，形成全国和全球的网络，建设对外投资合作管理与信息服务系统，为企业提供更多、更好的境外安全信息、风险预警、投资环境等服务。

第七节　完善贸易摩擦应对机制

面对日益严峻的国际贸易壁垒和贸易摩擦形势，需要我国有关政府管理部门和行业协会完善有关政策措施，并密切配合，以多种方式应对贸易摩擦，规避可能存在的风险，形成应对国外技术性贸易壁垒的合力，营造公平、健康、可持续发展的贸易环境，以产品多元化和市场多元化化解贸易摩擦的风险。具体来说，政府和行业协会应从以下方面入手。

一、完善国外贸易壁垒的预警机制

我国商务部和质量监督检验检疫总局等部门应一步完善和建设成熟的、全国性的技术性贸易壁垒预警机制。主要应从以下三个大的方面加强建设：

1. 在预警信息的广泛和全面收集方面。技术性贸易壁垒通报信息的收集工作可以由国家和地方各质检部门或商务部门所属的技术性贸易壁垒咨询机构负责。可以考虑通过国际组织、驻外机构等多种渠道来收集，例如：(1)WTO总部网站发布的WTO/TBT通报信息；(2)WTO各成员方的官方出版物，如欧盟的“官方公报”(OJ)；(3)通过我国驻外经济、商务参赞处等机构收集有关国家的预警信息；(4)通过研究WTO成员已采取的措施，跟踪了解是否有其他成员采取类似措施；(5)搜集主要发达国家重要的行业协会、先进企业的技术发展动态及其用于贸易壁垒的新动向；(6)进口国采购商在外贸洽谈中对我国出口商提出的技术要求变化方面的信息；(7)向我国承担或参加ISO等国际标准化组织活动较多的企事业单位或技术标准化管理单位了解相关国际标准的发展动态。

2. 在预警信息的深入分析和研究方面。我国各级质检部门和商务部门要注意培养和招收既具有标准化、检测等方面的专业知识，又具有良好的外语、外贸水平的复合型人才，这样才能对国外各种纷繁复杂的技术标准做好分类和分析，做好应对的基础工作。国家和省级部门应组织开展应对国外技术性贸易措施专项研究，提供研究资金，整合各科研机构、高等院校、企事业单位和社会团体的资源和力量，开展有针对性的合作研究。

3. 在推进预警信息向企业广泛和有效的传播方面。商务和质检部门应牵头构建国家级的技术性贸易壁垒基础数据库和综合信息平台，实现面向全国外贸企业的信息共享与互动，及时将预警信息传递给有关出口企业，包括及时向企业提供主要贸易对象国的技术法规变化、国际技术性贸易措施的发展动态等信息。针对企业需求，开展形式多样的培训工作，使有关企业及时有效的掌握国外技术贸易措施的新发展、新动向。

二、完善双边、多边磋商机制，有效利用WTO争端解决机制

1. 完善双边、多边技术磋商机制。目前，我国在与发达国家建立技术标准评定的相互认证方面还比较落后，由此导致我国出口产品经常面临重复检验，这在一定程度上增加了我国出口产品成本。我国相关技术认证机构应通过加强同国外权威认证机构，尤其是国际互认机构的交流和合作，充分借鉴发达国家的经验，争取签署更多的互认协议，建立产品认证、体系认证与实验室认可的互认机制，以帮助出口企业跨越技术性贸易壁垒。

2. 在有效利用WTO争端解决机制方面。WTO的TBT协议针对发展中国家标准水平和发达国家的现实差距以及发展中国家在认证方面遇到的困难，制定了一些对发展中国家的例外条款，我国应该充分利用这些例外条款，加强与主要贸易伙伴国的磋商、交涉和谈判，明确反对其缺乏充分科学依据的技术性贸易措施条款，争取减少我国出口产品遭受国外技术壁垒的影响。另外WTO的TBT和SPS协议中也规定了技术措施的国民待遇和最惠国待遇原则，即各参加国应确保给予某一国进口产品的优惠条件不低于类似情况下，其国内或其他进口国家的同类产品。对发达国家在实际操作中存在的歧视性技术性贸易措施，我国应积极采取双边磋商或通过WTO合法的申诉渠道维护自身权益，防止发达国家对我国商品实行双重标准。在具体措施上：一方面，针对发达国家提出的新的技术性贸易壁垒，应利用好自通报之日起60天的审议期，尤其对其不合理的歧视性技术性贸易壁垒，应据理力争，加以反对；另一方面，通过预警机制，及时向国内相关出口企业通报和共享信息，加强对国内相关企业的引导。

3. 由全国性的行业协会牵头，组织建立行业内的战略联盟，并加强对本行业技术性贸易壁垒的针对性研究，组织制定和实施行业标准。行业协会和进出口商会等中介机构可以组织国内同行业出口商、外国进口商等利益一致者建立战略同盟，向国外政府和有关机构阐述我国企业和产业的诉求及双方共同利益，建立共同交涉机制应对技术性贸易壁垒，参与解决国际贸易争端，从而维护本行业利益，担起保护企业的职责。各行业协会和进出口商会还可以从技术和法律层面对国外贸易保护措施进行科学性和合法性评估，为政府应对贸易壁垒提供科学、合理化建议，协助政府解决贸易争端，维护企业利益。国内行业协会应组织力量对本行业的技术性贸易措施情况进行针对性研究，提出具体的对策建议。如研究如何充分应用《技术性贸易壁垒协议》在信息援助方面对发展中国家成员的区别待遇，争取获得更多的技术援助和照顾；研究《技术性贸易壁垒协议》关于磋商和争端解决条款的内容、程序及规定，以维护企业正当权益等。此外，行业协会还应承担非强制性的技术标准包括行业标准的制定，并倡导和推动行业标准的实施。

第八节　研究制定碳税政策

推进向“低碳经济”方式转变，建设资源节约型、环境友好型经济模式，是推动我国外贸发展方式转变和促进外贸长期可持续发展的必然选择。为推进这种转变，在国内政策方面，应实施贸易的绿色增长战略，尽快研究制定碳税政策，争取在“十二五”期间开征国内碳税，并且尽快启动我国碳交易市场和碳排放权交易，加快培育出口的低碳产业，降低出口的碳密度。在国际方面，要积极参与有利于发达国家向发展中国家技术转让和资金支持的各类碳交易计划、清洁发展机制和碳汇贸易,积极参与全球气候变化谈判,在新规则制定过程中占据主动。具体来讲:

一、尽快研究制定碳税政策,争取在"十二五"期间开征国内碳税

碳税是在一国在其国内针对企业二氧化碳排放所征收的税种,是一种污染税,它是根据化石燃料燃烧后排放碳量的多少,对化石燃料的使用、分配等征税的。我国财政部与国家税务总局应尽快研究制定碳税政策,争取在"十二五"期间在国内开征碳税。在碳税政策的制度设计方面,征税对象可确定为:企、事业单位在生产、经营等活动过程中因消耗化石燃料直接向自然环境排放的二氧化碳当量。在计税方式上,采用从量计征、定额税率的形式。在税率的设定方面,既考虑促进减排和环保的效果,又要考虑大部分企业的承受能力,还要适当参考其他国家的碳税税率标准。在税收优惠方面,可以对我国战略性产业和重点扶持行业实行税收优惠,对在新能源和节能技术的研发、应用中取得重大突破的企业,给予碳税的减免等。

二、尽快启动我国碳交易市场和碳排放权交易

目前制约我国碳交易市场和碳排放权交易发展的主要因素是缺少相关管理政策和办法。国家发改委和环境保护部应尽快牵头制定和健全相关管理体系。

1. 应尽快拟定管理办法,促进我国碳交易市场的启动和发展。将我国碳交易市场的功能主要定位在以下两方面:

第一,为国内已获得联合国核证清洁发展机制(CDM)项目的减排企业寻找国际买家,促进达成合理价格。我国已成为世界最大的碳排放权供应国,但却没有一个较完善的国际碳交易市场,这不利于争夺碳交易的定价权。目前我国处于国际碳交易产业链的低端,由于碳交易的市场和标准都在美欧国家手中,我国在为全球碳交易市场创造巨大碳减排量的同时,却被发达国家以低价购买后,包装、开发成高价格金融产品在国际市场销售,使其赚取了其中大部分利润份额,我国碳交易市场的建立和发展要努力扭转这一局面。

第二,为国内自愿购买碳减排量交易和碳排放权交易提供良好的平台。虽然在《京都议定书》框架内我国没有强制减排义务,国内企业不受碳减排的强制性约束,但有一批社会责任感较强的企业出于环保、公益事业的目标,开始自发地认购清洁发展机制(CDM)项目产生的核实减排量(VER),这是一种自愿性碳交易,为我国新能源和环保企业的发展提供了一种新的资金支持途径,应大力鼓励其发展。国内碳交易市场应为这种自愿性碳交易提供良好的交易平台,并且在未来服务于国内碳排放权交易,促进低碳经济的良性运转。展望未来,我国具有庞大的碳交易潜力,今后国内自身的碳交易市场发展将是一个趋势,因此,需要尽快建立国内的

碳交易市场管理体系，使市场充分活跃。

2. 关于促进国内碳排放权交易，在制度设计上可以在不同的发展阶段采取以下两种模式：

第一种是强制减排和交易的模式。即由各级政府主管部门主要针对大中型企业制定碳减排时间表以及减排基准线，以确定每年的减排额。如果企业不采取减排措施，超标排放，则需通过碳交易市场向其他完成减排任务并拥有剩余排放指标的企业购买。第二种是自愿减排和交易的模式，这种模式下，要求碳排放权的买卖双方企业有很强的社会责任感。以上两种模式的良性运行都还需要一个独立的第三方机构来监督和测评企业的减排执行状况。从减排的效果看，第二种模式会弱于第一种模式，但在向低碳经济转型的初期，对企业和国民经济的冲击会小一些。根据我国目前的现实国情，应先推行第二种模式，待低碳技术和市场发育较成熟后，再全面推行第一种模式。

三、协调处理好碳排放权交易和碳税政策之间的关系

在政策拟定中，财政部与国家发改委、环境保护部等部门应注意协调好碳排放权交易和碳税政策之间的关系。在未来国内正式推行碳税制度以后，应允许企业通过碳交易市场购买一定量的碳排放权来抵扣碳税。与碳税相比，碳排放权交易在减排目标上更加明确，减排效果的确定性更好。碳税的实施阻力较大，而企业一般会较偏好碳排放权交易。碳税和碳排放权交易之间是相互补充的关系，应协调好这两者之间以及与其他减排政策的关系，建立适应我国国情的支持低碳经济发展的市场体系和政策体系。

第九节　加快实施国家标准化战略

实施标准化战略是我国跨越贸易壁垒、实现经济结构的转型升级、转变外贸发展方式的有效途径。标准是产品走向国际市场的通行证，为使我国产品更顺利地进入国际市场，突破各种技术壁垒，必须严格按照国际标准进行生产。我国应尽快制定国家标准化战略及实施方案，提高我国国家标准的国际化水平。重点从以下几个方面入手。

一、制定和实施国家标准化战略和国家标准体系

国家质检总局、国家标准化管理委员会等部门应尽快牵头拟定国家标准化战略，加快建立全面覆盖的国家标准体系。在具体行业方面，应重点加快制定现代农

业、现代服务业、高新技术、节能减排和资源综合利用、消费品安全和生产安全等领域的国家标准;大力推进农业、循环经济、高新技术、服务业和国家重点工程等标准化示范点建设。调整我国的标准结构,由过去侧重制定和修订标准、增加标准数量向调整标准的组成方向转变,由侧重传统工业的标准化向大力发展高科技产业的标准化方向转变,由单纯的技术标准为主向技术标准与管理标准化并重方向转变。

二、建立全国统一的标准化体系

国家质检、商务和标准化管理部门应组织各行业专业人员对目前我国国家标准、行业标准、地方标准的现状进行彻底调查,及时废止已不适用的各类标准,对各类标准之间矛盾和冲突的条款,尽快做出调整、修改。整合国家、行业、地方标准信息资源,建立国家技术标准资源服务信息系统,提供全国统一的管理标准化体系和标准规范,为全社会提供标准化动态信息服务。

三、提高我国国家标准的国际化水平

今后我国制定和修订的国家标准应尽量向国际标准贴近,提高国际通用标准的采标率,使国家标准、行业标准与国际标准协调。更多的吸纳和鼓励企业参与国家标准和国际标准的制订,加快推进企业采用国际标准,按照国际通行做法开展产品认证、实验室认可和按 ISO9000、ISO14000 等标准进行质量保证体系的审核注册。以国家标准的国际化,带动企业按照国际标准安排生产,以使产品更符合进口国要求。

四、推动自主知识产权技术标准上升为国际标准

ISO(国际标准化组织)、IEC(国际电工委员会)和 ITU(国际电信联盟)是当今三大国际标准化机构,在国际经济发展中的地位越来越重要。发达国家通过主导国际标准化机构的活动,将其本国的技术法规、标准纳入国际标准,并最大限度地控制国际标准,进而实现占领和保护市场的目的。我国目前参与国际标准的制定工作非常有限,与我国的国际地位极不相称。我们不能只满足于采用国际标准,还应积极参加 ISO、IEC、ITU 等重要国际标准化机构的各种业务活动,特别在国际标准制定、修订方面,积极争取承担起草工作,提升我国在主要国际标准化机构中的地位,在主要国际标准化机构中发挥更强的作用,一方面,反对发达国家将歧视性、垄断性的标准制定为国际标准;另一方面,使国际标准尽量反映我国的要求和意见,并将我国具有竞争力的行业标准纳入国际标准体系,为我国企业争取国际贸易中的主动地位。我国还应积极联合其他有共同利益的发展中国家,以国家集团的方式在国际标准化机构里提出共同的标准提案,以增强在国际技术法规、标准制定中的主导作用,增强我国在主要国际标准机构中的话语权。

第十节　提升我国企业的品牌国际竞争力

支持企业自主品牌建设，政府应从以下几个方面着手，完善相关政策和服务。

一、为企业自主品牌建设提供必要的金融支持

政府应投入专项资金支持名牌企业参加国际知名展会、设立营销机构、售后服务体系以及拓展营销渠道、在国外目标市场投放宣传我国品牌的广告。在同等条件下，优先安排自主名牌企业使用技术改造项目贷款贴息和出口产品研发资金；积极支持名牌企业建立国家级企业技术中心，并优先安排技术进步项目，对名牌企业的新产品开发设计及海外商标和专利注册、质量认证给予支持。另外，在法律、法规允许的范围内，优先安排名牌企业的进出口配额。

二、扶持名牌企业的跨国经营

在外汇贷款、税收优惠、产品返销等方面，为名牌企业在国外投资给予更多的政策优惠。境外加工贸易的各项优惠政策优先用于支持名牌企业。在援外项目中，优先安排名牌企业使用优惠贷款到受援国进行加工、生产和组装，这也有利于加强与其他国家的经贸关系，实现互利共赢。鼓励有条件、有实力的企业率先“走出去”，推进商标国际注册和赴境外建立销售渠道、设立分公司、成立研发中心等，实施品牌国际化经营战略，促进本土品牌、本土企业向跨国品牌、跨国企业转变，争创国际知名品牌。

三、制定和出台促进和保护自主品牌的法规

有必要通过制定《自主品牌促进法》对自主品牌进行有效的保护，为中国自主品牌的发展提供更好法律和制度保障。

四、鼓励优先购买和使用自主品牌

在国内正面提倡使用自主品牌，在法律、法规允许的范围内，通过政府的积极引导，让优先购买和使用自主品牌成为中国消费者的习惯。在政府采购、政府用车等方面，在同等条件下优先使用自主品牌产品。在援外项目中，优先采购自主品牌产品，特别是名牌产品。

五、通过辐射带动，促进品牌集群发展

加强对名牌企业的推介、宣传力度，以名牌企业为模板，带动行业内企业争创

名牌产品和驰名、著名商标。发挥名牌企业在产业链中的引领作用,形成以名牌企业为核心、相关中小企业分工协作的产业链,推动产业集群带动区域经济发展。

第十一节 深化外贸管理体制改革

当前我国应进一步完善创新对外贸易管理体制和机制,以更好推动外贸发展方式的转变,为加快向贸易强国转变提供有力的制度保障。具体来讲:

一、建立跨部门对外经济政策协调机制

当前,我国对外经贸领域面临的问题日益增多且复杂,涉及部门极广,内部协调事务不断扩大,当前的体制机制已难以适应我国外贸发展的实际需要。对外经贸事务虽主要由商务部负责管理,但需要协调统一涉及税收政策、汇率政策、外汇管理政策、知识产权政策、质量检验、海关管理等多方面的政策,在职能上与财政部、税务总局、央行、外管局、知识产权局、质检总局、海关等多个部委存在衔接,单靠商务部难以及时有效地解决所有对外经贸问题,因此有必要设立国务院牵头的跨部门政策协调机制。通过设立这样的政策协调机制,对我国对外贸易所有重大问题进行统一决策,协调有关汇率政策、出口退税政策等。同时,要进一步在商务部与其他部委之间建立和完善多种类型的部级联席机制,增强外贸政策与管理的协调性和稳定性。对于商务部牵头的一对一的部际协调机制,要作为重点加以推进;对于一对多的部际协调机制,要在逐步完善的基础上,尽可能的转交给国务院牵头的跨部门政策协调机制进行协调。

二、强化中小企业外贸促进机构的职能和作用

当前,政府应进一步加强对中小企业外贸促进的引导,商务部应进一步完善中小企业外贸促进中心的职能,加强与国家工信部中小企业对外合作协调中心的协调与配合,形成以商务部牵头的跨部门中小企业外贸促进机制。建立以商务部牵头,工信部、财政部、国家发改委等部门共同参与的中小企业外贸促进机制,共同负责中小企业外贸促进平台建设,调动地方及各类机构和企业的积极性,形成多层次、多渠道、多主体共同参与的中小企业外贸促进机制。另外,还应建立全国统一的中小企业信息服务平台,尽快建立政府主导,企业运作,政府、中介组织及企业共同参与的现代信息服务平台,帮助企业及时了解国内、国际信息,使更多企业进入有关国际组织、跨国零售商的全球采购网络。另外,应进一步完善便于国际商务人员跨境流动的部门合作机制。商务部应与外交、边防等有关部门加强协商与合作,

简化出入境手续，在国内外商务人员的签证和停留时间等方面增强灵活性，尽可能提供更多便利；借鉴并推广 APEC 商务旅行卡模式，为商务人员流动创造更便利条件；与更多国家达成互免签证协议。

三、加快完善外贸法律法规体系建设

我国至今没有与《对外贸易法》相配套的对外贸易促进法，导致对外贸易促进机构设置不合理，存在职能缺位、错位、交叉和职能不清、责任不明等问题。建议借鉴国际经验，尽早着手制定我国的《对外贸易促进法》，为我国转变外贸发展方式提供良好的法律制度环境。当前应适应我国未来几年将加入 WTO《政府采购协议》的需要，修改现有的《政府采购法》。此外，还应抓紧修订我国《商标法》、《著作权法》和《反不正当竞争法》等现有与外贸有关的知识产权法律，并根据外贸发展的实际需要，考虑专门制定《与贸易有关的知识产权法》等新的法律、法规，逐步建立适合中国国情、符合国际通行规则的外贸促进以及与外贸有关的知识产权法律体系。

第七章 地方政府转变外贸发展方式的工作抓手

第一节 宁波“转方式”的具体举措与经验启示

一、积极发展总部经济，促进产业动态升级

改革开放30多年来，中国的对内开放与对外开放进程存在不对称和不一致性，这种情况对区域经济发展产生了极大的影响。一方面，东部沿海地区正在成为世界制造业中心，如浙江宁波等地的“块状经济”正体现了产业集群的突出特征，但“民工荒”的一再出现预示着经济转型和升级的必要性和紧迫性，后金融危机时期正是东中西部制造业对接形成跨区域产业链的有利时机。目前，浙江等东部沿海地区正处于全面提升工业化、信息化、城市化、市场化、国际化水平的关键时期，机遇和挑战前所未有。尤其是后金融危机时代，我国大规模的内需开发会促进价值链低端的产业更加专业化和高级化。

对相对发达的沿海地区而言，目前以外需为导向的产业集群升级是一个动态的发展过程，它的实现需要依托产业集群的大规模生产与配套系统的完善，包括各种先进生产设备、工艺流程与技术的应用及严格的质量管理和环境管理，尤其是现代化的营销物流、创意设计与商业渠道等服务业层次的提升；其升级的最终体现就是研发的新产品持续推向市场并获得定价权，即相应的市场势力。在这个过程中，我国的内需开发极为关键，内需的发展特别是随着需求层次的提升，更多挑剔客户的出现会促使产业做出改进，跳出仅仅依赖低级生产要素的桎梏。同时，区域间激烈的竞争会迫使产业创新，克服固有惰性，有利于高级生产要素的形成。而区际产业转移的推进可以提高整个集群生产过程集约化程度和运营效率及收益。积极发展总部经济，进行跨区域产业链协作，把某些适宜于放在中西部的生产环节转移出去可以促进东部沿海地区集群品牌的建设与推广，同时也有利于中西部地区生产方式和生产效率的变革，从而实现劳动生产率的大幅度提高，促进我国区域经济的协调可持续发展和包容性增长。

从价值链和微笑曲线的视角（见图7-1）看，服装集群升级并不困难，以服装设计为例，企业家需要把中国传统文化中的许多经典因素与现代的数字信息化技术

结合，如唐装和旗袍的设计加上最新的面料会得到诸多消费者的青睐一样。产业升级无极限，创意的空间是无穷的。一般而言，创意产业是经济发展到一定阶段时的产物。根据国际发展经验，一国或地区通常在达到人均GDP8000美元的时候，就会较为自发形成富有区域特色的创意产业链。

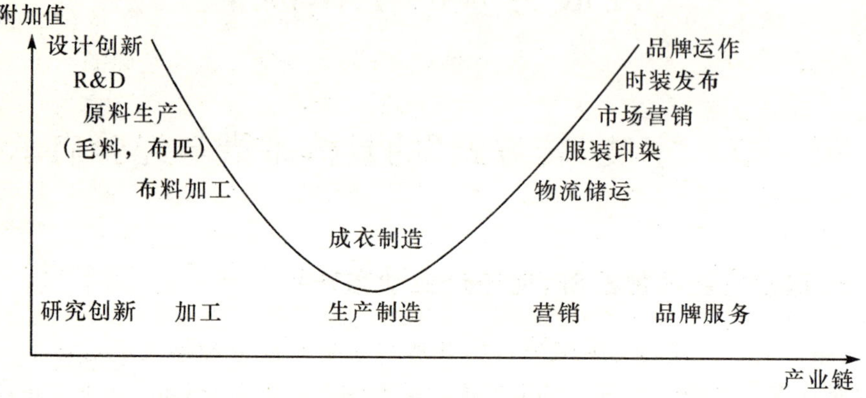

图7-1 纺织服装产业全球价值链的“微笑曲线”

一般认为，创意产业的发展源于英国。英国于1997年成立了“创意产业特别工作组”(Creative Industry Task Force)，大大推动了英国文化创意产业的发展。目前在英国创意产业已经成为仅次于金融业的第二大产业。统计资料显示，全世界每天创造的文化创意产业产值达到220亿美元，并以约5%的速度递增。创意产业之父霍金斯(Howkins,2001)作为《知识产权宪章》的负责人和英国创意集团的主席及创始人，认为创意需要有非常自由的空间，而且创造力必须要有社会性的，或者经济性的市场，否则无法形成创意产业或创意经济。在其代表作《创意经济(The Creative Economy)》中霍金斯指出，创意产业与知识产权法律保护密切相关，各种知识产权所涵盖的相关经济部门组成了创造性产业和创新型经济。

在我国，创意产业刚刚兴起，即使是创意产业发展最迅速的上海，其产值也仅占GDP7.5%左右。而发达国家创意产业的产值一般占GDP12%以上(厉无畏，2005)。我国的产业集群要实现可持续发展，就要在更大空间上不断集聚和向其更高阶段发展。以纺织服装业为例，其主要产能的80%以上集中在广东、江浙等东部地区。从产业链跨区域整合的视角看，中西部可以承接东部地区转移出的劳动密集型部分，东部地区则应该加强自主创新，突出创意设计的重要性，从品牌、研发等环节力争实现产业集群升级。这方面也有较为成功的例子，如在太平鸟集团，95%的制造外包。走进位于海曙区的太平鸟总部，犹如进入创意街区，不闻机杼声，但见时尚秀。太平鸟的全国专卖店已开到了1600多家。同时，太平鸟一年要投放5000多个新款，在太平鸟专卖店，每天都有新款，周期为20多天的“快单”已占15%。而在太平鸟之前，美特斯邦威扬名天下的“虚拟制造”，所遵循的其实也是快时尚的路径。

二、因地制宜发展生产性服务业

宁波经济发展的另一成功经验是，因地制宜发展有比较优势的服务业促进产业升级。宁波是一个以港口物流为支柱产业的沿海开放城市，2009 年全市物流总额超过 1.18 万亿元，物流业增加值达 414 亿元。以交通建设为基础的物流业对宁波产业升级极为重要。宁波按照“规划是龙头、研究是基础、建设是根本、前期是关键”的工作思路，以“在建一批、前期一批、储备控制一批”为原则，采取有效措施，抓紧推进重点项目的前期工作，使列入“十一五”规划的 6 个重点项目前期工作进展迅速，绕城高速公路东段、舟山大陆连岛工程完成；穿山疏港公路国家发改委批复立项，通过交通部行业审查和中资公司专家现场评估，用地预审正抓紧推进；象山港大桥及接线工可和环境影响评价、土地预审等专题已通过评审，即将通过国家批复；大榭对外第二公路通道预可报告已通过专家评审；对于近期不能建设的规划项目，如杭甬高速复线、象山湾疏港高速、朝阳至西坞高速公路连接线等，已启动了规划控制方案研究，提前确定线位方案并控制项目用地。此外，北仑港五期国际集装箱码头工可已通过交通部行业审查，乌纱山电厂 5 万吨级煤码头、大榭中油燃料油 30 万吨级油码头等项目前期工作稳步推进。

创新投融资体制支撑生产性服务业发展。宁波从实际出发，深化交通投融资体制改革并取得重大突破，多元化融资改革迈出了实质性步伐。在投融资理念上，确立了“不求所有、只求所在”的多元融资思路，大胆吸纳企业、社会团体、外资和民间资本参与建设和管理。建立大物流投融资平台，建立市场运作、财政投入的投融资体系，加大招商引资力度，大胆引进外资和民间资本，多渠道筹措资金，加快了交通等基础设施建设。在投融资体制上，建立了市交通投资公司，统筹和规范资金的使用与管理；合理调整财政支出结构，适当增加政府性负债以充实交通建设重点项目资本金，提高交通融资能力。在投融资方式上，实行项目法人投资责任制，并通过特许收费经营，吸纳企业和民间资本参与建设。对已建成或拟建的市级交通基础设施重点项目，通过合资、合作、联营、项目融资等方式，引导各方资本参与建设和经营，真正形成良性循环的投融资机制。对于社会化融资项目，要建立法律法规，强化政府管理职能，强制约束投资主体履行公益性义务，实现交通发展经济效益和社会效益的有机统一。

三、发展第四方物流，促进跨区域产业链整合

目前是浙江省等东部沿海地区先进制造业升级和现代服务业发展的关键时期。由于低价竞销、产品档次不高和出口秩序不规范，浙江所遭受的国际贸易摩擦

数量居全国之首，发案量和涉案金额均居全国前列。浙江经济正处于转型升级阶段，呈现出结构多元、空间多元等特点。需要改变浙江制造业以量的扩张为主的模式，扬弃产业结构低端锁定，把握产业结构演变趋势，主动地推进产业结构的转换与优化升级，需要自主创新，增强工业创新的动力，同时也需要大力发展现代服务业，如电子商务、物流配送、总部经济、创意经济等产业的发展。现代服务业和制造业之间是一种双向互动的啮合关系，制造业的发展拉动现代服务业发展，现代服务业推动制造业的升级优化，两者是共生共进，相互依赖。在经济发展的过程中两者并重，两手都要抓，都要抓好，缺一不可。所以现代服务业和制造业互动发展的对策研究，要着眼于产业链整合，优化现代服务业和制造业互动发展的平台建设。促进浙江省经济转型升级，就要发展创意经济、网络经济、总部经济、空港经济等新型业态，努力形成新经济增长点。我们需要在尊重市场发展规律的前提下，进一步强化政府宏观调控能力，合理引导生产性服务业空间集聚，促进生产性服务业健康快速发展。

政府主导，加强协调，建立和完善适宜物流等生产性服务业发展的体制环境。以宁波发展迅速的第四方物流为例，第四方物流是国内外新兴的物流形态，发展前景不可限量，但其多方主体参与的复杂组织形态，决定了必须在政府主导下建设才能健康发展，尤其在起步阶段更需要政府的重视和扶持，通过加强第四方物流发展的组织保障和政策保障，走“政府推动、市场运作、统筹规划、循序渐进”发展之路。由于第四方物流需要一个综合性的供应链解决方案，单个部门职能难以统筹全局，因此迫切需要由市领导挂帅，发改、交通、港航、金融、工商、税务、海关、口岸等各职能部门参与，成立一个市政府层面的第四方物流发展领导小组，统一研究，建立分工科学、职责明确、衔接紧密、政策严密有效的管理体制，整体协调和推进第四方物流市场发展。首先要适度超前地搞好基础设施建设。为适应新一轮经济快速增长对交通等基础设施的需求，宁波坚持不懈地加快推进交通基础设施建设，力求使交通适度超前于经济社会的发展，从而更好地发挥宁波交通特别是港口对经济的拉动作用，推动经济社会又好又快发展。其次，构建“双主体”运作模式，发挥金融机构的积极作用。宁波第四方物流市场在运营主体设计初期就提出了构建平台运营商与银行“双主体”的运作模式。在宁波市人行的牵线搭桥下，农行、工行、建行等多家商业银行与平台运营商宁波国际物流发展股份有限公司共同签订了第四方物流平台运营合作协议，商业银行为第四方物流市场平台提供多种营运服务，在信用认证与联合惩戒、信用查询、支付结算、仓单质押等方面，平台会员企业可以享受商业银行提供的多种金融服务。通过第四方物流运营主体与商业银行构成的“双主体”运营，一方面，强化了平台运营的市场诚信基础；另一方面，会员企业也获得了更多的实惠与便利。

四、强化政府规制，促进现代服务业产业集群发展

应加大现代服务业的开放力度，如通过引入竞争打破服务业的行政垄断，通过开放引进国内紧缺的关键性人才，促使有条件的服务业企业“走出去”等，积极利用国际市场培育竞争优势。省政府有关部门及各市地政府要积极编制现代服务业发展规划，出台优化产业结构、建设先进制造业基地、扶持现代服务业发展的政策和措施，制定先进制造业和现代服务业产业化发展规划和发展目标。工业生产以建设先进制造业基地为目标，加强环杭州湾、温台沿海和金衢丽三大产业带发展规划和布局，提升改造轻纺、食品、机械、化工等传统产业，积极发展高技术产业，加强对企业技术研发和高技术产业化的支持。强化政府规制，加强现代服务业产业管理和服务；多渠道加强现代服务业的投入；调整服务业结构，发展现代服务业；促进现代服务业产业集群发展。完善现代服务业与制造业互动机制：加快先进制造业生产性服务部门的社会化，发挥制造业对现代服务业的推动作用；围绕“为制造业提供专业服务”的核心大力发展现代服务业，提升现代服务业对制造业的拉动效应；构建制造业和现代服务业信息互动的平台，促进两者信息互动；完善现代服务业和制造业互动模式，促进两者互动深化。

要大力打造东部发达地区的生产性服务业集聚区。加快现代服务业的基础设施建设，拓宽融资渠道和方式，增加直接投融资和项目融资的比重。由于产品与服务的不同，服务业集聚与制造业集聚的机理存在较大差异。发达国家的实践经验表明空间集聚能显著推动生产性服务业的发展，而且生产性服务业的空间演化表现出集聚与转移并存的规律特点。

国际大都市发展历程显示，大都市城市副中心在承担城市关键功能方面发挥重要作用，而某些生产性服务业集聚到一定阶段会向城市副中心转移。应鼓励各地区根据自身资源、经济、技术条件，发展具有相对优势的生产性服务业。要很好地规划生产性服务业集聚区，加大对生产者服务活动的投入，促进生产性服务业的产业集群发展，特别是加大公共服务平台建设，使之成为浙江省现代服务业与制造业互动发展的良好基石。另外，不同阶段的互动关系存在差异。现在浙江省现代服务业与先进制造业处于互动融合的初期阶段，现代服务业尚没有成为国民经济的主导力量，虽然出现大量现代服务业产业集群，但内部尚未形成良性的资源共享机制，提供的服务主要是功能服务，并未形成制造业产业链一体化的现代服务功能群，为制造业提供一体化的服务，下一步应该大力发挥现代服务业的功能群优势；打破行政垄断。我国发展现代生产者服务业的主要障碍，在于交通、流通、金融和通信等领域存在的行政垄断。国外经验表明，放松管制、降低产业进入壁垒、引入市场机制、强化竞争会显著促进现代服务业发展。制定适宜的发展政策。比如对高科技企业，在注册和上市方面应放宽对其物质资本的限制条件；在财税方面应允

许其提足计入成本的研发费用和培训费用等。

第二节 其他沿海地区“转方式”的具体举措与经验启示

我国外贸发展方式既是经济发展方式的一种表现形式，也是经济发展方式转变成果的集中体现。地方政府大多数根据地方特征出台了适合本地发展的政策措施，其他地方未必适合学习借鉴这些政策。我们在调查研究中尽可能剔除那些根据地方特征制订的政策，介绍具有普遍意义的、取得较好效果的地方政策和经验。由于我们调研的面还不够广泛，这里介绍宁波以外的其他沿海部分省市的具体措施与经验启示。

一、在产业转移中实现转型升级

从产业规模、产能和水平角度讲，我国要从过去主要依靠资源增加和低技术要素投入的规模和数量扩张的粗放发展方式转变到依靠科技进步、加强管理和提高人员素质推动经济集约化、高质量、高水平发展的方式上来。

1. 产业转型

在我国转变经济发展方式中政府通过政策措施把过去主要依靠劳动密集型、资源密集型产业向科技密集型、人力资本与管理密集型以及资本密集型产业的转型；由数量和规模增长型经济发展方式向集约化增长方式转变。

江苏省坚持走新型工业化道路，大力发展创新型经济。坚持调高调优调强取向，制定十大重点产业调整振兴规划，启动实施新兴产业倍增、服务业提速、传统产业升级“三大计划”，着力培育一批规模大、实力强、具有核心竞争力的大企业大集团，进一步完善中小企业服务体系，扶持中小企业向专、精、特、新方向发展，加快产业优化升级，着力构建现代产业体系。

浙江省加快推进工业转型升级。大力改造提升传统优势产业，支持企业加大技术改造力度，推广应用集成制造、虚拟制造、清洁生产等先进制造模式。扎实推进块状经济向现代产业集群转型，提升示范区建设，加快完善研发、物流、检测、信息、培训等公共服务平台，促进块状经济产业链纵向延伸和横向拓展。

2. 产业转移

在转变经济发展方式中政府通过政策措施引导一部分企业把过剩产能转移到外国、外埠活动，把非核心业务转移或外包到其他地区企业，实现经济发展方式转变。

广东省提出省内产业园转移，以竞争方式安排资金扶持省示范性产业转移工业园，加大合作共建力度。34 个省产业转移园协议入园项目预计达 2000 个，协议总投资约 4500 亿元。采取“一镇一策”等方式推动专业镇转型升级。传统产业加快转型升级，已推行联盟标准 168 项，省级专业镇达 309 家，省市共建优势传统产业转型升级基地 7 个，传统产业集群升级示范区 51 个。

浙江省引导企业加快转移过度依赖资源环境的加工环节、强化研发设计和品牌营销环节，积极引进和支持产业关联度强、能耗低、附加值高的重大工业项目。

3. 产业升级

政府通过政策措施推动加工制造业向现代服务业和战略性新兴产业的升级，促进产业高级化发展。

浙江省制定实施加快战略性新兴产业发展的政策意见，重点推动生物、物联网、新能源等产业发展，组织实施一批重大应用示范工程，坚持改造提升传统产业和培育战略性新兴产业并举，编制实施 11 个重点产业转型升级规划和 9 大战略性新兴产业规划，实施技术改造“双千工程”。制定实施促进服务业加快发展的政策，推进服务业管理体制改革，进一步扩大和规范市场准入，深入加快政府垄断的公共服务业、中介服务业社会化改革，推动工业企业分离发展服务业，引导推动服务业技术创新、业态创新和商业模式创新，加大政策支持力度，推动 40 个现代服务业集聚示范区和一批重大项目建设，推进服务业营业税差额征收，优先安排服务业重大项目用地指标，实行鼓励类服务业用电、用水等与工业基本同价，鼓励金融机构加大对服务业重大项目的融资支持。

上海市以国家战略、地方法规、明确重点、集聚发展为工作抓手，紧抓建设包括国际金融中心和国际航运中心在内的“四个中心”，积极发展现代服务业，特别是生产性服务业。落实营业税差额征收政策，认真抓好国家层面支持服务经济发展的税制改革试点，力争取得新的更大突破。做大做强专业服务业、中介服务业以及高技术服务业。

福建省把发展现代服务业作为产业结构优化的重点和主要经济增长点。加大财税扶持，强化要素供给，增加引导资金，优先保障用地，推进国家和省级服务业综合改革试点，实现鼓励类服务业与工业水电气热基本同价，加快壮大生产性服务业，拓展多层次、宽领域、适应不同层次需求的生活性服务业。

山东省在突出发展重点和完善政策体系的基础上，加快企业非核心业务剥离。推进主体企业与剥离企业理顺资产、财务、劳动者报酬等关系，促进主体企业做专做强、剥离企业加快发展，推进服务业提质增量。

北京市专门出台了《北京市促进文化创意产业发展的若干政策》，这是国内首个全面系统地制定文化创意产业发展的政策，明确了产业定位，推进文化创意产业大力发展专业机构。政府以文化创意产业投资导向目录、产业集聚区认定办法、相关政策措施进行适度引导。

二、延伸产业链，提升产业竞争力

从产业及产品结构上来看，产业分工结构是否符合国内外市场需求结构直接关系经济发展的效益，也是经济发展质量的重要体现。我国各地区在重点产业结构、产业地区分布、产业链分工结构以及产品结构等方面都存在不同程度的侧重、差异和不均衡，在经济发展方式转变中需要协调和调整各地区的产业与产品结构，创造最好的经济效益和最强的竞争力。

1. 调整产业结构

政府通过政策措施促进生产加工企业或制造业企业向产业链上下游延伸，着力向研发、设计、销售、服务延伸；向零部件、中间品、原材料的生产加工与供应环节延伸；更加贴近生产需求和消费需求结构的布局，增强薄弱产业，削减过剩产业，实现各产业间更加合理的分工布局结构，减轻环境资源压力，提升产业竞争力。

广东省补短板、建载体、设资金、创平台，加快建设现代产业体系（兰建平，2010）。坚持制造与创造相促进、信息化与工业化相融合，发展现代服务业、先进制造业、高新技术产业和战略性新兴产业，改造提升传统产业，加快构建现代产业体系。推进传统产业数字化改造、装备制造数字化、清洁生产信息技术应用和节能减排信息技术应用等“4 个 100”示范工程。实施技术改造滚动计划和工业企业重点技术改造“双千工程”。以产业集群为基础培育区域国际品牌，在五金家电、建筑材料、食品饮料、纺织服装等领域培育一批国内领先的大企业集团。鼓励优势产业龙头企业参与国际、国家、行业标准的制订。

浙江省积极实施战略投资促进产业结构调整。利用资源环境约束和国际金融危机形成的倒逼机制，围绕节能减排和提升产业竞争力，大力推动产业结构调整，积极推动大平台、大产业、大项目、大企业建设。把提高自主创新能力作为结构调整的中心环节来抓。实施自主创新能力提升行动计划，加大自主创新扶持力度。深入实施知识产权战略、标准化战略和品牌战略，扎实开展国家级标准化项目试点，完善落实科技成果转化激励机制，实施 10 大科技成果转化工程。把资源集约利用和环境保护作为结构调整的突破口，实施“节能降耗十大工程”，积极推进结构节能、技术节能和管理节能，突出抓好重点企业节能降耗，积极推进节能改造，加快淘汰落后产能。

江苏省适应国际需求结构调整、国内消费升级和科技进步新趋势，以新产业、建基地、大项目、重培育方法，促进资本、技术、人才等要素集聚，推动新兴产业产品规模化市场发育，推进技术创新链和产业链有机融合，着力优化产业结构，增强核心竞争力，让更多的“江苏制造”上升为“江苏创造”。实施“百项千亿”技术改造工程，加大新产品开发和品牌创建力度，重点促进装备制造、电子信息、石油化工等产业优化升级，全面改造提升纺织、冶金、轻工、建材等产业，推动主导产业向高端发展。

2. 调整产品结构

政府通过政策引导企业提高产品质量和增加产品差异化等实现经济发展方式从低技术含量、低品质的粗放方式向高技术含量、高品质的集约化方式转变。

山东省深入实施质量兴省战略。突出企业质量主体作用，全面加强质量管理，加快构建质量诚信体系。大力实施名牌战略和标准化战略，开展省长质量奖和优质产品生产基地创建活动。通过“练内功、挖潜力、增效益”，深化企业管理，提高劳动生产率。建立商品流通质量追溯体系。整顿和规范市场秩序，依法严厉打击侵犯知识产权和制假售假、走私贩私、传销等违法活动，保护消费者权益。扩大出口农产品质量安全示范区覆盖范围。

广东省深入开展质量强省活动，发挥省政府质量奖导向作用，推广先进质量管理技术和方法。强化产品质量和食品药品安全监管，健全农产品质量安全保障、质量溯源管理和标准体系，培育特色农业品牌。

三、健全科技创新体制机制，促进企业实施品牌战略

技术及其衍生的标准、品牌是当代经济核心竞争力。我国从过去经济发展缺乏技术创新力和品牌的方式在国际国内竞争压力下逐步转变到更加强调技术创新力、品牌竞争力的经济发展方式上。因而制定和实施知识产权制度及战略具有特别意义。沿海地区的一些先进经验值得总结借鉴。

1. 技术创新与技术标准

我国经济从过去主要依靠粗放的低技术含量、劳动和资源密集型发展方式向集约化的较高技术含量、技术密集型发展方式转变，主要依靠技术创新、技术进步与技术标准化推动，这些是经济发展方式转变的最关键抓手。

广东省深入实施自主创新战略、人才强省战略和技术标准战略，加快建设创新型广东。坚持引进消化吸收再创新、集成创新和原始创新并重，构建以企业为主体、市场为导向、产学研结合的开放型区域创新体系，着力攻克核心关键技术，推动经济发展向创新驱动转变。健全科技创新体制机制，完善风险投资、政府资助、税收减免等政策体系。加强引才引智和国内外人才交流，构建多层次人才培养体系。主导和参与制修订国际、国家、行业标准 3860 项。

浙江省加快建设一批研发机构和创新平台，大力实施重大科技专项和科技成果转化工程，增强共性技术和核心技术突破能力。通过试点一批、示范一批、带动一批，培育创新型企业梯队，引导企业加大研发投入，加快提升企业技术创新能力。进一步实施品牌战略、标准化战略和知识产权战略。

江苏省实行政府引导性投入稳定增长、企业主体性投入持续增长、社会多元化投入快速增长机制，实施创新驱动战略，大力提升企业技术创新能力，加快建立以

企业为主体、产学研相结合的技术创新体系。大力推进创新型企业建设，增加研发投入，鼓励和支持企业建设高水平的研发机构和研发队伍。深入推进国家技术创新工程试点，着力创新体制机制，大力发展科技金融，设立人才引进、培养、使用和奖励专项资金，进一步营造良好环境，引导和支持创新要素向企业集聚。

2. 品牌与知识产权

品牌与知识产权是技术创新成果的产权保护形式与制度。随着经济发展日益依赖技术创新与技术进步以及科学管理，品牌等知识产权制度、战略与政策在推动经济转型升级与发展中发挥着重大的作用。

广东省实施“千百亿”名牌培育、知识产权优势企业培育和“百所千企”知识产权对接工程，大力实施知识产权战略，加快建设知识产权强省，深入开展质量强省活动，商标品牌建设成效显著。

江苏省深入实施知识产权战略，着力提升知识产权创造、运用、保护和管理水平，培育更多的自主知识产权、自主品牌，增强产业核心竞争力，形成新的经济增长点。

四、加快实施“走出去”战略，鼓励企业跨国经营

过去我国经济发展的视野主要在国内，随着经济发展日益上水平、上台阶和上规模，我国经济增长不仅要重视出口贸易，而且要更加重视扩大海外直接投资，从外部获得资源、市场、技术、人才等，转变外贸发展方式。

广东省加快实施“走出去”战略，坚持吸收外资和对外投资并重，完善对外投资合作发展规划和保障体系，推动有产品优势和市场基础的企业对外投资、建设境外营销网络和海外并购，加强对外承包工程和劳务合作，稳步推进境外经贸合作区建设，构建本土跨国公司培育平台。

上海市鼓励有条件的企业实施跨国并购，开展对外工程承包，大力承接离岸服务外包，加快培育一批本土跨国公司和知名品牌。健全对外投资合作的政策促进体系、服务保障体系、风险防范体系和应急处置体系。继续扩大与港澳地区的经贸往来与合作。把握海峡两岸经济合作框架协议实施的机遇，加强沪台经贸、文化等领域的交流合作。

江苏省加快“走出去”步伐，完善企业对外投资的支持服务体系，鼓励有条件的企业到境外收购研发机构、营销网络、知名品牌及上市融资，建立资源开发基地和生产加工基地，开拓经济国际化新空间。

浙江省大力实施“走出去”战略，支持企业在境外开发资源、收购品牌、拓展市场，境外机构数和投资规模均居全国首位。宁波市不断加大对“走出去”企业的政策支持力度，在全国率先实施外经贸便利化工作规程，为企业提供特色服务，发挥甬商人脉的“走出去”带动作用，发挥产业转移省级带动“走出去”的积极作用（张

宁,2011)。

五、推进节能减排和环境保护,提高能源资源利用率

我国已经面临严峻的能源资源瓶颈,能源资源短缺和利用效率低下构成对我国经济发展可持续性的巨大挑战,过去粗放的经济发展方式面临巨大压力。全球气候变化也迫使人类必须改变过去西方工业化的路径。中国转变经济发展方式首先必须加快节能降耗减排工作,提高能源资源利用率。

浙江省大力推进节能减排和生态环境保护。严格落实节能减排目标责任制,坚持分类指导,健全节能减排统计监测和考核评价制度,强化激励约束机制,运用差别电价等经济杠杆促进节能减排,推动节能市场化,推广合同能源管理模式。加强能源消费总量调控,严格新上项目节能评估,加快淘汰落后产能,鼓励发展低能耗、低排放产业。严格污染物排放标准,提高环保准入门槛。突出抓好工业、建筑、交通运输和公共机构等领域的节能,开展节能技术和产品进企业、进机关、进学校、进社区、进家庭等活动。全面推进循环经济试点省建设,加快循环经济试点基地建设和工业园区生态化改造,抓好一批循环经济示范企业、示范园区和示范项目建设。

重庆市制订了《重庆市环境保护条例》,提出了对污染物排放单位按日累加处罚的理念(徐伟、原二军,2010),加大违法成本,绝大部分企业主动整改环境违法行为。

上海市加快节能地方标准建设,新建高标准节能建筑 60 万平方米,对新建居住建筑全面执行 65%的节能标准。山东省发展绿色建筑,促进墙材革新和建筑节材,抓好太阳能与建筑一体化应用。

广东省扎实推进节约集约用地,实行最严格的耕地保护和节约用地制度,完善耕地保护考核机制和奖惩制度。集约用地试点示范省建设成效显著。深入推进集约用地试点示范省建设。加快和规范推进“三旧”改造,完善和强化集约用地机制。继续推进城乡建设用地增减挂钩试点和开发补充耕地工作。完善土地利用规划管理制度,探索建立耕地保护经济补偿机制。亿元生产总值增长消耗新增建设用地由 2005 年的 129 亩降到 56.5 亩,降幅达 56%;单位建设用地二、三产业增加值由 1.22 亿元/平方公里提高到 2.37 亿元/平方公里,升幅达 94.3%;五年开发补充耕地 150 万亩,连续 11 年实现耕地占补平衡。

六、开拓新兴市场,增创外贸竞争优势

我国过去过分追求出口数量、规模增长的低价竞销的外贸发展方式已经不能适应当前全球贸易和国内经济发展要求,必须要转变外贸发展方式,重视进口和国

内消费对拉动经济增长的积极意义，走追求质量、效益的外贸发展道路。

上海市加快推进启运港退税、报检报关“一单两报”等创新试点，提高市场开放程度和贸易便利化水平，推进内外贸结合、货物贸易与服务贸易结合、实体贸易与网上贸易结合的市场体系建设，加快转变外贸发展方式，优化市场结构和贸易结构，深入拓展新兴市场，扩大具有自主知识产权、自主品牌、高附加值的产品出口。

广东省坚持出口和进口并重，加快转变外贸发展方式。做强一般贸易，提升加工贸易，发展服务贸易。重点支持自主知识产权、自主品牌、自主营销商品出口。巩固传统市场，开拓新兴市场，建设专业商品市场和国外贸易中心。扩大能源资源、先进技术、关键设备和零部件进口。推动外商投资、加工贸易企业扩大内销，延伸产业链，加快建设全国加工贸易转型升级示范区。

浙江省推进大通关和电子口岸建设，完善国际贸易预警和摩擦应对服务机制，扩大出口信用保险覆盖面和保单融资规模，实施跨境贸易人民币结算试点。加快推进境外贸易促进平台、重要产品出口基地、出口品牌、境内外营销网络建设，扩大出口信用保险和保单融资覆盖面，继续推进大通关建设。

江苏省实施更加积极主动、互利共赢的开放战略，坚持调整出口产品结构和优化进口产品结构并重，更高水平“引进”与更大步伐“走出去”并重，进一步增强对外开放的领先优势，提高对外开放质量和水平。提高一般贸易、服务贸易、自主品牌产品出口比重，促进加工贸易转型升级，提升出口产品附加值和竞争力。大力发展国际服务贸易，加快建设苏南服务贸易产业带。扩大先进技术设备、关键零部件和重要能源原材料进口。

山东省组织实施“境外百展市场开拓计划”，提升发达经济体市场份额，开拓新兴经济体市场，增创外贸竞争优势。鼓励企业培育自主品牌，积极开展国际认证。打造优势产业出口基地，提高机电、高新技术产品出口比重。

第三节　地方政府“转方式”的政策建议与工作抓手

我国已经在促进转变经济发展方式上出台一系列国家战略和基本制度，制订了有关政策与措施，启动了许多国家工程或平台。各地政府要积极推动国家战略、制度和政策落实，积极利用国家行动推动当地经济上台阶。

由于各地经济发展的历史积淀、产业分工、企业竞争优势以及地理区位、人才储备、资本积累、市场发育等等因素的差别，各地经济发展道路、模式、战略、侧重点和政策措施都不尽相同。各地情况不同，模仿别人的战略难以成功。各地要根据本地资源和优势，提出符合本地发展实际要求的工作思路，突出特色和差异化风格，不要相互抄袭和攀比，避免陷入相互战略趋同和恶性竞争局面。

这里就地方政府转变外贸发展方式的建议，都只是一般性的建议，没有针对特定对象，未必适合当地的特殊情况，各地结合实际情况加以本地化应用，或许有一定效果。

一、推动产业转型、转移与升级

我国传统工业问题主要在于技术设备老化、技术工艺水平落后、自动化信息化和精细化水平不够。我国政府需要以政策推动整体工业技术水平提升，在强化技术创新与技术成果转化应用中刺激企业加快设备折旧、更新换代，上马新技术平台。推动利用先进信息技术、自动化人工智能技术、循环工艺技术等改造传统工业，提高生产效率，降低消耗与排污。

我国东西部之间、沿海与内地之间、城乡之间产业分布和发展不平衡。产业地区之间转移既需要市场力量推动，也需要政府政策支持。内地政府在承接沿海地区产业转移上要积极出台政策吸引沿海企业投资，在土地、水、气、电供应和税费减免等方面给予内资转移投资不低于外商直接投资的优惠政策，在环境影响评估和节能减排等方面一视同仁。内地省市要积极与沿海省市协调加强物流交通、通讯、金融等方面联系，降低内地产品进入国际市场的成本，提高内地省市参与国际分工的能力。引导内地企业积极与沿海地区企业加强配套，利用沿海企业在内地的投资、外包等活动构建完整的产业链。

由于我国长期工业技术发展滞后和创新能力较弱，我国在制药、信息、新能源、环保等战略性新兴产业发展相对落后，在教育、卫生、金融、物流、废弃物处理等服务业与发达国家差距明显。我国需要加深改革，建立健全市场机制，发挥战略性投资作用，利用政策推动我国战略性新兴产业发展，鼓励有实力相关企业进入战略性新兴产业和现代服务业（李京文，2008）。

二、调整产业与产品结构

我国传统制造业仅仅是全球价值链的一个劳动密集的生产环节，缺乏坚强的研发设计和售后服务支持，在全球供应链中地位较低，我国没有主动权。发达国家已经发展成熟的许多产业在我国仍没有发展起来，我国产业分工结构不够细密，产业地区分布结构也不尽合理，许多行业的产能过剩，也有许多行业供不应求，产品同质化问题严重。

我国需要全面落后国家有关调整产业结构与产品结构的政策措施，运用政策引导企业加深专业化，专注核心业务，发展我国仍不发达的短线行业，鼓励产业地区转移，淘汰落后产能，引导企业依需求变化灵活改变产品设计，提高质量，增加档次。

政策法规要明确规定生产者对商品质量所负担的永久责任，无论已经出售或者将要出售的商品，出现质量安全问题完全要由生产者负责，构建质量安全追踪体系，依法处理和补偿。各地经济司法要严格，发挥司法对经济的支持功能。

三、加强技术创新与品牌发展

技术与品牌是我国经济与发达国家经济存在差距的核心问题。各地政府要深入贯彻国家科技规划纲要，利用国家有关科技发展平台，运用国家科技鼓励政策，以市场机制发挥地方科技要素积极性，聚集创新力量，在地方财政的研发投入、创新成果奖励、知识产权申报资助、知识产权司法及行政保护以及创新人才在落户、子女入学、科研项目申请、职称晋升、职业发展等方面给予支持。

近年我国科技创新能力有所提升，但整体上企业创新能力仍薄弱，政府要出台政策鼓励企业与科研院所合作、与国内外行业领先企业加强研发合作，在重视原创性、基础性技术创新基础上积极开展技术模仿、学习、跟踪、引进、吸收、消化和再创新，边缘创新、模块创新和集成创新要同时并举。

在技术创新和品牌发展上，地方政府要发挥领导推动、宣传、鼓励、扶持的作用，完善创新与知识产权保护体制机制，调动企业主体积极性，以财政科技基金的战略投资引导企业加大研发投入，运用现代传媒和互联网技术加强品牌宣传推广，加强知识产权保护和管理工作，提高经济可持续发展的后劲。地方行政和司法都要切实发挥知识产权保护作用，严厉打击侵权、抄袭和盗版，不要搞"护犊子"司法。

四、加快海外直接投资步伐

我国对外直接投资相对于对外贸易和引进外资来说发展严重滞后，已经不能适应对外贸易和经济增长快速发展的需要。对外直接投资在一定意义上就是对外贸易的替代形式。转变外贸发展方式就需要加快海外直接投资发展的步伐。

近几年国家已经在对外直接投资行政审批便利化、财政金融支持、外交商务保障、培训咨询服务等方面推出一系列探索性政策，企业外汇境外留存和个人境外投资政策已经开始实施，人民币境外信贷、投资和国际贸易结算正在试点，对外投资自由化有了一定进展。

各地政府要实施国家"走出去"战略，落实有关境外投资促进政策，对跨国投资企业给予必要的服务和安全保障，降低境外投资风险和成本，带动商品和服务出口，推动资本与劳动力流出，获得经济发展所需先进技术、知名品牌、市场渠道、专业人才和矿产资源等。

五、提高能源资源利用率

随着我国经济规模日益壮大，我国对能源资源需求在继续增加，传统经济发展方式对环境和生态影响也迫使我国必须加快经济及外贸发展方式的转变步伐。各地政府要坚决贯彻国家有关节能减排政策和法规，落实节能减排目标，分解任务，在行政调控和推动基础上健全体制机制，依靠科学技术进步和加强管理提高能源资源利用率，发挥财政战略性投资的引导和推动作用，运用包括对污染物排放单位按日累加处罚办法在内的一切行之有效手段，降低单位产值能耗和污染物排放水平。

各地政府在推动节能减排的同时要大力提倡节水、节电、节地和节人，利用政策引导企业引进新工艺新技术，发挥价格、土地出让金、工资福利和税费等市场机制作用，增加污染物排放和生态补偿的成本费用，减少水、电、土地和人口消耗，提高资源配置效率。

各地政府要依靠财政战略性投资推动企业发展新能源等战略性新兴产业，发展循环经济和生态经济，促进生态恢复。限制污染重、治理成本高的加工贸易发展，限制"两高一资"领域的外资准入，国家已取消"两高一资"产品出口退税，各地要控制"两高一资"产品出口。

六、加快外贸发展方式转变

各地政府在执行国家有关外贸发展战略转变的政策中继续提高利用国际市场、国际资源发展本地经济的能力，坚持出口和进口并重、内外市场并重、货物贸易与服务贸易并重、内资与外资并重的战略，基本保持进出口贸易平衡发展（王受文，2007），发挥多种贸易方式的积极作用，优化进出口结构，坚持高新、高端、集群、集约，抓住产业链和关键技术设备、人才等要素，追求高质量、高效率和高效益，突出展现我国经济转变发展方式的显著成果。

在市场开拓、国际参展、新产品测试和知识产权国际申请与保护等方面给予财政资助，在税收、金融、保险、融资等方面给予出口政策支持。鼓励企业建设国际营销网络，控制市场渠道和关键品牌，在保持传统的低端市场份额基础上加大高端市场和差异化需求市场的份额，着力提高外贸质量和效益。发挥行业协会在提供市场信息咨询、解决贸易摩擦、限制出口产品海外低价竞销、大宗商品进口协议谈判等方面的积极作用。

降低外国进口品进入本地市场的障碍，引进外国成熟先进技术，利用现有政策和出台新的政策推动有贸易有关的成本降低，在退税、报检、报关等方面提供电子化、一站式便利办公，清理一切不合理的收费项目，寓管理于服务之中，不干预或少干预企业主体权利。

参考文献

1. 谈萧．中国“走出去”发展战略．北京：中国社会科学出版社，2003 年 11 月第 1 版
2. 马金城．跨国并购的效率改进研究．大连：东北财经大学出版社，2006 年 12 月第 1 版
3. 国务院发展研究中心课题组．中国企业国际化战略．北京：人民出版社，2006 年 9 月第 1 版
4. 宁波市对外贸易经济合作局网站(www. nbfet. gov. cn/)统计栏目有关数据和信息
5. 陈元．加强对外合作，扩大我国能源、原材料来源战略研究．北京：中国财政经济出版社，2007 年 10 月第 1 版
6. 课题组．中国国际竞争力的动态分析与提升战略．财贸经济，2009 年第 2 期
7. 课题组．宁波开放型经济回顾与展望．宁波发展论集(2008)．宁波市政府门户网站
8. 李海舰．中国的企业国际化战略．新视野，2002 年第 2 期
9. 王雅岚．从转变外贸增长方式的角度看企业如何实施“走出去”战略．2008 年 4 月，中国知网全国优秀硕士论文库
10. 朱爱武．宁波加快发展对外投资对策研究．宁波发展蓝皮书(2008 年)
11. 江小涓．构调整与全球产业重组对我国“走出去”战略的影响．宏观经济研究，2001 年第 6 期
12. 李保民．简论中央企业境外投资风险防范．光明日报，2006 年 07 月 03 日
13. 邵祥林．走出去跨国经营．北京：中国经济出版社，2006 年版
14. 吴国尉．场态经济理论与中国企业走出去．北京：知识产权出版社，2008 年第 1 版
15. 蔡昉，都阳，王美艳．经济发展方式转变与节能减排内在动力．经济研究，2008 年第 6 期。
16. 陈清泰．《节能减排需要经济驱动力》，《解放日报》，2007—7—25。
17. 陈迎，潘家华，谢来辉．中国外贸进出口商品中的内涵能源及其政策含义．经济研究，2008 年第 7 期。
18. 胡锦涛．紧紧抓住历史机遇承担起历史使命　毫不动摇地加快经济发展方式转变．2010 年 2 月 3 日，省部级主要领导干部深入贯彻落实科学发展观加快

经济发展方式转变专题研讨班开班式讲话。
19. 林君伦,周晓静.宁波财政三年支持千家企业转型升级.中国财经报,2010—10—14。
20. 马建堂.关于加快转变经济发展方式的几个问题.学院学报,2010年第3期。
21. 毛光烈同志在全市节能减排工作会议上的讲话.宁波市政府门户网站 http://gtog.ningbo.gov.cn/art - 4/7/art_299_432728.html,2010—04—07。
22. 温家宝.用铁腕淘汰落后产能 确保实现“十一五”节能减排目标.2010年5月5日,国务院召开全国节能减排工作电视电话会议讲话。
23. 解振华.发改委:中国节能减排目标有望实现.2010年09月29日12:12,中国经济网。
24. 约瑟夫·斯蒂格利兹.从知识产权角度看中国创新体系的机制设计.北京大学演讲,2007年3月8日。
25. 俞海山.环境成本内在化的贸易效应分析.财贸经济,2009年第1期。
26. 张卓元.以节能减排为着力点推动经济增长方式转变.经济纵横,2007年第08期。
27. 张红凤,周峰,杨慧,郭庆.环境保护与经济发展双赢的规制绩效实证分析.经济研究,2009年第3期。
28. 钟山.坚定不移地加快外贸发展方式转变.求是,2010年第16期
29. 王受文.转变方式,推动对外贸易又好又快发展.国际贸易,2008年第7期
30. 张晓强.保持进出口稳定增长,加快推进外贸发展方式转变.中国经贸导刊,2010年第16期
31. 张楠.转变外贸增长方式下的政策调整分析.求是学刊,2008年第6期
32. 张燕生.加快转变外贸发展方式五策.国际商报,2010年6月30日第1版
33. 顾惠娟、卢玲明.出口品牌建设加快转变外贸发展方式的必然选择,中国科技信息,2010年第3期
34. 商务部研究院.加快转变我国对外贸易增长方式的若干政策建议.国家发改委网站
35. 刘振林.转变外贸发展方式的目标模式.人民日报,2010年6月25日第7版
36. 课题组.后危机时代中国外贸政策的战略性调整与体制机制创新.国际贸易,2010年第3期
37. 课题组.后危机时代中国外贸发展战略之抉择.国际贸易,2010年第1期
38. 刘君涵,唐剑.加快转变外贸发展方式.经济日报,2010年11月29日第9版
39. 冯雷,张宁.我国国际竞争力的动态分析与提升战略.财贸经济,2009年第2期

40. 张宁．应对碳关税．中国经贸,2010 年第 3 期
41. 张宁．技术性贸易壁垒的发展新趋势、影响及应对措施．中国经贸,2010 年第 13 期
42. 向博．转变外贸增长方式问题研究．国际商务财会,2010 年第 10 期
43. 李京文．转变经济发展方式,大力发展现代服务业．经济研究参考,2008 年第 9 期,第 17—19 页。
44. 兰建平．外省加快经济发展方式转变的做法与启示．浙江日报,2010 年 5 月 12 日。
45. 徐伟,原二军．地方实践到国家立法路有多远？——从执法实践看“按日计罚”立法可行性．中国环境报,2010 年 10 月 28 日 。
46. 王受文．转变外贸增长方式促进贸易平衡发展．国际贸易,2007 年第 7 期,第 4—7 页。

后　记

本书是中国社科院财政贸易与经济研究所、宁波市对外贸易经济合作局和浙江万里学院商学院共同承担的中国社会科学院国情调研基地课题《国际贸易环境变化与国际贸易政策体系的完善》的重要研究成果。本书是在中国社会科学院经济所所长裴长洪研究员、宁波市对外贸易经济合作局俞丹桦局长和浙江万里学院闫国庆教授主持下,经过课题组全体成员一年多的艰辛努力撰写而成的。

本书在写作调研过程中,宁波市对外贸易经济合作局、宁波市发展和改革委员会、宁波市经济和信息化委员会等政府部门提供了大量详实的数据,宁波雅戈尔集团、奥克斯集团、银亿集团以及宁波麦克英孚公司等企业也给予了有力支持,本书还得到了仲鸿生教授的无私帮助,仲教授多次精心审阅与修订本书,提出了许多独到的建设性的修改意见。在此一并向以上领导、专家和企业家们表示衷心的感谢!

为本书提供初稿的作者如下:

第一章:闫国庆、张海波(浙江万里学院商学院)

第二章:张海波

第三章:裴长洪、张宁(中国社会科学院财政与贸易经济研究所)

裴长洪、夏先良(中国社会科学院财政与贸易经济研究所)

刘春香(浙江万里学院商学院)

张海波

孙华平、丛海彬(浙江万里学院商学院)

第四章:刘春香

第五章:孙华平

第六章:张海波

第七章:裴长洪、张宁、夏先良

我们自始至终都希望在不断地努力中,对本书进行精雕细琢,给读者带去一些启发和探索,我们诚挚地希望广大读者在细细品味本书思想精髓的同时,也将本书不足之处反馈给我们,你们的批评和指正将会使本书进一步完善,也让宁波外贸转型的实践经验发扬广大。